S
F

Reinhard Scholzen

Die Infanterie der Bundeswehr

Reinhard Scholzen

Die Infanterie der Bundeswehr

Motorbuch Verlag

Einbandgestaltung: Luis dos Santos

Titelbild: Archiv Reinhard Scholzen

Bildnachweis: Die zur Illustration dieses Buches verwendeten Aufnahmen stammen – soweit in der Bildzeile nichts anderes vermerkt ist – vom Verfasser.

ISBN: 978-3-613-03293-4

1. Auflage 2011

Sie finden uns im Internet unter www.motorbuch-verlag.de

Lektor: Martin Gollnick
Innengestaltung: Anita Ament, 71229 Leonberg
Druck und Bindung: Typos, 30256 Plzen
Printed in Czech Republic

Inhalt

Vorwort	6
Infanterie – Die Königin der Waffen	8
Infanteristische Ausbildung im Spiegel der Öffentlichkeit	46
Infanteristische Ausbildung im Spiegel der Berichte des Wehrbeauftragten	56
Die Allgemeine Grundausbildung	70
Feldwebelausbildung	76
Überlebenslehrgang	84
Eine Übung des Fallschirmjägerbataillons 313	90
Mörser: Zwischen Infanterie und Panzergrenadieren	100
Scharfschützen	112
Mehr als Infanteristen: Die Erweiterte Grundbefähigung (EGB)	122
Weiterentwicklung	140
Ausbildung der Panzergrenadiere	152
Die neue Schießausbildung der Bundeswehr	170
Ausblick	187

Vorwort

Wer ist in der Bundeswehr ein Infanterist, was sind dessen Aufgaben, wie wird er ausgebildet, wie ist er ausgerüstet? Am Beginn dieses Buches standen zunächst viele Fragen. Sehr bald wurde im Verlauf der Arbeit deutlich, wie vielfältig und auch schwierig dieses Thema ist. Insbesondere zeigten bereits die ersten Recherchen, dass in dem weiten Feld, das sich hinter dem Begriff »Infanterie« verbirgt, viele Dinge einem ständigen Wandel unterliegen.

Angesichts der erkannten Vielfalt erschien es zunächst verlockend, besonders die Spezialisierungen der Infanteristen darzustellen, wobei sich die Gliederung an den Verbänden orientieren sollte: den vier Fallschirmjägerbataillonen, den drei Gebirgsjägerbataillonen, dem Jäger-Bataillon 292, dem verminderten Jägerbataillon 291 und dem Jägerregiment. Es war beabsichtigt, die einzelnen Ausbildungsstätten zu besuchen, wobei in den ersten Planungen Hammelburg, Mittenwald und Altenstadt gleichgewichtig im Mittelpunkt stehen sollten. Schnell stellte sich jedoch heraus, dass dieser Ansatz in die Irre geführt hätte. Zum einen war bald absehbar, dass dies eine mehrbändige Darstellung ergeben hätte, mit zwangsläufig vielen Redundanzen. Zum anderen wäre durch diese Schwerpunktsetzung der falsche Eindruck erweckt worden, das wesentliche Merkmal der deutschen Infanterie seien eben diese ihre Spezialisierungen.

Eine erste richtungsweisende Orientierung brachte ein langes Gespräch, das ich im September 2009 im Heeresamt mit Brigadegeneral Walter Spindler und Angehörigen seines Stabes führen durfte, die von Köln aus die Weichen für die Ausbildung der Infanteristen stellen. Danach war gewiss, dass ein Buch über die Infanterie die Panzergrenadiere beinhalten muss, weil unter allen Waffengattungen der heutigen Bundeswehr der Panzergrenadier derjenige ist, der dem am nächsten kommt, was ein moderner Infanterist eigentlich sein muss. Und es war ebenso sicher, dass das in vieler Hinsicht spannendste aktuelle Thema der Infanterie die Ausbildung darstellt. Denn in der Ausbildung werden die Weichen für den Einsatz gestellt, und so banal es auch klingen mag: Was der Soldat in der Ausbildung nicht lernt, das kann er auch nicht im Einsatz! Darüber hinaus zeichnete es sich schließlich bald ab, dass der Schlüssel zur Erklärung der aktuellen Ausbildung der Infanterie nicht in einer Beschreibung ihrer Unterschiede, sondern vielmehr in einer Darstellung ihrer Gemeinsamkeiten liegt.

Somit war zwar der thematische Rahmen des Buches grob abgesteckt, aber es fehlte noch die Leitidee, an der entlang diese Darstellung entwickelt werden konnte. Es brauchte einige Zeit, einige Reisen und eine intensive Beschäftigung mit zahlreichen Ausbildungsvorschriften, bis thematische Schwerpunkte gesetzt werden konnten. Gute Freunde gaben wertvolle Hinweise, und mitunter wies auch die Aktualität des Tages den Weg. Als Verteidigungsminister zu Guttenberg in einem Fernsehinterview herausstellte, die Bundeswehr müsse sich darauf einstellen, dass sie auch noch nach einem zukünftigen Abzug aus Afghanistan Einsätze würde durchführen müssen, führte dies zur Erkenntnis, dass eine zu starke Fokussierung auf Afghanistan die Wirklichkeit der Ausbildung nicht erfassen könnte. Es fiel somit die Entscheidung, in diesem Buch nicht das Spezielle in den Vordergrund zu rücken, sondern das Generelle.

Der Schlüssel zur Erklärung der Gegenwart liegt häufig in der Vergangenheit. Dies gilt für die Infanterie in ganz besonderem Maße. Daher werden im ersten Ka-

Offiziell gehören heute die Truppengattungen Jäger, Gebirgsjäger und Fallschirmjäger zur Infanterie.

pitel dieses Buches die Grundzüge ihrer Entwicklung von der Antike bis zur Gegenwart dargestellt. Im Anschluss daran gehen wir der Frage nach, wie die deutsche Öffentlichkeit die infanteristische Ausbildung der Bundeswehr sieht. Dazu greifen wir einige markante Beispiele heraus und betrachten die dazu in den Medien erschienenen Darstellungen. Anschließend werden die Jahresberichte des Wehrbeauftragten für die Jahre von 1975 bis zur Gegenwart ausgewertet, wobei die Frage im Vordergrund steht, in welchen Zusammenhängen sich die Wehrbeauftragten mit der Ausbildung der Soldaten beschäftigten. Danach zeigen wir anhand zahlreicher Beispiele Kernelemente der infanteristischen Ausbildung im Heer auf. Am Beispiel der in Pfullendorf durchgeführten EGB-Ausbildung beschreiben wir quasi als Synthese, worin die Stärken einer zielgerichteten Spezialisierung liegen. Den Abschluss bildet ein vorsichtiger Blick in die Zukunft.

Um die Lesbarkeit des Buches zu erhalten, wird im Text keine Unterscheidung nach dem grammatischen Genus vorgenommen. Dass ein deutscher Soldat auch eine Soldatin sein kann, sollte mittlerweile als das gesehen werden, was es ist: Eine Selbstverständlichkeit.

Ohne viele Unterstützer und Freunde hätte dieses Buch nicht geschrieben werden können. Oberst a. D. Gerhard Elser begleitete das Vorhaben von Beginn an mit Rat und Tat, indem er mir umfangreiches Informationsmaterial und viele Fotos zur Verfügung stellte. Darüber hinaus betrachtete er zahlreiche Kapitel mit kritischem, aber stets wohlwollendem Blick. Wie in meinen vorangegangenen Büchern wurde ich wieder vorbildlich durch die Bundeswehr unterstützt. Man gab mir nicht nur die Möglichkeit, Ausbildungsabschnitte zu betrachten und mit vielen Soldaten zu sprechen, sondern ich erhielt auch tiefe Einblicke in die theoretischen Aspekte der Ausbildung. Es würde zu weit führen, an dieser Stelle allen namentlich zu danken, die mich bei dieser Arbeit unterstützten. Ich möchte mich daher auf meine Interviewpartner beschränken: Brigadegeneral Klaus Feldmann, den General der Panzertruppen, und Brigadegeneral Walter Spindler, den General für die Ausbildung im Heer. Des Weiteren danke ich ganz besonders einigen Soldaten, die im Bereich der Presse- und Öffentlichkeitsarbeit tätig sind. Sie unterstützten mich bei meiner Arbeit vorbildlich, in vielerlei Hinsicht: Hauptmann Daniel Große; Oberstleutnant Stefan Heydt; Oberst Martin Klein; Oberstleutnant Thomas Kolatzki; Oberleutnant Amadeus Schneider und Hauptmann Nils-Alexander Simon. Mein ganz besonderer Dank gilt schließlich Oberfeldwebel Christian Fenner, der sich die Zeit nahm, allzu zivile Beschreibungen in eine auch für Soldaten verständliche Sprache zu übertragen.

Im Februar 2011

Reinhard Scholzen

In der Ausbildung der MG-Trupps wurde bald besonderer Wert auf die direkte Unterstützung der Infanterie durch die Maschinengewehre gelegt. Auf das MG ist ein Zielfernrohr »ZF 12« montiert.

Infanterie – Die Königin der Waffen

Der Duden gibt eine eindeutige Antwort auf die Frage, was unter »Infanterie« oder »Infanterist« zu verstehen ist: Infanterie ist die militärische Fußtruppe, und ein Infanterist ist ein Fußsoldat. Blickt man etwas tiefer, ergeben sich erste Fragen, und bald wird deutlich, dass mit dem Begriff Infanterie im Laufe der Zeit zum Teil sehr unterschiedliche soldatische Verwendungen beschrieben wurden. Wir wollen uns im Folgenden darauf beschränken, mit wenigen dicken Pinselstrichen einige markante Punkte der Geschichte dieser Truppengattung zu zeichnen.

»Wanderer kommst du nach Sparta, so verkünde dorten, du habest uns hier liegen gesehen, wie das Gesetz es befahl«. Diese Inschrift wurde in das Denkmal gemeißelt, das an die 300 Spartaner erinnert, die, angeführt von ihrem König Leonidas, im Jahr 480 vor Christus den Pass der Thermopylen vor den anstürmenden Persern bis zum letzten Mann verteidigten. So ermöglichten sie dem Gros des griechischen Heeres den Rückzug. Der Opfergang des Leonidas gilt vielen als Inbegriff eines heldenhaften Kampfes. Wir wollen hier darüber hinwegsehen, dass häufig die vielen Unfreien vergessen werden, die Seite an Seite mit den Spartanern kämpften, und dass manche neuzeitlichen Historiker den königlichen Heldenmut als ein kritikwürdiges taktisches Unvermögen deuteten. Was jedoch bleibt, ist die außerordentliche Tapferkeit der zu Fuß kämpfenden Spartaner, die sich einer vielfachen Übermacht entgegenstellten.

Kämpfe der Schwachen gegen die Starken hatten zu allen Zeiten das Zeug zum Mythos. Dabei rückten besonders die Soldaten in den Mittelpunkt des Interesses,

die mit einfachen Mitteln und zu Fuß kämpften. Konnten sie eine berittene Streitmacht schlagen, so war ihnen der Nachruhm gewiss. In der Schlacht am Morgarten, unweit des Ägerisees, besiegten die Schweizer Fußtruppen im Jahr 1315 ein habsburgisches Heer. 1386 konnten die Eidgenossen diesen Erfolg in der Schlacht von Sempach wiederholen. Fragt man nach den Gründen für den Triumph, so stößt man häufig auf eine neue Taktik oder eine neue Waffe. Die Eidgenossen siegten, weil sie die Distanz zwischen sich und den anstürmenden Reitern verlängerten: Sie stellten sich eng nebeneinander auf und stießen mit sehr langen Spießen die schwer gepanzerten Ritter von ihren Pferden herunter oder – unritterlich, aber wirkungsvoll – erstachen mit den Spießen die Pferde. Ein vom Pferd gestürzter Ritter war aufgrund seiner schweren Rüstung kaum beweglich und wurde das leichte Opfer eines wendigen, mit kurzem Schwert oder Dolch bewaffneten Infanteristen. Über viele Jahrhunderte war die Blankwaffe die Waffe des Infanteristen. Die lange Pike avancierte seit dem 15. Jahrhundert zur »Königin der Waffen« und symbolisierte die Infanterie.

Den Feind im Nahkampf zu besiegen war das eine, ihn auf Distanz zu halten das andere. Über mehrere tausend Jahre war in weiten Teilen der Welt der Bogen die klassische Distanzwaffe der Fußsoldaten. Gefertigt wurde er meist aus Horn oder Holz, mitunter auch aus Stahl. In Europa waren über viele Jahrhunderte Bogen aus Ahorn oder Eibe weit verbreitet. In Deutschland und Frankreich maßen sie zwischen 110 und 130 Zentimeter. Die berühmten englischen Langbogen brachten es auf bis zu zwei Meter Länge. Die verschossenen

Kämpft ein Ritter zu Fuß, so wird er dadurch noch nicht zum Infanteristen.

Die Schlacht am Morgarten im Jahr 1315 bildet einen wichtigen Meilenstein in der Geschichte der Schweiz und ist für Militärhistoriker interessant, weil sie ein früher Beleg für den Sieg von Fußtruppen über ein Ritterheer ist. Die Abbildung stammt aus der im Jahr 1547 erschienenen »Schweizer Chronik« des Johannes Stumpf.

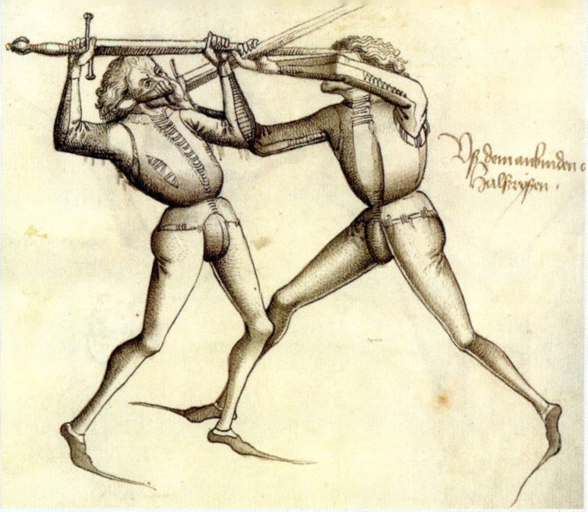

Großer Beliebtheit erfreuten sich im späten Mittelalter »Fechtbücher« wie das mehrbändige Werk von Hans Talhoffer, das in der Mitte des 15. Jahrhunderts entstand. Darin werden detailliert die vielfältigen Kampfweisen mit dem Schwert gezeigt, wozu auch Techniken zählen, die mit dem Schwertknauf ausgeführt werden. *(Aus: André Schulze, Mittelalterliche Kampfesweisen – Das Lange Schwert. Verlag Philipp von Zabern, Mainz 2006, S. 142.)*

Landsknecht und seine Frau. Eisenradierung von Daniel Hopfer (Signatur D H auf dem Kurzschwert) aus dem frühen 16. Jahrhundert.

Pfeile waren meist etwas länger als ein Meter und an ihrem hinteren Ende mit Pergament oder Federn versehen, um ihnen im Flug eine größere Stabilität zu geben. Bis auf etwa 200 Meter Entfernung konnten damit wirksame Treffer erzielt werden. Eindrucksvoll zeigten die Engländer im Verlauf des Hundertjährigen Krieges (1339–1453) gegen Frankreich, welche Bedeutung mit Langbogen ausgerüstete Infanteristen erlangen konnten. Der Sieg Eduards III. im Jahr 1346 bei Crécy ging zu einem hohen Prozentsatz auf das Konto der legendären walisischen Bogenschützen, ebenso der Erfolg bei Azincourt im Jahr 1415. Die Feuerkraft der Bogenschützen war gewaltig. Geübte Männer brachten es auf bis zu zehn Schuss in der Minute. Es ist nicht schwer, sich vorzustellen, welche Wirkung zweihundert, fünfhundert oder gar eintausend Schützen erzielen konnten.

Das Prinzip der Armbrust war bereits in der Antike bekannt und wurde zum Beispiel von den Römern bei Belagerungsgeschützen verwendet. Dabei wurde eine Sehne gespannt und durch eine Vorrichtung festgestellt, sodann ein Bolzen eingelegt, der durch einen Abzugsmechanismus ausgelöst werden konnte. Seit dem 12. Jahrhundert begann die Armbrust in Europa ihren Siegeszug als Waffe des einzelnen Fußsoldaten. Darüber hinaus wurden auch die Männer der städtischen Wehren damit ausgerüstet. Aus einer Deckung heraus konnte der Armbrustschütze die Vorteile seiner Waffe ausspielen; denn im Gegensatz zum Bogen brauchte er zum Schießen nur einen geringen Bewegungsspielraum. Die verschossenen Bolzen besaßen eine deutlich höhere Präzision als die Pfeile eines Bogens, jedoch war die Schussfolge mit der Armbrust weitaus geringer. Durchschlagsstarke Armbrüste erforderten ein aufwendiges Spannsystem, wobei für die kleineren Exemplare ein Spannhaken ausreichte. Bei den größeren Waffen spannte der Schütze die Sehne mit einem Flaschenzug oder mittels eines Zahnstangengewindes. So brachten es die kleinen Armbrüste auf maximal drei, die großen Varianten auf nur einen Schuss pro Minute. Dass Spezialeinheiten auch noch in der Gegenwart für bestimmte Zwecke eine Armbrust verwenden, unterstreicht die Effizienz dieser Waffe.

Die ersten Feuerwaffen

Das Schwarzpulver revolutionierte die Schlachtfelder. Handfeuerwaffen, die von einem Mann bedient werden konnten, tauchten im 14. Jahrhundert auf den europäischen Schlachtfeldern auf. Die erste deutsche Handbüchse stammt aus dem Jahr 1399. Sie wurde in den Ruinen der hessischen Burg Tannenberg gefunden. Sowohl die Reichweite als auch die Präzision dieser ersten Handrohre waren gering. Darüber hinaus schränkte das umständliche Laden und Abfeuern der Waffe ihren praktischen Nutzen ein. Zudem funktionierten die ersten Feuerwaffen nur bei schönem Wetter. Wenn der Wind zu stark blies oder es gar regnete, dann konnte das Schießpulver nicht entzündet werden. Deutliche Verbesserungen brachten zunächst das Luntenschloss – ein Mechanismus, mit dem ein glühender Docht durch Betätigen einer Abzugsvorrichtung auf die Pulverpfanne gebracht wurde – und im frühen 16. Jahrhundert die Erfindung des Radschlosses. Einen großen Fortschritt markierte das Ersetzen der Lunte durch einen Flintstein, der, am Hahn befestigt, für den Zündfunken sorgte. Aus den Metallrohren der Feuerwaffen wurden zunächst Kugeln aus Stein oder Ton, bald aus Blei verschossen. Mitte des 16. Jahrhunderts lag die Reichweite dieser Projektile bei etwa 150 Metern, gezielte Schüsse waren auf Distanzen von bis zu 30 Metern möglich. Alles, was darüber hinausging, war Glückssache; denn die Kugeln wurden in den glatten Läufen der Musketen kaum geführt, trudelten somit bald nach dem Verlassen des Laufes mehr, als dass sie zielgerichtet flogen. Erste Büchsen, also Gewehre, deren Läufe mit Zügen und Feldern versehen waren und daher dem Geschoss einen den Flug stabilisierenden Drall verliehen, kamen im letzten Drittel des 16. Jahrhunderts auf. Dies führte zu einer deutlichen Steigerung der Präzision. Dennoch blieben Waffen mit gezogenen Läufen wenigen Spezialisten vorbehalten. So zum Beispiel den hessischen Jägerkompanien, die im Verlauf des Dreißigjährigen Kriegs bei der Erstürmung Fritzlars für Furore sorgten. Die ersten »Jä-

Helm und Gewehr aus der Zeit des 30-jährigen Krieges.

Über mehrere Jahrhunderte gingen die Stoß- und die Feuerwaffe getrennte Wege. Musketier (links) und Pikenier aus der Zeit des 30-jährigen Krieges.

ger« stammten tatsächlich zu einem sehr hohen Prozentsatz aus den Reihen der Berufsjäger. Trotz der Erfolge blieb die gezogene Büchse über Jahrhunderte auf den Schlachtfeldern eine Randerscheinung. Im Mittelpunkt stand – im wahrsten Sinne des Wortes – die Flinte. Die damit bewaffneten Füsiliere bildeten das Rückgrat der linearen Schlachtordnung, die dadurch zu charakterisieren ist, dass sich die verfeindeten Heere in breiten Linien, meist drei Glieder hintereinander, gegenüberstanden, gliederweise auf Befehl gleichzeitig ihre Waffen luden und schossen.

Der Wandel von der Flinte zur Büchse zog sich über einen sehr langen Zeitraum hin; denn es gab für jeden Gewehrtyp gewichtige Argumente, die dafür, aber auch dagegen sprachen. Das Erfolgsgeheimnis der linearen Schlachtordnung lag zu einem großen Teil im Massenfeuer und in der Gleichzeitigkeit der Aktionen. Das Gewehrfeuer war jedoch nur die Vorbereitung für den eigentlichen Kampf der Infanterie: den Bajonettstoß gegen die erschütterte Front. Hier stellte das auf die Flinte aufgepflanzte Dillen-Bajonett einen großen Schritt nach vorn dar. Diese Erfindung löste das im 30-jährigen Krieg übliche Nebeneinander von Pikenieren und Musketieren in gemischten Verbänden – zum Beispiel in der Schwedischen Ordonnanz – ab. Der Begriff Musketier hielt sich jedoch noch lange. In Preußen blieb er als Synonym für die Infanterie bis zum Jahr 1918 in Gebrauch.

Die Soldaten wurden exzessiv darin gedrillt, ihre Flinten gleichzeitig zu laden und gleichzeitig abzufeuern. Dazu war zu Beginn des 17. Jahrhunderts ein bis ins letzte Detail hinein ausgeklügeltes System entworfen worden, eine Handlungsanweisung, die diese Gleichzeitigkeit ermöglichte. Für die Flinte sprachen ihre im Vergleich mit der Büchse weitaus höhere Feuergeschwindigkeit, ihr geringer Pflegeaufwand und ihre geringen Fertigungskosten. Das Laden der Büchsen hin-

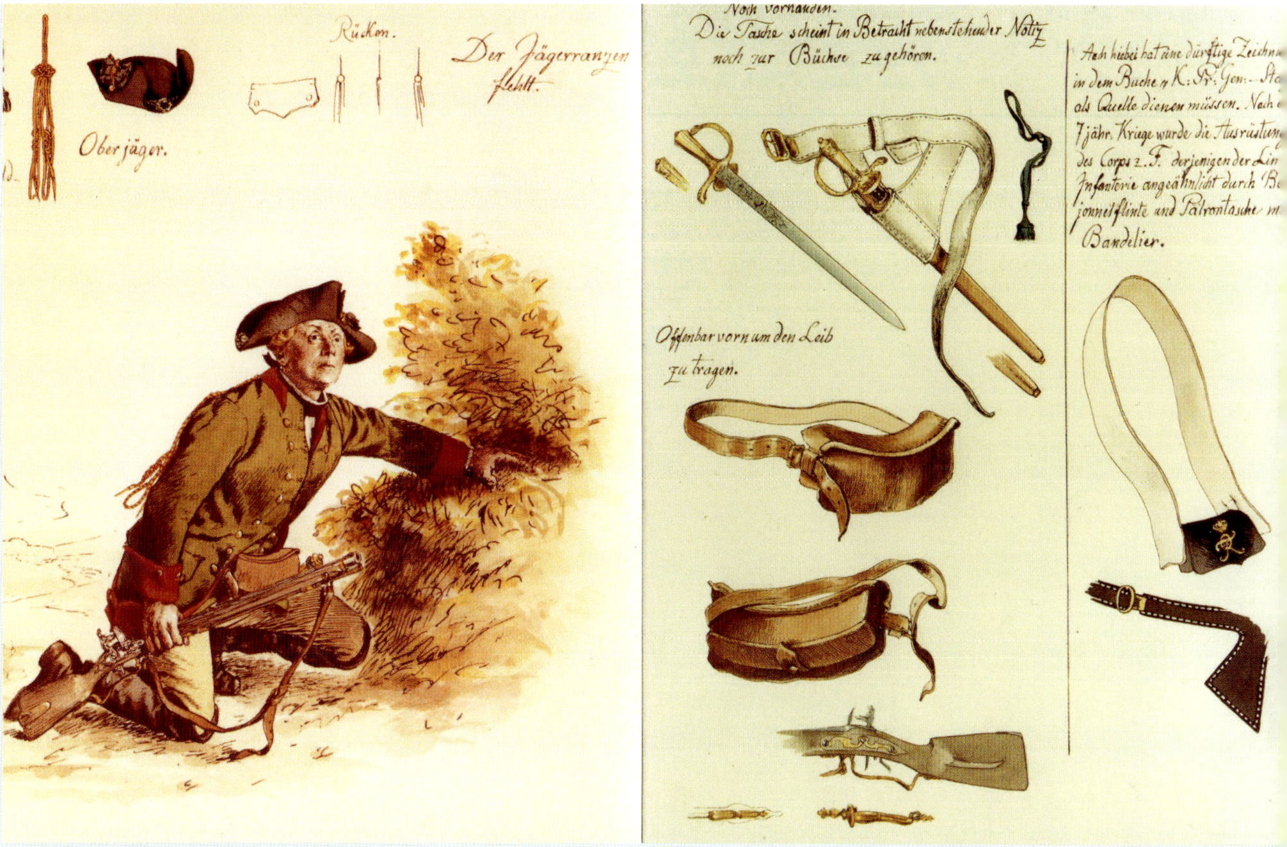

Die Ausrüstung eines preußischen Feldjägers nach 1763.

gegen war vergleichsweise kompliziert, zudem nahm dieser Vorgang von Kugel zu Kugel immer mehr Zeit in Anspruch, da sich Reste des Schwarzpulvers als zähe Masse im Lauf absetzten, die nicht einfach herausgewischt werden konnten. Die Pflege der Büchse war also sehr aufwendig, zudem fehlte es häufig an wirklich geeigneten Reinigungsmitteln, was die Lebensdauer eines militärisch verwendeten gezogenen Laufs verringerte. Diese Probleme bremsten die Feuergeschwindigkeit, zudem – und nicht zuletzt – war die Herstellung der Büchsen vergleichsweise kompliziert und zeitaufwendig und somit im Vergleich zur Fertigung einer Waffe mit einem glatten Lauf sehr teuer. Problematisch war auch die vom Militär erhobene Forderung, dem Geschoss eine möglichst hohe Durchschlagsleistung mitzugeben. Dies konnte nur mit einem hohen Gasdruck erreicht werden, wozu eine recht große Menge Schießpulver vonnöten war. War der Druck jedoch zu hoch, so litt darunter die Präzision der Waffe, da die Kugel im Lauf nicht präzise geführt wurde. Und zu guter Letzt wusste man, dass das höhere Leistungspotenzial der Büchse nur genutzt werden konnte, wenn die Büchsenschützen eine aufwendige Ausbildung durchlaufen hatten. Es konnte also nicht verwundern, dass bis zur Mitte des 19. Jahrhunderts fast ausnahmslos gelernte Jäger mit einer militärischen Büchse ausgerüstet wurden. Hinzu kam ein schlechtes Image der Büchsen. In den Augen des französischen Artillerie Generals Gassendi war die Büchse »eine Waffe für geduldige und phlegmatische Meuchelmörder«.

In seiner Kriegsverfassung legte der Deutsche Bund nach 1815 fest, dass fünf Prozent der Infanteristen als »leichte Infanterie« mit Büchsen bewaffnet sein sollten. Zwei Jahrzehnte später erreichten viele Staaten diesen Wert nicht. In zehn Ländern – nicht den unbedeutendsten – gab es zu Anfang der 40er-Jahre des

19. Jahrhunderts überhaupt keine gezogenen Läufe in der Armee.
Deren Durchbruch konnte erst erfolgen, als zwei Probleme befriedigend gelöst waren: Zum einen war dazu ein praxistauglicher Hinterlader erforderlich, und zum anderen ein Schießpulver, das zu weitaus geringerer Verschmutzung der Läufe führte. Einen großen Schritt nach vorn stellte das von Nikolaus Dreyse bereits in den 30er-Jahren des 19. Jahrhunderts entwickelte Hinterladergewehr dar. Dabei erfolgte die Zündung der Patrone durch eine Zündnadel.

Neue Waffen – neue Taktik

Der Kampf der Infanterie wurde durch neu entwickelte Waffen – schnellfeuernde Gewehre und insbesondere eine leistungsfähigere Artillerie – wesentlich verändert. Bereits in den Kriegen Napoleons war an der Wende vom 18. zum 19. Jahrhundert die Lineartaktik abgewandelt worden. An die Stelle der möglichst breit angreifenden Linien, mit denen der Feind an den Seiten umfasst werden sollte, traten dichter gestaffelte sowie deutlich schmalere Kolonnen, deren äußere Form einem Rechteck entsprach. Die Angriffskolonne wurde in Preußen nach den Heeresreformen die normale Formation des Infanteriebataillons. Darüber hinaus bewährten sich die im französischen Heer vorhandenen Tirailleure, also Plänkler, die, im Gelände verstreut, einzelne Soldaten des Gegners unter Feuer nahmen. Preußen hatte bereits im Jahr 1787 grüne Füsiliere als »leichte Infanterie« aufgestellt. Im Rahmen der Heeresreform stellte es nach den verlorenen Schlachten gegen Napoleon Füsilierbataillone auf.
Mit den Fortschritten im Waffenbau wurde die Taktik weiter verändert. Im Amerikanischen Bürgerkrieg von 1861–1865 kämpften die Truppen auf beiden Seiten in deutlich aufgelockerter Schlachtordnung, im sogenannten Schützengefecht. Die Angriffe wurden von Schützenketten geführt. In den führenden europäischen Heeren erfolgte in dieser Zeit der Übergang von

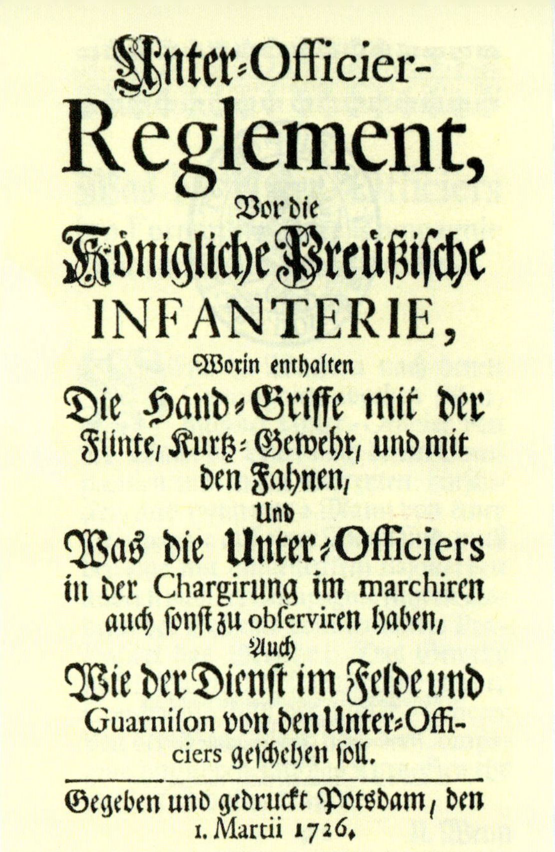
Unter-Officier-
Reglement,
Vor die
Königliche Preußische
INFANTERIE,
Worin enthalten
Die Hand-Griffe mit der
Flinte, Kurtz-Gewehr, und mit
den Fahnen,
Und
Was die Unter-Officiers
in der Chargirung im marchiren
auch sonst zu observiren haben,
Auch
Wie der Dienst im Felde und
Guarnison von den Unter-Officiers geschehen soll.

Gegeben und gedruckt Potsdam, den
1. Martii 1726.

In einer »Ausbildungsvorschrift« für die preußischen Unteroffiziere war alles detailliert geregelt, zum Beispiel: »Praesentiret das Gewehr! Verkehrt traget das Gewehr unter dem lincken Arm! Man bringet geschwinde mit der rechten Hand die Mündung vom Gewehr herunter, lässet die lincke Hand loß, und fasset wieder an das Gewehr, das die beyden Daumen gegen dem Geschäffte an einander zu liegen kommen; Alsdenn das Gewehr mit ausgestreckten Armen vor dem lincken Knie, gleich hoch und gleich weit vom Leibe gehalten wird.« *(S. 52/53)*

der Kolonne zum Schützenschwarm. Jedoch gab es immer noch Befürworter der alten Taktik, auch in Deutschland. Der Historiker Dierk Walter sieht als Grund dafür, dass der Schützenschwarm »wegen seiner chaotischen Erscheinung für Manöver im Frieden wenig vorzeigbar war. Zudem wurde das Schützengefecht mit Kontrollverlust assoziiert.«
Neue Entwicklungen im Waffenbau führten zu weiteren Veränderungen der Militärtaktik. Einen Meilenstein stellten die bereits erwähnten Hinterlader dar. So etwa das von der Firma Mauser in Oberndorf am Neckar

Zwischen dem Ende des 18. und vor der Mitte des 19. Jahrhunderts verschwanden die Steinschlossflinten von den Schlachtfeldern und wurden durch Gewehre mit Perkussionszündung ersetzt.

In der zweiten Hälfte des 19. Jahrhunderts wurden in den europäischen Armeen Metallpatronen und das rauchlose Pulver eingeführt sowie das Kaliber der Militärpatronen Schritt für Schritt verringert.

Das schwere MG Modell 08 erwies sich im Krieg als störungsanfällig und sehr kompliziert in der Handhabung.

»Auftragstaktik«

Würde man Soldaten fragen, welche Begriffe in der Literatur über die Bundeswehr am häufigsten vorkommen, so würde man von vielen wohl als Antwort bekommen: Erstens die »Innere Führung« und zweitens die »Auftragstaktik«. Beide Bezeichnungen sind Markenzeichen der Bundeswehr und tragen ganz wesentlich zu ihrem positiven Image bei. Die Wurzeln der Inneren Führung, die als zeitgemäße Menschenführung umschrieben werden kann, liegen in der Zeit nach dem Zweiten Weltkrieg. Ihre Grundlagen kann man in der Himmeroder Denkschrift aus dem Oktober 1950 finden. Dort stellten 15 hochrangige Soldaten der ehemaligen Wehrmacht – unter anderen Wolf Graf von Baudissin, Adolf Heusinger und Johann Adolf Graf von Kielmansegg – die Weichen für die Bundeswehr.

Ein wesentliches Element der Inneren Führung bildet die sogenannte Auftragstaktik, deren Wurzeln liegen jedoch zeitlich deutlich früher. Die Anfänge des »Führens mit Auftrag« finden sich im frühen 19. Jahrhundert, in den preußischen Militärreformen der Jahre 1807 bis 1814. Helmuth Graf von Moltke der Ältere (1800–1891) entwickelte als Chef des Generalstabs dieses Konzept für die preußische Armee fort. Die Siege im Deutschen Krieg von 1866 und insbesondere im Krieg gegen Frankreich 1870/71 sind zu einem großen Teil auf die Auftragstaktik zurückzuführen. So wurden – da sind sich die meisten Militärhistoriker einig – eklatante taktische Schwächen kompensiert.

Das wesentliche Merkmal der Auftragstaktik ist, dass das Ziel des Soldaten festgelegt wird, nicht jedoch der Weg dorthin. Ganz ohne Zweifel steht der Begriff Auftragstaktik nicht für einen Relativismus, der es dem einzelnen Soldaten erlaubt, zu tun, was er möchte. Führen mit Auftrag setzt eine bestmögliche individuelle Ausbildung aller Soldaten in allen hierarchischen Ebenen voraus. Es ist erforderlich, dass der Soldat jeweils auch noch das Wissen verinnerlicht, das regelmäßig eine hierarchische Ebene über ihm gefordert ist. In dem Exerzier-Reglement aus dem Jahr 1906, auf das wir an anderer Stelle näher eingehen, ist dies klar und deutlich in Ziffer 2 formuliert: »Im besonderen verlangt das Gefecht denkende, zur Selbständigkeit erzogene Führer und selbsthandelnde Schützen, die aus Hingebung an ihren Kriegsherrn und das Vaterland den festen Willen zu siegen auch dann noch betätigen, wenn die Führer gefallen sind.« Auf dieser Basis konnte dem Soldaten von seinem militärischen Führer ein vergleichsweise großer Handlungsrahmen vorgegeben werden. Innerhalb dieses Spielraumes wurde das für die jeweilige Lage am besten geeignete Vorgehen gewählt, um den Auftrag bestmöglich zu erfüllen. Führen mit Auftrag – ein Führungsverfahren und Erziehungsgrundsatz – trug, wenn man modernen Autoren wie Martin van Creveld glaubt, ganz wesentlich zur hohen Kampfkraft der deutschen Armeen bei. Insbesondere erlaubt es die Auftragstaktik, rasch auf sich verändernde Situationen zu reagieren, was selbst mit Bücherschränken voller Anweisungen und Vorschriften nicht erreicht werden kann. Durchaus selbstbewusst verglich der ehemalige Generalstabschef des Heeres, Franz Halder, im Jahr 1953 in einer Analyse für die US-Armee die Vor- und Nachteile der deutschen Auftrags- und der amerikanischen Befehlstaktik. Dabei kamen zwar auch Vorurteile zum Vorschein, aber auch richtungsweisende Erkenntnisse. So stellte der General besonders heraus, dass die amerikanischen Vorschriften vergleichsweise schablonenhaft seien, da

Der »Erfinder« der Auftragstaktik: Helmuth von Moltke (1800–1891).

Darstellung des Angriffs des 9. bayerischen Infanterieregiments und des 6. bayerischen Jäger-Bataillons am 6. August 1870 bei Wörth. Postkarte um 1910.

sich darin der Versuch widerspiegele, jede Situation vorherzusehen. Zudem würden generell die psychologischen und physischen Aspekte des Krieges unterschätzt, und nicht zuletzt zeige sich in der amerikanischen Führungslehre eine ausgeprägte Tendenz, die Bedeutung von Überraschung, Truppenbewegung und Improvisation viel zu gering einzuschätzen, da die Amerikaner zu allen Zeiten auf ihre materielle Überlegenheit hätten setzen können.
Trotz alledem war die Auftragstaktik in den ersten Jahrzehnten nach der Gründung der Bundeswehr mal mehr, mal weniger im Gespräch, was sich insbesondere daran zeigt, dass immer wieder die Minister eine Lanze für das Führen mit Auftrag brachen. Verteidigungsminister Franz Josef Strauß legte großen Wert darauf, diesen Grundsatz in der Truppe mit Leben zu erfüllen, und auch einer seiner Nachfolger, Helmut Schmidt, war zu allen Zeiten ein besonders engagierter Verfechter dieser Taktik. Bereits Mitte der 60er-Jahre beklagte er, nicht wenige deutsche Offiziere zeichne ein fataler Hang zu einem immer stärker werdenden Verwaltungsdenken aus – eine unverhohlene Kritik an den amerikanischen Verhältnissen. Er machte sich bereits als Abgeordneter des Deutschen Bundestages unter bestimmten Offizieren der Bundeswehr nicht nur Freunde, als er beklagte, diese zeichne zum Teil ihre Tendenz aus, »Absicherungsbefehle« zu geben, was für den Hanseaten das exakte Gegenteil der Auftragstaktik war.

Bereits Mitte der 70er-Jahre klagten Praktiker über die Nichtexistenz der Auftragstaktik in der Bundeswehr. Als eindeutigen Beleg für ihre These verwiesen sie auf die damals bereits existierenden mehr als 27 laufenden Meter Vorschriften, die von einer bundesdeutschen Nachschubkompanie zu beachten waren. Dennoch stand das Führen mit Auftrag noch hoch im Kurs, wie die seit September 1973 geltende HDv 180/100 belegt. Dort stand unter Ziffer 1005: »Der übergeordnete Führer bestimmt die Zielsetzung der Operation, stellt die Mittel zur Verfügung und koordiniert mit anderen Bereichen. Seine Absicht und der von ihm gegebene Auftrag sind maßgebend für das Denken und Handeln des nachgeordneten Führers, der für die Erfüllung des erteilten Auftrags verantwortlich ist; ihm ist bei der Ausführung soviel Freiheit wie möglich zu lassen ...«
Der ehemalige Inspekteur des Heeres, Generalleutnant Hans-Otto Budde, galt als der Prototyp eines Auftragstaktikers. Der gelernte Fallschirmjäger wurde in seiner Zeit als Inspekteur des Heeres nie müde, die Vorzüge des Führens mit Auftrag gerade angesichts der aktuellen Herausforderungen der Bundeswehr und der Alliierten darzustellen. In einer Rede im März 2004 betonte er die Bedeutung der Auftragstaktik und der inneren Führung und hob ebenso

Das Exerzier-Reglement für die Infanterie aus dem Jahr 1906

Am 29. Mai 1906 genehmigte Kaiser Wilhelm II. das neue Exerzier-Reglement für die deutsche Infanterie. Ausdrücklich hob er in dem dazu verfassten Schreiben an das Kriegsministerium hervor, es sei »untersagt, zur Erzielung gesteigerter äußerlicher Gleichmäßigkeit oder in anderer Absicht mündliche oder schriftliche Zusätze zu dem Reglement zu erlassen.« Und der Kaiser konkretisierte: »Der für die Anwendung des Reglements und die Ausbildung gelassene Spielraum darf keine Einschränkung erfahren.«
Die Ursprünge der Exerzier-Reglements für die Infanterie liegen im frühen 17. Jahrhundert. Sie waren zunächst nicht mehr als Handreichungen für den Gebrauch der Waffen. Rund hundert Jahre später hatten sich aus diesen Anfängen zuerst in Preußen umfassende Dienstanweisungen für Ausbildung, Führung und Einsatz entwickelt, die jeweils bei Bedarf aktualisiert wurden. So regelte zum Beispiel das im Jahr 1726 erlassene »Unter-Officier-Reglement vor die königliche preußische Infanterie« zum Teil bis ins Detail das gesamte soldatische Leben. Es beinhaltete nicht nur feste Regeln für das Exerzieren, den Wachdienst und den Feuerkampf, sondern es legte auch fest, was der Soldat außer Dienst zu tun und zu lassen hatte. Eindeutig war die Dienstaufsicht geregelt, die auch die Kontrolle der Körperpflege einschloss.
Mitunter wird kritisiert, die Exerzier-Reglements seien nicht immer auf der Höhe ihrer Zeit gewesen, insbesondere hätten noch im späten 19. Jahrhundert darin wichtige Neuerungen im Bereich der Technik und Taktik keinen Niederschlag gefunden. Es mag sein, dass diese kritischen Stimmen insbesondere unter denen vermehrt auftreten, die es für möglich halten, alle Dinge dieser Welt in eine Vorschrift zu packen. Betrachtet man die Vorschriften vorurteilsfrei, so stellt man fest, dass in vielen Bereichen – zum Beispiel Nachtkampf oder die Verwendung des Maschinengewehrs – die Aktualisierungen sehr zeitnah erfolgten.
Das Exerzier-Reglement der Infanterie aus dem Jahr 1906 enthält, wie im ersten Satz betont wird, »die Vorschriften für die Ausbildung und die Gesichtspunkte für das Gefecht der Infanterie«. In der Gegenwart wird die mehr als 100 Jahre alte Schrift nur noch selten zur Kenntnis genommen, was zu beklagen ist, da sich darin zahlreiche Hinweise auf die Selbständigkeit und die Selbsttätigkeit in allen hierarchischen Ebenen finden. Lediglich zwei Ziffern daraus werden häufiger zitiert:
»264. Die Infanterie ist die Hauptwaffe. Im Verein mit der Artillerie kämpft sie durch ihr Feuer den Gegner nieder.

den hohen Stellenwert soldatischer Grundwerte wie Tapferkeit, Loyalität und Kameradschaft hervor. Mit Blick auf den Transformationsprozess gab er die Orientierung vor: »Ziel ist ein neues Heer, hoch qualifiziert und mit einem umfassenden Fähigkeitsspektrum, das sich harmonisch in das Gesamtsystem unserer Streitkräfte einfügt.«
Bereits vor mehr als 100 Jahren wurde auf die Probleme hingewiesen, die mit einem Zuviel an moderner Technik einhergingen. In der Felddienst-Ordnung aus dem Jahr 1908 stand: »Zu häufiger Gebrauch der technischen Nachrichtenmittel, besonders im Gefecht, birgt die ernste Gefahr, dass die Selbständigkeit der Unterführer Schaden leidet.« Diese Gefahren stiegen in den letzten Jahren rasant an. Gerade in den technischen Neuerungen, die mit der Transformation einhergehen, sehen manche Kritiker multiple Risiken. Sie heben besonders hervor, dass ein Zuviel an Technik einen krassen Gegensatz zu einer gelebten Auftragstaktik bilde. Darüber hinaus verlören Soldaten, für die es zur Selbstverständlichkeit geworden sei, dass elektronische Lagebildschirme in Echtzeit eine Wirklichkeit zeigten und »übersteuert« und »hineinbefohlen« werde, das Gespür für den »Kairos«, also den entscheidenden Augenblick.

Sie allein bricht seinen letzten Widerstand. Sie trägt die Hauptlast des Kampfes und bringt die größten Opfer. Dafür winkt ihr auch der höchste Ruhm.
265. Den ihr innewohnenden Trieb zum angriffsweisen Vorgehen muss die Infanterie pflegen; ihre Handlungen müssen von dem einen Gedanken beherrscht sein: Vorwärts auf den Feind, koste es, was es wolle. Das verlangt hohen moralischen Wert der Truppe. Ihn zu begründen und zu steigern, ist eine wesentliche Aufgabe der Friedensausbildung. Eine gut ausgebildete und gut geführte, willensstarke Infanterie hat selbst unter schwierigen Verhältnissen und gegen einen an Zahl überlegenen Feind Aussicht auf Erfolg.«
Im Verlauf des Ersten Weltkriegs wurden die Vorschriften kontinuierlich an die sich verändernden Gegebenheiten angepasst. Deutlich spiegelt sich das in der im Januar 1918 in Kraft getretenen »Ausbildungsvorschrift für die Fußtruppen im Kriege« wider. Sehr große Bedeutung wurde den Führungsqualitäten der Vorgesetzten beigemessen. Er solle gleichsam »Lehrer und Erzieher seiner Untergebenen« sein und sich »Herz und Vertrauen seiner Untergebenen erwerben«, wobei er dies nicht durch »Weichheit und Nachgiebigkeit«, sondern »durch Fürsorge und Gerechtigkeit« erlangen sollte. Und nicht zuletzt wurde hervorgehoben: »Für den Offizier ist es Ehrenpflicht, Anstrengungen und Entbehrungen mit seinen Leuten zu teilen.« Auf dieser Basis sollte es gelingen, auch die schwierigsten Aufgaben zu meistern. Detailliert wurden die Erkenntnisse aus den jahrelangen Grabenkämpfen beschrieben und in Handlungsanweisungen umgesetzt, ebenso die Erfahrungen mit Stoßtrupps und Sturmbataillonen oder – damals ganz aktuell – in der Panzerbekämpfung.

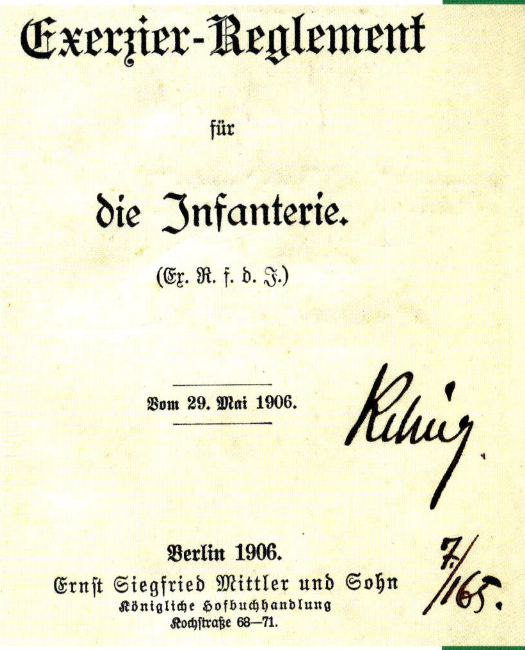
Exerzier-Reglement

für

die Infanterie.

(Ex. R. f. d. J.)

Vom 29. Mai 1906.

Berlin 1906.
Ernst Siegfried Mittler und Sohn
Königliche Hofbuchhandlung
Kochstraße 68–71.

7/165.

Das Exerzier-Reglement bildete die Grundlage für die Ausbildung der Infanteristen.

entwickelte Gewehr Modell 71. Es wurde mit Metallpatronen im Kaliber 11 mm geladen. Eine wesentliche Steigerung der Feuergeschwindigkeit brachte das neue Gewehr jedoch nicht, da es ihm an einem Auswerfer für die leeren Patronenhülsen fehlte. So musste der Schütze diese herausfummeln oder – falls sie sich im Patronenlager verklemmt hatte – mit einem Entladestock entfernen.
Das rauchlose Pulver war eine französische Erfindung. Dieses »Poudre B« wurde von einem Deserteur nach Deutschland gebracht, dort nachgebaut und im Jahr 1888 bei der Armee zusammen mit dem Gewehr 88 eingeführt.
Hinterlader und rauchloses Pulver waren zwei Voraussetzungen für die Entwicklung automatischer Handfeuerwaffen. Im russisch-japanischen Krieg von 1904/05 zeigte sich erstxmals, welche gewaltige Wirkung diese Waffen in der Defensive erzielten, insbesondere dann, wenn der Angreifer klassisch vorging, also seine Infanterie in Form einer Schützenkette in den Kampf schickte.

Der Erste Weltkrieg

Über die Gründe, die zum Ersten Weltkrieg führten, streiten die Historiker seit vielen Jahrzehnten mehr oder weniger heftig. Das Spektrum der Meinungen reicht von der völligen Alleinschuld des Deutschen Reiches, das den Krieg vom Zaun brach, bis zur Annahme, Schuld sei niemand, sondern die Staaten seien kollektiv in diesen Krieg hineingetaumelt. Häufig werden als Gründe politische Automatismen genannt, die zur »Urkatastrophe« des 20. Jahrhunderts führten, wodurch – so ein anderes Bild – in Europa im August 1914 die Lichter ausgingen. Die führenden deutschen Soldaten hatten sehr frühzeitig erkannt, dass der kommende Krieg mit den vorangegangen kaum noch vergleichbar sein würde. Bereits im Jahr 1905 schrieb der Chef des Generalstabs, Helmuth von Moltke der Jüngere, nach einem Gespräch mit dem Kaiser an seine Frau: »... Wie und ob es überhaupt möglich sein wird, die Massenheere, die wir aufstellen werden, einheitlich zu leiten,

Generaloberst Helmuth von Moltke (1848–1916).

kann, glaube ich, kein Mensch vorher wissen. Auch unser Gegner ist ein anderer geworden, wir werden es nicht mehr wie früher mit einem feindlichen Heer, dem wir mit Überlegenheit entgegentreten können, zu tun haben, sondern mit einer Nation in Waffen. Es wird ein Volkskrieg werden, der nicht mit einer entscheidenden Schlacht abzumachen sein wird, sondern der ein langes mühevolles Ringen mit einem Lande sein wird, das sich nicht eher überwunden geben wird, als bis seine ganze Volkskraft gebrochen ist, und der auch unser Volk, selbst wenn wir Sieger sein sollten, bis aufs äußerste erschöpfen wird.«
Auf den sich bereits in den ersten Jahren des 20. Jahrhunderts abzeichnenden Zweifrontenkrieg hatte das Deutsche Reich mit dem Schlieffen-Plan reagiert. Man kann dieses komplexe Vorhaben, das mehrmals aktualisiert wurde, verkürzend so charakterisieren, dass Deutschland den Weg zum Sieg in einem raschen Erfolg im Westen sah. Hierzu war es erforderlich, in einer raschen Umfassung den Gegner im Westen vollständig zu besiegen, um dann alle Kräfte gegen den Gegner im Osten zu richten, dem eine lange Mobilmachungsphase unterstellt wurde.
Neuentwicklungen im Waffenbereich bestimmten die taktischen Überlegungen. Die verheerende Wirkung des modernen Maschinengewehrs war zu Beginn des 20. Jahrhunderts allgemein bekannt. In der Schlacht bei Omdurman hatten die Briten im Jahr 1898 innerhalb kürzester Zeit mit nur zehn Maxim-Maschinenge-

wehren mehr als 10.000 Aufständische getötet, die schlecht bewaffnet gegen die automatischen Waffen angerannt waren. Nach wie vor konnte die Ursache für eine Niederlage aber auch in taktischen Mängeln liegen. So zum Beispiel die Niederlagen der Briten in mehreren Gefechten gegen die Buren in Südafrika. Die Siege der Buren, zum Beispiel in der »Black Week« im Dezember 1899, gründeten auf einer Guerilla-Taktik und modernen Mehrladern.

In Deutschland maßen die verantwortlichen Generäle dem MG im Angriff und in der Verteidigung eine große Bedeutung bei, was sich in dem Exerzier-Reglement der Infanterie niederschlug. Immerhin wurde in jedes Infanterieregiment eine MG-Kompanie integriert, die mit sechs dieser automatischen Waffen ausgestattet war. Dennoch fehlte, als der Erste Weltkrieg im August 1914 ausbrach, sowohl im Angriff als auch in der Verteidigung die zum Sieg erforderliche Taktik.

Da die Russen nur kurze Zeit zur Mobilisierung benötigten und rasch auf Reichsgebiet vorstießen sowie der deutsche Vorstoß im Westen im September 1914 an der Marne ins Stocken geriet – was die Franzosen nicht völlig grundlos als »Wunder von der Marne« deuteten –, war der Schlieffen-Plan gescheitert. Die tieferen Gründe dafür sind vielfältig. Vielleicht lag der wesentliche Grund in dem Problem, das Moltke bereits zehn Jahre zuvor erkannt hatte: Es fehlte an der einheitlichen Führung. Der Kaiser reagierte, indem er – salopp ausgedrückt – den Trainer auswechselte. An die Stelle von Moltke trat der vergleichsweise hitzige Erich von Falkenhayn. Mit ihm machte sich zunächst eine Augen-zu-und-durch-Mentalität breit.

Bereits die ersten Gefechte hatten im Sommer 1914 ungewöhnlich hohe Verlustzahlen erbracht. Zum Teil war die Infanterie in Form der Schützenkette im Sturmangriff vorgegangen und damit eine leichte Beute für die Maschinengewehre der Gegner geworden. Bald erstarrte der Krieg. Die Truppen gruben sich in Schützengräben ein. Im Spätherbst 1914 zog sich von der Kanalküste bis zur Schweiz ein tief gestaffeltes System von Gräben, Wällen, Stacheldrahthindernissen und Unterständen hin. Jetzt begann – wie es ein Autor so treffend formulierte – ein Wettlauf zwischen Technik und Taktik. Es gab keine befriedigende Antwort auf die Frage, wie man einen mit zahlreichen Maschinengewehren ausgestatteten Gegner in gut ausgebauten Stellungen überrennen sollte. Die Einführung leichterer Maschinengewehre, die vom Angreifer mitgeführt werden konnten, brachte bei den Franzosen seit 1915, bei den Deutschen seit 1916 eine Verbesserung, aber es war ausgesprochen schwierig, den Kampf der vorstürmenden Infanterie, der sie deckenden Maschinengewehrkompanien und der mehrere Kilometer dahinter postierten Artillerie aufeinander abzustimmen.

Generalleutnant Erich von Falkenhayn (1861–1922).

Gegen das Feuer der Maschinengewehre brachte der bei den Deutschen im Jahr 1916 eingeführte Stahlhelm wenig, jedoch half der fast vier Kilogramm schwere Eisenhut gegen bestimmte Formen des Artilleriebeschusses. Einen gewissen Schutz boten die an mittelalterliche Ritterrüstungen erinnernden Brustpanzer. Effektiv waren diese fast zehn Kilogramm schweren Panzerplatten gegen die Splitter der Artilleriegeschosse, daher konnte der Schutz je nach Erfordernis am Rücken oder vor der Brust angebracht werden. Im Nahkampf in den Gräben behinderten sie mehr als sie nutzten, denn ihre Verwendung ging – wie heutzutage die der Schutzwesten – zu Lasten der Schnelligkeit und Bewegungsfreiheit des Kämpfers. Daher wurden die Rüstungen bald nur noch von den Grabenposten getragen.

Als ein Mittel, die Initiative auf dem Schlachtfeld wiederzuerlangen, galt seit dem Frühjahr 1915 Giftgas,

Bei dem Dorf Tagsdorf, rund 20 Kilometer südlich von Mühlhausen gelegen, kam es am 19. August 1914 zur Schlacht: Ein Angriff französischer Kavallerie blieb im MG-Feuer liegen.
(Postkarte aus dem Jahr 1915)

Das »leichte« Maschinengewehr 1908/15 war eine überarbeitete Variante des schweren Maxim-MGs. Es wog rund 18 Kilogramm, womit es immer noch viel zu schwer war, um damit die vorstürmende Infanterie zu unterstützen.

das euphemistisch als »Kampfstoff« bezeichnet wurde. Nachdem die Franzosen damit in kleinem Umfang experimentiert hatten, setzten die Deutschen im April 1915 im großen Stil bei Ypern Chlorgas ein, das sie aus Metallzylindern abließen. Die ersten Einsätze verliefen durchaus erfolgreich, weil so der Gegner aus seinen Stellungen herausgetrieben werden konnte. Jedoch war die Methode problematisch, da der Wind richtig stehen musste, sollte er die giftige Wolke nicht in die eigenen Reihen treiben. Da in Westeuropa der Wind meist von Westen weht, wurde der Gaseinsatz von den Deutschen bald verändert. Die giftigen Substanzen wurden in Granaten gefüllt und über eine weite Distanz verschossen. Aber die Gegenmittel gegen die einfach herzustellenden Kampfstoffe auf Chlorbasis waren bald gefunden: Gasmasken boten den Soldaten und auch den Pferden einen guten Schutz. Seit dem Sommer 1915 wurden von allen Kriegsparteien im Westen Giftgase verwendet. Das »Buntschießen«, dessen Name von den Deckbezeichnungen der einzelnen Gase (Blau-, Grün- und Gelbkreuz) herrührte, wurde immer intensiver betrieben. In der letzten Phase des Krieges

In erster Linie erhielten die MG-Schützen seit dem Jahr 1916 zusätzlich zum damals eingeführten Stahlhelm noch eine stählerne Stirnplatte. Die Schutzwirkung war jedoch ähnlich mäßig wie der nur selten anzutreffende Brustpanzer mit überlappenden Stahlblechen, der allenfalls gegen Schrapnells schützte.

In den ersten beiden Kriegsjahren war der sogenannte Hurra-Patriotismus noch weit verbreitet. Das im Oktober 1914 aufgestellte königlich preußische Reserve-Infanterie-Regiment Nr. 201 wurde an Brennpunkten in Flandern eingesetzt. Angesichts dessen hoher Verluste lagen Rückgriffe auf die germanische Mythologie nahe: Die Walküren reiten mit den Gefallenen nach Walhalla. Postkarte aus dem Jahr 1915.

kamen auch deutlich wirksamere Gifte zum Einsatz, die bei bloßem Kontakt mit der Haut wirkten, aber auch sie brachten nicht den durchschlagenden Erfolg.

Zu den chemischen Waffen kann man auch den Flammenwerfer zählen. Brennendes Öl als Waffe einzusetzen, war nicht neu. Bereits in der Antike wurde »griechisches Feuer« bei Belagerungen und Seegefechten verwendet. Die ersten Flammenwerfer wurden im Herbst 1914 erprobt und die erste Flammenwerfer-Abteilung aufgestellt, die nach ihrem Führer, dem Major der Landwehr Reddemann, benannt wurde. Organisatorisch wurde die neue Waffe der Pioniertruppe unterstellt. Es dauerte jedoch bis zum Februar 1916, ehe die Flammenwerfer im Kampf um die Festung Verdun in großer Zahl eingesetzt wurden.

Um den Stellungskrieg zu überwinden, setzten die Deutschen auf eine konsequente Bündelung der gewonnenen Erfahrungen. Dabei führten sie das Konzept des Sturmtrupps fort, mit dem sie bereits im Jahr 1915 in den Argonnen positive Erfahrungen gesammelt hatten. Aus diesen Anfängen ging das Sturmbataillon »Rohr« hervor, dem bald weitere folgten. Bis auf zwei

Stoßtrupp

»Ich hatte eine dem blutigen Handwerk, das wir auszuüben gedachten, angemessene Arbeitstracht angelegt: Vor der Brust zwei Sandsäcke mit je vier Stielhandgranaten, links mit Aufschlag-, rechts mit Brennzünder, in der rechten Rocktasche eine Pistole 08 am langen Bande, in der rechten Hosentasche eine kleine Mauserpistole, in der linken Rocktasche fünf Eierhandgranaten, in der linken Hosentasche Leuchtkompass und Trillerpfeife, am Koppel Karabinerhaken zum Abreißen der Handgranaten, Dolch und Drahtschere. In der inneren Brusttasche steckte eine gefüllte Brieftasche und meine Heimatadresse, in der hinteren Rocktasche eine platte Flasche voll Cherry-Brandy. Achselklappen und Gibraltarband hatten wir abgelegt, um dem Gegner keinen Aufschluss über unsere Herkunft zu geben. Als Erkennungszeichen trugen wir an jedem Arm eine weiße Binde.«

Vorbereitung auf einen Stoßtrupp in Lothringen im September 1917. Aus: Ernst Jünger, In Stahlgewittern. Ein Kriegstagebuch, 14. Aufl., Berlin 1934, S. 204.

Die hannoveranischen Einheiten, die im Jahr 1789 an der Verteidigung Gibraltars gegen die Spanier beteiligt waren – also auch das Füsilier-Regiment Nr. 73, bei dem Ernst Jünger diente –, trugen am rechten Unterarm der Uniform das Gibraltarband.

Im Ersten Weltkrieg erlebten Messer und Dolche in den Grabenkämpfen eine Renaissance. Ein sehr seltenes Exemplar eines Grabendolches, hergestellt von der Solinger Firma G. Felix. Oberhalb des Firmennamens das Firmenzeichen – ein Kürschnermesser. *(Sammlung T. May)*

Auch in Liedern wurde versucht, die Grausamkeit des Krieges zu verklären. *(Postkarte aus dem Jahr 1915)*

Österreichisches Sturmtrupp-Abzeichen.

Bataillone, die aus Jägern und Pionieren gebildet wurden, rekrutierte man die Sturmbataillone aus den Reihen der Infanterie. Die Hauptaufgabe dieser Sturmtruppen war es, in engem Zusammenwirken mit der Artillerie die Gräben aufzurollen und Breschen in die Verteidigung zu schlagen, an denen die nachrückende Infanterie ihren Angriff fortführen konnte. Die kleinen Stoßtrupps bestanden aus ausgesuchten und besonders ausgebildeten Infanteristen, die mit Handgranaten, Pistolen, Karabinern, leichten Maschinengewehren, Granat- und auch Flammenwerfern ausgerüstet waren. In geringer Zahl gingen die Männer nach einer intensiven Aufklärung vor und eroberten Schlüsselstellungen des Feindes. Dabei wurden sie sowohl von ihrem Verband als auch von der Artillerie unterstützt. Auf solche taktischen Meisterleistungen gingen viele Erfolge der Frühjahrsoffensive des Jahres 1918 zurück. Bei dieser Michaelsoffensive gelangen den Deutschen Einbrüche von bis zu 60 Kilometern. Jedoch fehlte es danach an Truppen und Gerät, um die Erfolge festzuhalten, geschweige denn durchzubrechen.

Eine weitere Ausdifferenzierung des infanteristischen Kampfes stellten die seit dem Jahr 1915 auf deutscher Seite eingesetzten Scharfschützen dar. Sie erhielten eine Spezialausbildung und wurden mit besonders leistungsstarken Gewehren und hochwertigen Zieloptiken ausgestattet. Die demoralisierende Wirkung auf den Gegner war enorm: Wer den Kopf auch nur ein wenig aus der Deckung streckte, wurde für die Scharfschützen zum Ziel. Kurze Zeit später begannen auch die Engländer mit der Ausbildung von Scharfschützen. Es sei an dieser Stelle lediglich erwähnt, dass das Scharfschützenwesen nach dem Ende des Ersten Weltkriegs ein Schattendasein führte. Zwar gab es dann seit 1938 immerhin wieder Führungshinweise für den Scharfschützeneinsatz, dies änderte aber nichts daran, dass es noch zu Beginn des Zweiten Weltkriegs an geeigneten Waffen und Ausbildern fehlte. Erst im Verlauf des Krieges gegen Russland wurde die herausgehobene Bedeutung der Scharfschützen wieder erkannt. Seit 1942 verfügte jede Gruppe über einen Zielfernrohrschützen, zwei Jahre später wurden in die Infanteriekompanien Scharfschützengruppen eingegliedert.

Scharfschützen-Abzeichen aus dem Zweiten Weltkrieg in drei Stufen.

Im Verlauf des Ersten Weltkriegs fand auch in der Verteidigung ein Umdenken statt. Zu Beginn des Krieges galt der Grundsatz, »Halte was du hast, und gib nie einen Fußbreit von dem auf, was du gewannst!« Damit ging aber eine Massierung der eigenen Kräfte einher, die dem Angreifer viele lohnende Ziele für die weitreichende Artillerie bot. Daher hielt Generalleutnant Erich von Falkenhayn Ende November 1914 zwar noch an der Doktrin des Haltens um jeden Preis fest, dachte aber immerhin eine flexiblere Verteidigung bereits an. Die Abwehrschlachten von 1915 und insbesondere 1916 zwangen aufgrund der gewaltigen Verluste zu grundlegenden Veränderungen. Anstatt die Truppen in einem flachen Frontabschnitt zu konzentrieren, wurden sie in der Tiefe gestaffelt. Anstatt starr darauf zu setzen, keinen Meter Preis zu geben, wurde die Verteidigung in einem Grabensystem flexibel gestaltet. Anstatt jede Waffe weitgehend allein einzusetzen, wurde das Gefecht der verbundenen Waffen zum Prinzip erhoben. All dies fand seinen Niederschlag in den im Dezember 1916 erlassenen »Vorschriften für den Stellungskrieg für alle Waffen. Teil 8: Grundsätze für die Führung der Abwehrschlacht im Stellungskriege«. In der Praxis an der Front konnte seit dieser Zeit eine idealtypische Verteidigung dadurch charakterisiert werden, dass die eigene Truppe die vorderste Linie nur sehr dünn besetzte. Ihr war ein Ausweichen vor dem Feind zur Verringerung der eigenen Verluste ausdrücklich erlaubt, insbesondere, um dem Vorbereitungsfeuer des Feindes durch dessen Artillerie auszuweichen. Es wurde also eine »Leere des Gefechtsfeldes« geschaffen, in das der angreifende Feind mit starken Kräften vorstieß. Das eigentliche Verteidigungsgefecht fand dann in der Tiefe des Raumes statt. Dieses führten nicht geschlossene Formationen, sondern verstreute Widerstandsnester, die insbesondere dank ihrer zahlreichen Maschinengewehre über eine enorme Feuerkraft verfügten und ständig durch die Artillerie unterstützt wurden. Danach wurde der Angreifer im Gegenstoß oder Gegenangriff zerschlagen und das verlorene Gelände wieder zurückgewonnen. So jedenfalls die Theorie.

Das neue Konzept des »Hauptkampffeldes« brachte Erfolge. Dank der relativen Leere des Gefechtsfeldes kam es seit der zweiten Hälfte des Jahres 1916 zu regelrechten Bewegungskämpfen innerhalb des Verteidigungsraumes.

Auf die neue Taktik der Deutschen reagierten die Alliierten. Engländer und Franzosen setzten seit dem Jahr 1916 auf Panzer, eine Waffe, die bei näherem Hinsehen nicht neu war; denn Streitwagen gab es bereits in der Antike. Neu war, dass sie ihre Tanks bald in recht großer Stückzahl im Verbund mit der Artillerie und sogar Flugzeugen einsetzten. Die Erfolge blieben jedoch gering, weil der Antrieb der Stahlkolosse störanfällig war, sich die Besatzung der Panzer kaum orientieren konnte und keine Kommunikationsmöglichkeit mit den rollenden Bunkern bestand. Wenn überhaupt, dann erzielten die Tanks nur einen taktischen Einbruch, jedoch keinen operativen Durchbruch.

Deutschland nahm die neue Entwicklung nur zögernd an, setzte zuerst lediglich Beutepanzer ein und ging erst seit dem Jahr 1918 dazu über, selbst gefertigte Panzer in größerer Stückzahl einzusetzen.

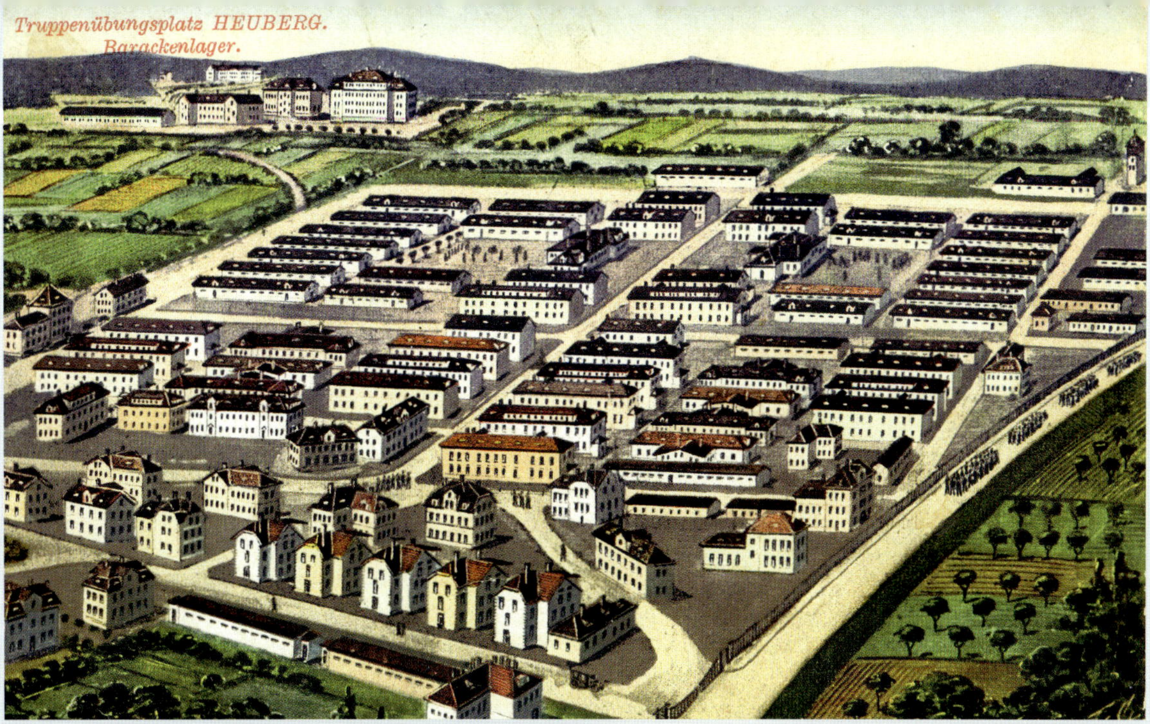

Ende des 19. Jahrhunderts wurde es Brauch, den Lieben daheim eine Ansichtskarte von einem der zahlreichen Truppenübungsplätze zu senden. Zum Teil waren es stilisierte und auch idealisierte Abbildungen (»Geheimschutz«), zum Teil aber auch Darstellungen, die sich mit der Soldatenausbildung eher kritisch auseinandersetzten.

Deutlich bedeutsamer war der Einsatz von Flugzeugen und Luftschiffen. Flugzeuge wurden zunächst als Aufklärer und Jäger, Starrluftschiffe in der ersten Zeit zur Beobachtung und bald danach als Bomber zur Bekämpfung zum Teil auch ziviler Ziele eingesetzt. Bombenflugzeuge wurden an der Front nur in geringem Maße eingesetzt. Gefährlich für die Infanterie waren die Jagdflugzeuge, wenn sie die Infanteriestellungen ins Visier ihrer Maschinengewehre nahmen.

Der Krieg brachte nicht nur neue Taktiken und Waffen, sondern er führte auch zu einer Ausdifferenzierung der Aufgaben. In den Infanterieeinheiten wurden Scharfschützen und Flammenwerfer ausgebildet, es gab Spezialisten für den Nah- und Grabenkampf. Die Bedeutung des im Mai 1915 aufgestellten Deutschen Alpenkorps – des Vorläufers der späteren Gebirgsjäger – war insbesondere bei den Kämpfen in Italien groß. Die für den Kampf in den Bergen ausgebildeten Soldaten

Grabenkrieg

»Niemand würde glauben, dass in dieser zerwühlten Wüste noch Menschen sein könnten; aber jetzt tauchen überall aus dem Graben die Stahlhelme auf, und fünfzig Meter von uns entfernt ist schon ein Maschinengewehr in Stellung gebracht, das gleich losbellt.
Die Drahtverhaue sind zerfetzt. Immerhin halten sie noch etwas auf. Wir sehen die Stürmenden kommen. Unsere Artillerie funkt. Maschinengewehre knarren, Gewehre knattern. Von drüben arbeiten sie sich heran. Haie und Kropp beginnen mit den Handgranaten. Sie werfen, so rasch sie können, die Stiele werden ihnen abgezogen zugereicht. Haie wirft sechzig Meter weit, Kropp fünfzig, das ist ausprobiert und wichtig. Die von drüben können im Laufen nicht viel eher etwas machen, als bis sie auf dreißig Meter heran sind.
Wir erkennen die verzerrten Gesichter, die flachen Helme, es sind Franzosen. Sie erreichen die Reste des Drahtverhaus und haben schon sichtbare Verluste. Eine ganze Reihe wird von dem Maschinengewehr neben uns umgelegt; dann haben wir viele Ladehemmungen, und sie kommen näher.
Ich sehe einen von ihnen in einen spanischen Reiter stürzen, das Gesicht hoch erhoben. Der Körper sackt zusammen, die Hände bleiben hängen, als wollte er beten. Dann fällt der Körper ganz weg, und nur noch die abgeschossenen Hände mit den Armstümpfen hängen im Draht.
Im Augenblick, als wir zurückgehen, heben sich vorn drei Gesichter vom Boden. Unter einem der Helme ein dunkler Spitzbart und zwei Augen, die fest auf mich gerichtet sind. Ich hebe die Hand, aber ich kann nicht werfen in diese sonderbaren Augen, einen verrückten Moment lang rast die ganze Schlacht wie ein Zirkus um mich und diese beiden Augen, die allein bewegungslos sind, dann reckt sich drüben der Kopf auf, eine Hand, eine Bewegung, und meine Handgranate fliegt hinüber, hinein.
Wir laufen zurück, reißen spanische Reiter in den Graben und lassen abgezogene Handgranaten hinter uns fallen, die uns einen feurigen Rückzug sichern. Von

Gemälde von Wilhelm Schreuer (1866–1933). Der in Wesel geborene Maler wurde bekannt durch seine rheinischen Wirtshausbilder und Straßenszenen. Im Ersten Weltkrieg war er als malender Kriegsberichterstatter insbesondere in Frankreich und Belgien tätig. Das Gemälde zeigt eine vorstürmende deutsche Infanterieeinheit, wahrscheinlich im Jahr 1914. *(Aus: Kriegsfahrten deutscher Maler. Selbsterlebtes im Weltkrieg 1914–1915. Verlag von Velhagen & Klasing, o. Z., S. 103.)*

der nächsten Stellung aus feuern die Maschinengewehre.
Aus uns sind gefährliche Tiere geworden. Wir kämpfen nicht, wir verteidigen uns vor der Vernichtung. Wir schleudern die Granaten nicht gegen Menschen, was wissen wir im Augenblick davon, dort hetzt mit Händen und Helmen der Tod hinter uns her, wir können ihm seit drei Tagen zum ersten Male ins Gesicht sehen, wir können uns seit drei Tagen zum ersten Male wehren gegen ihn, wir haben eine wahnsinnige Wut, wir liegen nicht mehr ohnmächtig wartend auf dem Schafott, wir können zerstören und töten, um uns zu retten, um uns zu retten und zu rächen.
Wir hocken hinter jeder Ecke, hinter jedem Stacheldrahtgestell und werfen den Kommenden Bündel von Explosionen vor die Füße, ehe wir forthuschen. Das Krachen der Handgranaten schießt kraftvoll in unsere Arme, in unsere Beine, geduckt wie Katzen laufen wir, überschwemmt von dieser Welle, die uns trägt, die uns grausam macht, zu Wegelagerern, zu Mördern, zu Teufeln meinetwegen, dieser Welle, die unsere Kraft vervielfältigt in Angst und Wut und Lebensgier, die uns Rettung sucht und erkämpft. Käme dein Vater mit denen drüben, du würdest nicht zaudern, ihm die Granate gegen die Brust zu werfen!
Die vorderen Gräben werden aufgegeben. Sind es noch Gräben? Sie sind zerschossen, vernichtet – es sind nur einzelne Grabenstücke, Löcher, verbunden durch Laufgänge, Trichternester, nicht mehr. Aber die Verluste derer von drüben häufen sich. Sie haben nicht mit so viel Widerstand gerechnet.
Es wird Mittag. Die Sonne brennt heiß, uns beißt der Schweiß in die Augen, wir wischen ihn mit dem Ärmel weg, manchmal ist Blut dabei. Der erste etwas besser erhaltene Graben taucht auf. Er ist besetzt und vorbereitet zum Gegenstoß, er nimmt uns auf. Unsere Artillerie setzt mächtig ein und riegelt den Vorstoß ab.
Die Linien hinter uns stocken. Sie können nicht vorwärts. Der Angriff wird zerfetzt durch unsere Artillerie. Wir lauern. Das Feuer springt hundert Meter weiter, und wir brechen wieder vor. Neben mir wird einem Gefreiten der Kopf abgerissen. Er läuft noch einige Schritte, während das Blut ihm wie ein Springbrunnen aus dem Halse schießt.
Es kommt nicht ganz zum Handgemenge, die andern müssen zurück. Wir erreichen unsere Grabenstücke wieder und gehen darüber hinaus vor.
Oh, dieses Umwenden! Man hat die schützenden Reservestellungen erreicht, man möchte hindurchkriechen, verschwinden; – und muss sich umdrehen und wieder in das Grauen hinein. Wären wir keine Automaten in diesem Augenblick, wir blieben liegen, erschöpft, willenlos. Aber wir werden wieder mit vorwärts gezogen, willenlos und doch wahnsinnig wild und wütend, wir wollen töten, denn das dort sind unsere Todfeinde jetzt, ihre Gewehre und Granaten sind gegen uns gerichtet, vernichten wir sie nicht, dann vernichten sie uns!«
Aus: Erich Maria Remarque, Im Westen nichts Neues. Frankfurt am Main 1977, S. 83–86.

Im Ersten Weltkrieg wurden nach Schätzungen zwischen fünf und fünfeinhalb Millionen Eiserne Kreuze Zweiter Klasse verliehen.

Der Nachbau eines Sturmpanzerwagens A7V im Panzermuseum in Munster. Seit dem Jahr 1917 wurden 20 dieser Panzer gebaut, die jeweils mit einer 5,7-cm-Kanone und sechs Maschinengewehren bewaffnet waren. Die Besatzung bestand aus 16 Soldaten.

Deutsche Fliegerpfeile aus der Anfangsphase des Ersten Weltkriegs. Aus Flugzeugen wurden die etwa 15 cm langen Metallpfeile abgeworfen. Die Wirkung war gering, aber man setzte auch auf den psychologischen Effekt und nannte Ross und Reiter. Auf dem oberen Pfeil war D.R.G.M (Deutsches Reichsgebrauchsmuster) zu lesen. Auf dem unteren Pfeil stand »Invention Francais«, also französische Erfindung, und auf dessen gegenüber-liegender Seite »Fabrication Allemand« – deutsches Erzeugnis. *(Sammlung T. May)*

wurden aber auch auf dem Balkan und im Jahr 1916 bei der Schlacht um die französische Festung Verdun eingesetzt.

Fallschirme spielten im Ersten Weltkrieg nur als Rettungssysteme für Flieger und Ballonfahrer sowie die Besatzung der Luftschiffe eine Rolle. Zwar gab es in der US-Armee Pläne, eine Vielzahl von Soldaten mit Fallschirmen hinter den feindlichen Linien in Frankreich abspringen zu lassen und sodann die Front von hinten aufzurollen, aber sie wurden nicht umgesetzt, da sie erst für das Frühjahr 1919 ins Auge gefasst worden waren.

Als der Erste Weltkrieg am 9. November 1918 endete, standen die deutschen Truppen zum Teil noch viele Kilometer von der Landesgrenze entfernt in Belgien und Frankreich. Daher war es in späteren Jahren ein Leichtes – und schwierig widerlegbar –, zu behaupten, die deutschen Truppen seien »im Felde unbesiegt« geblieben. Als Grund für die Niederlage wurde bald von rechts stehenden Politikern genannt, die im Kampf stehenden Soldaten seien durch unpatriotische Politiker im Stich gelassen und verraten worden: Die Soldaten seien von hinten erdolcht worden. Der Vertrag von Versailles, der im Jahr 1919 von den Deutschen unterzeichnet werden musste, legte dem Reich nicht nur hohe Reparationen auf, sondern enthielt auch einen Passus, in welchem dem Kaiserreich die alleinige Schuld am Krieg zugewiesen wurde. Im Westen und im Osten musste Deutschland große Gebiete abtreten, und das Land wurde nahezu völlig entmilitarisiert. Die Reichswehr wurde auf 100.000 Soldaten des Heeres und 15.000 Angehörige der Marine begrenzt, die nicht mit schweren und modernen Waffen ausgerüstet werden durften. Die ersten Jahre nach Kriegsende waren in Deutschland gekennzeichnet durch Revolution, Grenzkämpfe in den östlichen Provinzen, Aufstände gegen die Regierung, die Besetzung des Ruhrgebietes durch Franzosen und Belgier und immer wieder Kämpfe rivalisierender politischer Gruppierungen und Parteien. Weder Polizei noch Militär konnten die Unruhen dauerhaft in den Griff bekommen.

In der historischen Forschung hat sich das Urteil über das Verhältnis der Reichswehr zur Weimarer Republik in den letzten Jahrzehnten gewandelt. An die Stelle

Infanteristen aus Singhofen im Taunus, erkennbar an der weißen Soutache (= Litze) am Schiffchen, während einer Reserveübung in Hammelburg im Jahr 1937. *(Foto: Walter Fries)*

des Bildes von der Reichswehr als Staat im Staate, deren höhere Chargen keine positive Bindung zur Republik aufbauten, trat ein deutlich differenzierteres Bild. Zwar gab es unter den Soldaten nicht viele überzeugte Republikaner, aber nicht wenige der rund 3800 Reichswehr-Offiziere empfanden Dankbarkeit dafür, dass sie in dieser Mini-Armee dienen durften. Ihnen gab das kleine Reichsheer eine berufliche Perspektive, wenn es auch nur geringe Aufstiegsmöglichkeiten bot.

Der infanteristischen Ausbildung wurde in der Reichswehr eine hohe Bedeutung beigemessen. Dies spiegelt sich deutlich in der Ausbildung der Offiziere wider, deren Grundausbildung zwei Jahre dauerte. Danach kamen seit Mitte der 20er-Jahre alle Offizierbewerber für rund ein Jahr an die Infanterieschule in Dresden. Dort wurden sie in den Fächern Militärgeschichte, Waffen- und Geländekunde, Taktik, Militärverwaltung, Staatsbürgerkunde und Sport unterrichtet. Ein wesentliches Ziel der Ausbildung war es, den jungen Anwärtern Einblicke in alle Truppengattungen zu geben. Also ein klares Bekenntnis zum Generalisten!

Trotz alledem waren die funktionalen Möglichkeiten der kleinen Reichswehr sehr begrenzt. Sie reichte, wie gesagt, nicht einmal aus, um die öffentliche Ordnung zu erhalten, geschweige denn war die Mini-Armee geeignet, die Republik vor potenziellen Gefahren von außen zu schützen. Doch waren die Regimenter ein militärischer Mikrokosmos – eine »grande armée en miniature« – die sich als praktisches Experimentierfeld eigneten und aus den Erfahrungen des Krieges ihre taktischen Lehren zogen.

Mit der Machtergreifung Hitlers am 30. Januar 1933 verbanden viele hochrangige deutsche Soldaten große Hoffnungen. Nicht etwa, weil sich unter ihnen besonders viele Anhänger der nationalsozialistischen Ideologie befanden, sondern weil sie sich von dem neuen Reichskanzler eine Aufwertung ihres Berufsstandes versprachen – und nicht zuletzt auch bessere Aufstiegschancen. Hitler setzte bald auf eine deutliche Stärkung der Wehrmacht und forcierte die militärische Rüstung. Das Deutsche Reich führte die Wehrpflicht ein und besetzte das entmilitarisierte Rheinland. Diese Maßnahmen empfanden die meisten Soldaten als legitim, da die Nachbarstaaten über viele Jahre hinweg nicht den Bestimmungen der Verträge nachgekommen waren, die eine Verringerung der Truppen vorschrieben.

In »Mein Kampf« hatte Adolf Hitler bereits im Jahr 1925 seine politischen Ziele formuliert. Dazu gehörte

Darstellung eines Militärpferdes im Zweiten Weltkrieg im Infanteriemuseum in Hammelburg.

eine mit militärischen Mitteln erzwungene Vergrößerung des Reichsgebietes. Spätestens seit dem Jahr 1937 nahmen die militärischen Pläne konkrete Formen an, unabhängig davon, dass die Schlagkraft der Wehrmacht zu diesem Zeitpunkt im Vergleich zum Beispiel mit Frankreich nur sehr gering war. In den Jahren bis zum Ausbruch des II. Weltkriegs entschied sich die militärische Führung für eine deutliche Schwerpunktsetzung, wodurch die Unterlegenheit zu den potenziellen Gegnern rasch ausgeglichen und dann überwunden werden sollte. Dabei setzte das III. Reich auf die vergleichsweise modernen Bereiche der Rüstung. Zwar wurde nicht an allen Stellen geklotzt, sondern häufig gekleckert; zwar wurde in vielen Bereichen die gleiche Arbeit geleistet, statt diese zu zentralisieren; zwar wurde zu viel Ingenieurskunst in die Entwicklung von zum Teil überaus engagierten Zukunftsprojekten gesteckt, statt mit vergleichsweise geringem Aufwand bereits Vorhandenes zu optimieren, aber in der Summe stand im Jahr 1939 und mehr noch im Jahr darauf eine schlagkräftige Armee für den Eroberungskrieg gegen Polen und dann im Norden und Westen Europas bereit. Jedoch ohne logistische Tiefe.

Was als »Blitzkriege« in die Militärgeschichte einging, war die Folge kühner militärischer Operationen, keineswegs beruhten diese Siege – wie hier und da noch immer vermutet wird – auf einer durchgehenden Motorisierung der deutschen Armeen. Übrigens spielte Mobilität damals in der gesamten deutschen Gesellschaft eine vergleichsweise geringe Rolle. In Deutschland kamen auf 1000 Einwohner lediglich 25 Fahrzeuge, womit es auf Platz 8 in Europa lag. Die Hauptlast der Mobilität ruhte in der Wehrmacht im gesamten Zweiten Weltkrieg auf dem Rücken der Pferde. Diese wurden in der Regel als Zugpferde eingesetzt (Reitpferde waren der Kavallerie, einzelnen Führern und Meldern vorbehalten), was jedoch keinen Mangel darstellte. In den Schlammschlachten, die im Herbst und Frühjahr gefochten wurden, erwiesen sich die Tiere ihren mechanischen Pendants gegenüber als überlegen. Wo selbst Kettenfahrzeuge versagten, weil sie von Nässe und besonders Schlamm außer Gefecht gesetzt wurden, zogen die Pferde häufig noch Geschütze, wenn auch sehr mühsam. Legendär wurden die genügsamen, aus Osteuropa stammenden Panjepferde. Die seit 1943 erfolgte Einführung schlammgängiger Gleisketten-Lkw löste das Problem nur zum Teil; denn sie kamen nur in geringer Zahl zur Truppe.

Weil die deutsche Luftwaffe in den ersten Kriegszügen sehr rasch die Luftüberlegenheit erkämpfte, konnten die Panzerverbände rasch vorstoßen. Im Feldzug gegen Polen und in den Kriegszügen des Jahres 1940 war der Nachschub zwar nicht unproblematisch, aber die Versorgung der Truppen konnte zufriedenstellend geleistet werden. Der Krieg gegen die Sowjetunion brachte auch in dieser Hinsicht seit Juni 1941 Schwierigkeiten in einer ganz anderen Dimension.

Spezialisierungen der Infanterie im Zweiten Weltkrieg

Fallschirmjäger

Fragt man nach den Neuerungen, die der Zweite Weltkrieg im Bereich der Infanterie brachte, so werden die meisten wohl zunächst an die Fallschirmjäger denken, deren frühe Entwicklung wir bereits ansprachen. Auch nach 1918 blieb der Einsatz militärischer Fallschirmspringer ein Thema am Rande. Dies änderte sich nach der Mitte der 20er-Jahre. Zunächst in Italien und wenig später in der Sowjetunion maß man dieser Art der Verbringung größere Bedeutung bei. Zu Beginn der 30er-Jahre standen russische Fallschirm-Soldaten auf den Tragflächen der Flugzeuge und sprangen von dort in die Tiefe. Das Potenzial, welches in der neuen Waffengattung steckte, ließ eine Übung der sowjetischen Armee im Jahr 1935 erahnen: Innerhalb kurzer Zeit sprangen mehr als 1000 Fallschirmjäger ab und nahmen im Handstreich einen Flughafen.

In den anderen europäischen Armeen hielt sich die Begeisterung für die vertikale Verbringung in Grenzen. Auch im deutschen Heer blieb die Skepsis gegenüber den Fallschirmeinheiten bestehen, und man beschränkte sich zunächst auf eine Fallschirmversuchskompanie. Deutlich anders beurteilte die Luftwaffe die neue Truppe. Unter General Wever wurde seit der Mitte der 30er-Jahre ein Bataillon »Fallschirmschützen« ausgebildet. Unter den Soldaten avancierte der Fallschirmsprung rasch zur Mutprobe und zum Beleg besonderer Schneidigkeit. Daran änderten auch Unglücksfälle nichts. Einen Tag, nachdem die Vorführung eines Fallschirmsprungs in Jüterbog mit einer schweren Verletzung des Soldaten endete, meldeten sich rund 800 Freiwillige zu der neuen Truppe. Nach dem Abschluss der Planungen begann im Jahr 1936 die Ausbildung im Sprungdienst. Parallel dazu wurde an dem taktischen Konzept der Fallschirmtruppe gearbeitet. Dabei stand die Frage im Vordergrund: Welche militärischen Aufgaben können durch Fallschirmspringer gelöst werden? Der Vordenker war Oberstleutnant Jacoby. In seinem Kopf reiften Pläne, die Männer sowohl in Verbandsstärke mit dem Fallschirm zu ihrem Zielgebiet zu bringen als auch mit Flugzeugen, was zu dieser Zeit zum Beispiel in Frankreich oder in England gang und gäbe war. Für Jacoby gehörten darüber hinaus Operationen hinter den feindlichen Linien zu ihrem Aufgabenspektrum, ebenso Handstreiche gegen besonders wichtige militärische Anlagen. Nicht zuletzt sollten sie auch in der Lage sein, nach dem Sprung selbstständig längere infanteristische Einsätze durchzuführen. Dies erforderte eine umfangreiche Ausrüstung und Bewaffnung, die ebenfalls per Schirm abgesetzt werden musste. Und nicht zuletzt war hierzu eine breit gefächerte und damit sehr viel Zeit kostende Ausbildung erforderlich. Diese Überlegungen gingen der Führung zu weit.

Dann kam der erste große Rückschlag für die Fallschirmtruppe. General Wever kam bei einem Flugzeugabsturz ums Leben; Oberstleutnant Jacoby wurde seines Kommandos enthoben. An seine Stelle trat Oberstleutnant von Axthelm. Dieser sah für die Fallschirmtruppe zwar ein weitaus geringeres Aufgabenspektrum vor, aber immerhin dachte er daran, den Springern Kommandounternehmen zu übertragen. Insbesondere sollten kleine Gruppen gezielte Nadelstiche in Feindesland durchführen.

Trotz dieser Reduzierung der Aufgaben blieben die grundsätzlichen Möglichkeiten, die der Fallschirmeinsatz bot, unübersehbar. Das erkannte auch das Heer und stellte daher seit dem Frühjahr 1937 eine eigene Fallschirminfanterie-Kompanie auf. Ähnlich wie die Luftwaffe sah man in der Fallschirmtruppe primär eine Vorausabteilung, die operativ besonders bedeutsame Punkte wie etwa Engen oder Brücken vor dem Eintreffen der Hauptstreitmacht nehmen sollte.

In den Übungen wirkte manches spektakulär, aber in den Augen vieler Generäle des Heeres waren die Darbietungen lediglich »Mätzchen«. Die Chancen der neuen Waffengattung bewerteten die Entscheider in der Luftwaffe noch immer anders. Dort sahen manche Generäle die Fallschirmtruppe als Instrument, um sich von dem als innovationsscheu stigmatisierten Heer ab-

Die Fallschirmschützen (erst 1937/38 wurden sie in Fallschirmjäger umbenannt) galten von Beginn an als Elitesoldaten. Der Absetzer kontrolliert den festen Sitz des automatischen Fallschirms. *(Foto: Sammlung Benz)*

Als der Krieg für die Deutschen bereits verloren war, sorgten spektakuläre Aktionen der Fallschirmjäger in der Öffentlichkeit noch für Begeisterung. Der in einer Propagandakompanie tätige Fotograf Toni Schneiders hielt die Befreiung Benito Mussolinis (Zivilist in der Bildmitte) im Bild fest. *(Foto: Bundesarchiv, Koblenz; Bild 101 I-567-1503 C-18)*

zuheben. Damit lagen sie voll und ganz auf der Linie des ehrgeizigen Oberbefehlshabers der Luftwaffe, Hermann Göring.

Am 1. Juli 1938 übernahm Generalmajor Kurt Student das Kommando über die Fliegerdivision 7. In den Augen Students, der im Ersten Weltkrieg als Jagdflieger gekämpft hatte, kam für die Fallschirmjäger nur die große Lösung in Betracht: Sie sollten das breite Spektrum möglicher Aufgaben abdecken, wobei der Schwerpunkt auf dem operativen Einsatz liegen sollte. In den ersten Monaten des Zweiten Weltkriegs blieb die Bedeutung der Fallschirmjäger gering. Dies änderte sich, als im Frühjahr 1940 der Krieg im Westen begann. Am frühen Morgen des 10. Mai 1940 starteten auf dem Militärflughafen Köln-Ostheim Junkers Ju 52, die in ihrem Schlepptau Lastensegler des Typs DFS 230 zogen. Kurz vor dem belgischen Fort Eben Emael klinkten die Lastensegler aus und landeten mit jeweils zehn Mann und der dazugehörenden Ausrüstung an Bord auf dem Sperrfort. Sehr rasch gelang es den Fallschirmpionieren, die stark gepanzerten Geschützstellungen der Belgier auszuschalten. Darüber hinaus nahmen die Fallschirmjäger zwei Brücken über den Albert-Kanal ein. Auch über den strategisch bedeutsamen holländischen Brücken bei Moerdijk, Dordrecht und Rotterdam sprangen Fallschirmjäger ab und konnten diese zum größten Teil einnehmen. Hierbei sollte nicht vergessen werden, welchen Anteil die Luftlande-Infanterie des Heeres, das Infanterie-Regiment 16, an diesen Erfolgen hatte.

Die Eroberung der Insel Kreta im Jahr 1941, das Unternehmen mit dem Decknamen »Merkur«, gilt als der spektakulärste Sprungeinsatz der Militärgeschichte. Fast 9000 Fallschirm- und Gebirgsjäger sprangen in zwei Wellen am 20. Mai über der Mittelmeerinsel ab. Sie trafen auf einen nahezu fünffach stärkeren Feind. Die Verteidiger, in der Mehrzahl Briten, waren relativ schwer bewaffnet, die stärksten Waffen der Deutschen waren einige wenige Zwei-Zentimeter-Flak. Innerhalb der nächsten Tage setzten die Deutschen weitere Truppen auf Kreta ab. Insgesamt kamen mehr als 20.000 Mann in den schweren Kämpfen zum Einsatz. Die Verluste unter den Angreifern waren gewaltig: Mehr als 6600 deutsche Soldaten ließen auf Kreta ihr Leben.

An allen Fronten wurden in den Folgejahren Fallschirmjäger eingesetzt. Sie kämpften in Nordafrika, in Italien und insbesondere in Russland. Meist wurden sie als Infanterie eingesetzt. Sie bildeten an vielen Frontabschnitten die »Feuerwehr«, die dort zum Zuge kam, wo die Kämpfe besonders hart waren. Große Beachtung fand im September 1943 die Befreiung des italienischen Diktators Benito Mussolini. Bei diesem Kommandounternehmen spielten Soldaten des Fallschirmjäger-Lehrbataillons die zentrale Rolle. Den Erfolgen stehen enorme Verluste gegenüber: Im Zweiten Weltkrieg verloren rund 70.000 deutsche Fallschirmjäger ihr Leben.

Gebirgsjäger

Eine Innovation des Zweiten Weltkriegs waren im Bereich der Infanterie neben den Fallschirmjägern die Gebirgsjäger, die wir bereits erwähnten und auf die wir im Folgenden ein wenig ausführlicher eingehen wollen.

Wer sich auf die Suche nach den Vorläufern von Truppen macht, die im Winter im Gebirge kämpften, wird in Nordeuropa fündig. Erste schriftliche Hinweise stammen bereits aus dem 8. Jahrhundert nach Christus. Der norwegische König Sverre setzte um 1200 in seinen Kriegen rund um die Stadt Oslo Skiläufer ein. Rund 350 Jahre später feierten finnische Soldaten große Erfolge gegen ihre russischen Gegner, weil sie den Kampf im Schnee besonders gut beherrschten. Auch im Großen Nordischen Krieg von 1700 bis 1721 kämpften Skiregimenter sowohl auf russischer als auch auf schwedischer Seite.

Eine norwegische Militäreinheit während einer Übung Ende des 18. Jahrhunderts. *(Aus: Patrick Reichelt, Biathlon. Eine Erfolgsgeschichte. Verlag Die Werkstatt, 2005, S. 18)*

Die Wurzeln der deutschen Gebirgsjäger liegen in Goslar im Harz und im elsässischen Schlettstadt. Im Jahr 1892 wurde gleichzeitig in dem in Goslar stationierten Infanterieregiment Nr. 82 und dem in Schlettstadt beheimateten Rheinischen Jäger-Bataillon Nr. 8 die jeweils erste Skiausbildung durchgeführt. Die dazu erforderlichen Skier lieferte Max Schneider aus Berlin. Recht bald wurden sportliche Vergleichswettkämpfe durchgeführt, der erste wohl im Winter 1893/94 von den Hirschberger Jägern. Bereits 1896 lud der Skiclub Schwarzwald die Schlettstadter Jäger zu Rennen ein. Rund um den Feldberg im Schwarzwald fand im Jahr 1902 der erste sport-militärische Wettkampf auf Skiern statt: Vier Soldaten gingen gemeinsam auf eine 20 Kilometer lange Strecke, während des Laufs mussten sie mit ihren Militärgewehren mehrmals auf Ziele schießen. Als im Jahr 1905 der Deutsche Skiverband (DSV) gegründet wurde, regten die Funktionäre an, mit diesem sogenannten Patrouillenlauf das Ziel zu verfolgen, brauchbare Skiläufer für das Heer heranzubilden. Als die deutschen Skisoldaten im Ersten Weltkrieg in den Vogesen auf die sehr gut ausgebildeten französischen Alpenjäger trafen, erlitten sie Niederlagen. Man zog daraus die Lehre, umgehend Schneeschuhbataillone aufzustellen. Am 21. November 1914 wurde in München das 1. Königlich-Bayerische Schneeschuhbataillon aufgestellt. Wenig später folgten die Württembergische Schneeschuhkompanie Nr. 1 sowie das Preußische Schneeschuhbataillon 2.

Mit der Kriegserklärung Italiens ergab sich im Mai 1915 für Österreich-Ungarn und ebenso für das Deutsche Reich eine bedrohliche Lage. Die für den Kampf

Deutsche Gebirgsjäger in den Vogesen im Winter 1914/15.

Edelweiß

Leontopodium alpinum ist eine genügsame Pflanze. Sie wächst dort, wo die Lebensbedingungen schwierig sind. Wer den ersten Teil des Namens ins Deutsche übersetzt, erfährt, dass es sich bei dieser Pflanze um das Löwenfüßchen handelt. Sehr viel bekannter ist das alpine Löwenfüßchen, das zur Familie der Korbblütler gehört, unter dem Namen Edelweiß. Das Edelweiß symbolisiert Liebe und Treue. Seit vielen Jahren steht es unter Naturschutz, jedoch gibt es immer wieder Heißsporne, die ihrer Angebeteten diese Pflanze pflücken. Da Leontopodium alpinum an sehr unzugänglichen Stellen wächst, bezahlten nicht wenige diesen Eifer mit ihrem Leben.

Dass sich eine solch legendenumwobene Pflanze besonders als Logo eignet, erkannten zunächst Zivilisten. So machte sie der Österreichische Alpenverein, der im November 1862 in Wien gegründet wurde, zu seinem Vereinszeichen. Auch als elf Jahre später der Zusammenschluss mit dem Deutschen Alpenverein erfolgte, blieb die kleine Pflanze das Erkennungszeichen der Bergfreunde. Im militärischen Bereich waren es ebenfalls die Österreicher, die das Edelweiß als erste zum Symbol erkoren. Im Jahr 1907 führte die österreichisch-ungarische Armee es als Emblem für ihre Gebirgstruppen ein. Zunächst wurde es am Uniformkragen getragen. Während des Ersten Weltkriegs übernahm es das Deutsche Alpenkorps als Mützen- und Ärmelabzeichen. Auch vor hundert Jahren war dazu eine Trageerlaubnis erforderlich. Diese erteilte telegraphisch – im Auftrag des Kaisers – am 5. September 1915 der Kriegsminister. Lakonisch stand in dem Telegramm: »Edelweissantrag allerhoechst genehmigt.«

Nach dem Ersten Weltkrieg wählten verschiedene paramilitärische Formationen das Edelweiß zu ihrem Symbol. So zum Beispiel das in Oberschlesien kämpfende Freikorps »Oberland«.

Nachdem durch den Versailler Friedensvertrag die Reichswehr auf ein 100.000-Mann-Heer reduziert war, trugen nur noch die Gebirgsjäger des 3. Bataillons des bayerischen Infanterieregiments Nr. 19 das Edelweiß. Erst 1937 wurde der Versuch unternommen, es wieder als Abzeichen aller Gebirgsjäger zu etablieren. Die Sache zog sich hin bis zum Mai 1939. Dann erhielten zunächst nur die Hochgebirgstruppen die Erlaubnis, ein metallenes Edelweißabzeichen an der Schirmmütze und der Bergmütze anzubringen. Darüber hinaus trugen Mannschaftsdienstgrade, Unteroffiziere mit und ohne Portepee und Offiziere am rechten Oberärmel der Feldbluse ein je nach dem Dienstgrad unterschiedlich gestaltetes gewebtes Abzeichen, das so hoch im Kurs stand, dass es auch von anderen Truppenteilen getragen wurde. So war es bald Usus, dass Verbände, die Seite an Seite mit den Gebirgsjägern gekämpft hatten, zur Erinnerung daran ebenfalls das Edelweiß trugen.

im alpinen Gelände besonders geeigneten österreichischen Truppen befanden sich zum größten Teil im Einsatz an der Ostfront. Daher wurde die Grenze zu Italien nur mit Mob-Verbänden und einem Standschützenaufgebot gesichert. Mit den italienischen Alpini standen ihnen deutlich überlegene Truppen entgegen. Daher stellten die Deutschen, obwohl sie sich damals noch nicht offiziell im Krieg mit Italien befanden, ihr Alpenkorps im Jahr 1915 aus Schneeschuh- und Jägerbataillonen auf. So sicherten sie Tirol und damit die Südflanke des Reiches.

Der Kommandeur des Deutschen Alpenkorps, Generalleutnant Konrad Krafft von Dellmensingen, führte seine Truppe in der ersten Zeit lediglich defensiv. Vieles spricht dafür, dass die deutschen Truppen in erster Linie den österreichischen Verbündeten eine moralische Stütze sein sollten. Dies änderte sich seit August 1916, als sich das Deutsche Reich und Italien offiziell im Krieg befanden. Danach kämpfte das deutsche Alpenkorps in nahezu allen wichtigen Schlachten in den Alpen mit. Die umkämpfte Region reichte vom Stilfser Joch in Tirol über die Dolomiten, die Karnischen und Julischen Alpen bis zum Isonzo. Legendär sind zum Beispiel die Kämpfe um Sexten, am Col di Lana oder am Pasubio.

Das Alpenkorps kämpfte jedoch nicht nur an der Südfront. 1916 wurden die Gebirgsspezialisten während

Nach dem Ausbruch des Zweiten Weltkriegs gehörte ein Edelweiß auch zur Uniform der unterschiedlichen Gebirgstruppen der Waffen-SS, jedoch unterschied es sich deutlich von dem Abzeichen des Heeres. Am augenfälligsten war, dass das Mützenabzeichen der SS aus Stoff bestand, während die Gebirgssoldaten des Heeres dort ein metallenes Abzeichen trugen.

Von den Gebirgsjägern der Bundeswehr wurde seit dem Juli 1956 wieder das Edelweiß getragen, zunächst jedoch ohne den Segen von oben. Am 16. Januar 1957 gab Bundespräsident Theodor Heuss den Gebirgsjägern die Erlaubnis, ein Edelweiß mit Stängel an der Mütze zu tragen. Offiziell eingeführt wurde das Abzeichen erst am 4. Mai 1957. In dem ministeriellen Erlass wird die Trageweise der beiden Varianten am Ärmel und an der Mütze beschrieben. Ersteres »auf der Tuchbekleidung auf dem rechten Oberarm unmittelbar unterhalb der Ärmeldienstgradabzeichen oder mit einem Abstand von 17 cm von der Ärmeleinsatznaht. Die großen Blütenblätter zeigen vorwärts.« Ebenso akribisch wurde festgelegt, wo an der Bergmütze das Zeichen zu tragen war: »Auf der linken Seite der Dienstmütze und der Bergmütze. Blütengrund in Mittelhöhe des Ohrenschutzes, 2 cm Abstand vom Schirmansatz zum Stiel, der in Richtung des Schirmansatzes zeigt.« Es soll Spieße gegeben haben, die mit dem Lineal den exakten Sitz der Abzeichen kontrollierten. In den Folgejahren wurden die Bestimmungen für das Tragen der Edelweiß-Abzeichen und deren Form mehrfach geändert. So im Jahr 1962, als Bundespräsident Heinrich Lübke das ovale Edelweiß-Abzeichen genehmigte und anordnete, dass dieses fortan am linken, nicht wie bis dahin am rechten Oberarm anzunähen sei.

Die Gebirgsjäger der Bundeswehr tragen das Edelweiß an der Mütze.

Sepp Innerkofler war einer der bekanntesten Bergführer und Tiroler Standschützen. Er wurde am 28. Oktober 1865 in Sexten geboren und starb bei den Kämpfen am Paternkofel am 4. Juli 1915.
(Postkarte nach einem Gemälde von Franz von Defregger)

der Schlacht um die Festung Verdun eingesetzt. Sie hatten wesentlichen Anteil daran, dass wichtige Stellungen rund um die Ortschaft Fleury im Juni und Juli 1916 eingenommen werden konnten. Auch für den weitesten Vorstoß in der Schlacht um Verdun sorgten Angehörige des Alpenkorps, als ein Stoßtrupp des bayerischen Infanterie-Leibregimentes die »Filzlausstellung« einnahm. An der Jahreswende 1916/17 kämpfte das Alpenkorps an verschiedenen Orten in Siebenbürgen. Ein halbes Jahr später kehrte es in die Alpenregion zurück und nahm an zentraler Stelle an der 12. Isonzoschlacht teil. Die späteren Generalfeldmarschälle des Zweiten Weltkriegs Erwin Rommel und Ferdinand Schörner verdienten sich hier den Pour le Mérite. Das Kriegsende erlebte das Alpenkorps 1918 an der mazedonischen Front.

Das 100.000-Mann-Heer der Weimarer Republik bot den Gebirgsjägern nur geringe Möglichkeiten. Es existierten ein Gebirgsjägerbataillon und dazu bis zum Jahr 1928 drei in Hirschberg, Dresden und Goslar stationierte Mittel-Gebirgsjäger-Bataillone. Der Begriff »Gebirgstruppen« wurde im Reichsheer eingeführt. Dies war nicht die Bezeichnung einer Waffen- oder Truppengattung, sondern vielmehr ein Sammelbegriff für gebirgskampffähige Kampf-, Kampfunterstützungs-, Einsatzunterstützungs- und Führungstruppen. Jedoch gilt auch für diesen Bereich, dass sich das kleine Heer besonders gut eignete, um militärischen Innovationsgeist freizusetzen und Traditionen zu pflegen. Als der Streit um Tirol zwischen dem Deutschen Reich und Italien im Jahr 1935 an Schärfe zunahm, wurden ab Juni neue Verbände aufgestellt, die sich zu einem großen Teil aus bayerischen Landespolizeiverbänden rekrutierten. In den folgenden drei Jahren verstärkte Oberst Ludwig Kübler, unter dessen Führung die Gebirgstruppe stand, die Personalstärke deutlich. Der Aufstellung einer Gebirgsbrigade folgte kurze Zeit später die 1. Gebirgsdivision. Nach dem Anschluss Österreichs wurden die dort traditionell starken Gebirgsjägerverbände integriert. Es wurde aus Österreichern die 3. Gebirgs-Division geschaffen, die 2. Gebirgs-Division wurde zu einem großen Teil aus deutschen Soldaten gebildet. Im Verlauf des Zweiten Weltkriegs nahm die Zahl der Gebirgsjäger-Verbände deutlich zu. Ihre Einsätze beschränkten sich immer weniger auf den Kampf im Gebirge oder in unwegsamem Gelände. Gebirgsjäger wurden überall dort eingesetzt, wo es »brannte«. Auf dem Höhepunkt existierten elf Gebirgsdivisionen, die an nahezu allen Brennpunkten kämpften. Im Kampf zeigten sich keine Unterschiede zwischen einer Gebirgs- und einer Infanteriedivision. Dies spiegelt sich besonders in ihrer Gliederung wider. Wie eine Infanteriedivision verfügten auch die Gebirgsjäger über eine Gebirgsartillerie und eine Gebirgspionier-Komponente.

Panzergrenadiere

Die bedeutendste Neuerung im Bereich der Infanterie stellten auf deutscher Seite die im Jahr 1935 im Rahmen der Kraftfahrkampftruppen aufgestellten »Schützen« dar, die im Jahr 1942 in Panzergrenadiere umbenannt wurden. Wer jedoch an deren historische Wurzeln gelangen möchte, muss weit in der Militärgeschichte zurückgehen; denn zuerst war der Grenadier, und sehr viel später erst kam der Panzer.

Der Begriff Grenadier stammt von der Waffe, die diese Männer in erster Linie benutzten: Granaten. Die frühesten Berichte über (Hand-)Granaten stammen aus dem 15. Jahrhundert. Es war ein großer taktischer Vorteil, wenn die Grenadiere ihre Granaten möglichst weit werfen konnten. Dies war ein Grund dafür, dass bereits zu einem frühen Zeitpunkt fast nur besonders groß gewachsene Männer zum Dienst als Grenadier herangezogen wurden. Wenige Jahrzehnte später waren sie in Europa bereits weit verbreitet, jedoch sank ihre Bedeutung in den folgenden Jahrhunderten immer mehr ab. So findet sich der Grenadier als Handgranatenwerfer nur bis Anfang des 18. Jahrhunderts. Seither stand »Grenadier« als Synonym für einen besonders erfahrenen und zuverlässigen Infanteristen.

Die zweite Wurzel des Panzergrenadiers liegt, neben seiner angesprochenen Hauptwaffe, in seiner hohen Beweglichkeit. Bereits im 17. Jahrhundert wurde mit den Dragonern eine Waffengattung geschaffen, die die Kampfesweise eines Infanteristen mit der Beweglichkeit eines Kavalleristen verband.

Kurpfälzischer Garde-Grenadier aus dem Jahr 1698.
(Postkarte aus dem Jahr 1913)

Die Verbindung von hoher Kampfkraft und Beweglichkeit hätte bereits im Verlauf des Ersten Weltkriegs eine neue Dimension erreichen können. Als die Alliierten in der zweiten Kriegshälfte Panzer einsetzten, saßen im Innern der stählernen Kolosse zum Teil viele Männer, die die diversen Waffen bedienten. Die Alternative stellten relativ schnelle und wendige Panzer dar mit einer zahlenmäßig kleinen Besatzung. In welcher Variante die britischen und französischen Tanks auch auftauchten, der Panzerschock währte nicht lange; denn die Deutschen erlebten, wie technisch anfällig die stählernen Fahrzeuge waren. Und sie entwickelten Waffen und Taktiken, um die Panzer auszuschalten. Die im Januar 1918 erlassene »Ausbildungsvorschrift für die Fußtruppen im Kriege« schrieb zwar die Bekämpfung feindlicher Panzer in erster Linie der Artillerie zu, sah aber auch für die Infanterie wirksame Möglichkeiten, sie »mit den ihr zu Gebote stehenden Mitteln unschädlich zu machen«. Zu diesen Mitteln zählten Maschinenwaffen und die Repetiergewehre, wenn sie Munition mit gehärtetem Kern verschossen, oder das Tankgewehr 18, das eine panzerbrechende Munition im Kaliber 13 mm verschoss. Die Infanteristen erhielten klare Anweisungen, was sie mit ihren Gewehren ins Visier zu nehmen hatten: der Benzin- und der Kühlwasserbehälter des Panzers waren Ziele, gleichermaßen die schwächer geschützten Seitenwände. Ebenso wurde den Infanteristen beigebracht, den Panzer im Nahkampf mit geballten Ladungen – miteinander verbundenen Handgranaten – anzugreifen oder das Ungetüm anzugehen, »indem er dessen Feuer von schräg vorn unterläuft und den toten Winkel ausnutzend aus nächster Nähe Handgranaten durch die Öffnungen wirft.« Als effektives Mittel zur Abwehr eines bewegungslosen Panzers erwies sich auch der Flammenwerfer.

Briten und Franzosen erkannten bereits im Jahr 1917, dass Panzer allein keine Schlacht entscheiden konnten. Um gewonnenes Gelände zu halten, waren Infanteristen erforderlich. Zwar waren die Panzer des Ersten Weltkriegs vergleichsweise langsam – die meisten von ihnen kamen über Schritttempo nicht wesentlich hinaus –, doch war dies deutlich mehr, als ein voll ausgerüsteter durchschnittlicher Soldat leisten konnte. Bald waren sich die Verantwortlichen sicher, dass man den vorpreschenden Panzern Infanteristen mitgeben müsse und sich beide gegenseitig vor den Angriffen des Feindes schützen mussten. Dies war jedoch leichter gesagt als getan.

Zwischen den Weltkriegen wurden insbesondere von deutschen Generälen Konzepte für den gemeinsamen Einsatz von Panzern und Infanterie entwickelt, so in der TF 33, den in den Jahren 1933/34 formulierten Führungsgrundsätzen. Je schneller die Panzer wurden, um so dringlicher wurde die Forderung, den vorstürmenden Verbänden auch ebenso schnelle Infanteristen an die Seite zu stellen. Es mussten also spezielle gepanzerte Fahrzeuge geschaffen werden, die mit den Kampfpanzern Schritt halten, möglichst viele voll ausgerüstete Infanteristen befördern und ihnen dabei auch noch einen guten Schutz bieten konnten. Hinzu kam in Deutschland seit den 30er-Jahren des 20. Jahrhunderts die Erkenntnis, dass Panzer und Schützen ihre volle Wirkung nur dann erzielen konnten, wenn sie in großer Zahl auftraten. Daraus ging bald der immer wieder gern zitierte Grundsatz hervor, wonach gerade im Panzereinsatz nicht gekleckert werden darf, sondern geklotzt werden muss.

Schützenpanzerwagen, Ausführung D (Sd.-Kfz. 251/7), ausgestellt im Panzermuseum in Munster. Zwischen 1939 und 1945 wurden mehr als 15.000 Fahrzeuge dieser Baureihe hergestellt.

Vor dem Ausbruch des Zweiten Weltkriegs waren viele taktische Fragen im Zusammenhang mit dem Einsatz von Kampfpanzern und Schützen durchaus befriedigend beantwortet: Die Fahrzeuge mussten alle hinreichend stark gepanzert und in etwa gleich beweglich sein. Zwischen stark und leicht gepanzerten Fahrzeugen sollte ein ausgewogenes Verhältnis bestehen, und die Bewaffnung der Fahrzeuge musste sich gegenseitig ergänzen, wobei man allerdings bis in den Zweiten Weltkrieg hinein auf deutscher Seite die Kampfpanzer mit einer zu leistungsschwachen Kanone versah. Das Fahrzeug der Schützen war der seit 1939 in Serie gefertigte mittlere gepanzerte Mannschaftstransportkraftwagen Sd.-Kfz 251, von dem im Laufe der Jahre zahlreiche unterschiedliche Modellvarianten konstruiert wurden. Manche Kritiker sehen allein schon in dem Begriff »Mannschaftstransportwagen« (MTW) einen Mangel, da hierdurch der Fokus zu stark auf den abgesessenen Kampf der Infanteristen gelegt werde. Dabei übersehen die Beckmesser jedoch, dass gerade dieses Fahrzeug durch sein Bord-MG zum aufgesessen geführten Kampf über eine durchaus leistungsstarke Bewaffnung verfügte.

Das neue Konzept bewährte sich im Krieg gegen Polen und insbesondere im Westfeldzug. Der »Blitzkrieg« beruhte auch auf schnellen Panzervorstößen. Ein Problem stellte jedoch der deutliche Mangel an hinreichend gepanzerten MTW dar. Man hielt daher an der

Postkarte aus der im Jahr 1942 erschienenen Reihe »Infanterie«. *(Fotograf: Arthur Grimm)*

Die Aufnahme des Kriegsberichterstatters Erich Peter Neumann (1912–1973) erschien im Jahr 1942 in der Reihe »Infanterie«. Neumann gründete im Jahr 1946 mit seiner Frau Elisabeth Noelle-Neumann das Institut Allensbach.

seit den späten 20er-Jahren im Reichsheer praktizierten Lösung fest, indem man die Infanterie (mot.) auf Lkw verlastete.

Der Krieg gegen die Sowjetunion brachte der Wehrmacht zunächst zahlreiche Erfolge. Rasch stießen die deutschen Truppen in die Tiefe des Raumes vor und besiegten ihre Gegner in Kesselschlachten. Nach vier Monaten stockte der Vormarsch und blieb wenig später nur wenige Kilometer vor Moskau stecken.

Mittlerweile war deutlich geworden, dass nur ein enges Zusammenwirken von Panzern und Infanterie gerade in den weiten Ebenen im Westen der UdSSR den Erfolg bringen konnte. Das Oberkommando des Heeres reagierte zunächst mit einer Umbenennung, indem es im Juli 1942 aus »Schützen« »Panzergrenadiere« machte und letzteren ihre eigene Waffenfarbe, ein »Wiesengrün«, verlieh.

Im Sommer 1942 begann an der Südflanke eine neue, große Offensive. Deutsche Soldaten und ihre Verbündeten stießen bis in den Kaukasus und bis zur Wolga vor. Mit jedem Kilometer, den die Truppe weiter vorrückte, vergrößerten sich jedoch die Probleme. Insbesondere zeigte sich dies beim Nachschub. Schließlich endete der Vortrieb bei der Stadt Stalingrad. Die von General Paulus kommandierte 6. Armee wurde dort im November 1942 eingeschlossen und schließlich besiegt.

Die Beweglichkeit der Panzer- und der Panzergrenadier-Verbände wurde in den folgenden Jahren erhöht und gleichzeitig das gemeinsame Vorgehen zunehmend harmonisiert. Dazu wurden bis zum Ende des Krieges die Grundsätze für den Einsatz weiter verfeinert. Hierzu gehörte das gemeinsame Auftreten von Panzern und Panzergrenadieren und besonders der Grundsatz, dass die letztgenannten in der Regel aufgesessen kämpften. Nur wenn es unumgänglich war, kämpften die Panzergrenadiere abgesessen, um zum Beispiel gegen eingegrabene Infanterie vorzugehen oder um in Gelände zu operieren, das für die Kampfpanzer ungeeignet war. Es galt der Grundsatz, dass die Panzergrenadiere den abgesessenen Kampf führten, um so die Voraussetzungen zum weiteren aufgesessenen Kampf zu schaffen.

In der letzten Kriegsphase hob die Führung die Unterscheidungen zwischen Panzer- und Panzergrenadierdivisionen zumindest auf dem Papier auf, indem eine beide Elemente in sich vereinigende Einheitsdivision geschaffen wurde. Aber bereits damals galt, dass mit Umstrukturierungen allein keine personellen und materiellen Mängel behoben werden können. Als Resümee kann festgehalten werden, dass sich Panzergrenadiere insbesondere dann bewährten, wenn sie im schnellen Angriff in für Panzer geeignetem Gelände eingesetzt wurden. Im Orts- und Waldkampf konnten sie ihre Schnelligkeit nicht ausspielen und waren daher für diese Kampfweisen weniger gut geeignet als andere spezialisierte Infanterieverbände.

Die Infanterie in der Bundeswehr

Die Beschreibung der Geschichte der Bundeswehr füllt viele Regale. Viele hundert Bücher, tausende Fachaufsätze und unzählige Beiträge in Tageszeitungen beschäftigen sich damit, wie die Bundeswehr seit ihrer Gründung im Jahr 1956 wurde, was sie heute ist. Ein Großteil dieser Publikationen entfällt auf die Darstellung des Heeres, und hierbei kommt der Beschreibung der Infanterie wiederum der Löwenanteil zu. Nachdem wir uns in diesem Kapitel mit den Grundzügen der Geschichte der Infanterie von ihren Anfängen bis zum Ende des Zweiten Weltkriegs befasst haben, wollen wir in der Folge kurz und knapp die wesentlichen Entwicklungsschritte der Infanterie seit 1956 beschreiben, um im Anschluss daran – und darauf aufbauend – die aktuellen Herausforderungen darzustellen, denen sich die Bundeswehr insgesamt und ihre Infanterie im Besonderen stellen muss.

Die Weichen wurden für die Bundeswehr im Kloster Himmerod gestellt. Mit nur wenigen Änderungen wurde die dort bereits im Oktober 1950 von ehemaligen hochrangigen Wehrmachtsoffizieren erarbeitete Struktur seit 1956 Schritt für Schritt sehr zügig umgesetzt. Das Heer sollte aus zwölf Divisionen mit 36 Kampfgruppen bestehen, die aus den Waffengattungen der Grenadiere, Panzer, Gebirgs- und Fallschirmjäger bestehen sollten. Darüber hinaus sollte das Heer noch vier selbständige Brigaden erhalten. Fünf Jahre nach der Gründung der Bundeswehr stand fast das gesamte Heer. Den Abschluss der Aufstellungsphase bildete die 12. Panzerdivision, die im Jahr 1965 der NATO unterstellt wurde.

Flüchtig betrachtet, erscheint diese Entwicklung reibungslos und mutet wie eine Einbahnstraße an. Die Probleme, die sich damit verbanden, zeigen sich, wenn man einige Aspekte näher beleuchtet. So fehlte es dem Offizier- und Unteroffizierkorps des Heeres an geeignetem Nachwuchs. Mit dem Wirtschaftswunder, das die Bundesrepublik seit den frühen 50er-Jahren des 20. Jahrhunderts erleben durfte, nahm die Neigung ab,

Eine Expertengruppe stellte im Oktober 1950 im Kloster Himmerod in der Eifel die Weichen für die Bundeswehr.

eine vergleichsweise schlecht bezahlte und kaum Aufstiegsmöglichkeiten bietende Tätigkeit in der Bundeswehr aufzunehmen. Zudem war das Image der Soldaten schlecht; denn die Bundeswehr wurde von vielen als notwendiges Übel erachtet. Begeisterung für die Wiederbewaffnung kam in der Öffentlichkeit nur vereinzelt auf. Zudem plagte die Bundeswehr von Beginn an ihr notorischer Geldmangel. Es musste daher an allen Ecken und Enden gespart und immer wieder improvisiert werden.

Die beschriebenen Probleme und die von der NATO vorgegebene strategische Ausrichtung machten bald gravierende Veränderungen erforderlich. Bereits im Jahr 1959 stellte die Bundeswehr in der Heeresstruktur 2 vieles um. Um den einzelnen Verbänden mehr Schlagkraft zu verleihen, wurde die Kampfgruppengliederung aufgegeben. Statt dessen besann man sich darauf, die jetzt eingenommene Brigadegliederung so auszurichten, dass diese 36 Verbände zum Gefecht der verbundenen Waffen befähigt wurden. Dazu erhielten die einzelnen Brigaden Kräfte aus den Bereichen Kampf und Kampfunterstützung, Logistik, Führung und Sanitätswesen. Mit Umstrukturierungen – so gut sie auch immer gemacht sind – lassen sich jedoch

eklatante Ausrüstungsmängel nicht beheben. Immer noch fehlte es der Truppe am Geld. Dieser Mangel erklärt, dass die Infanterie zunächst nicht über den Status einer motorisierten Infanterie hinauskam, da es ihr bis weit in die 60er-Jahre hinein an geeigneten Fahrzeugen mangelte. Das Fahrzeugproblem konnte mit der Einführung des HS 30 zum Teil, mit der Beschaffung des amerikanischen M 113 Mitte der 60er-Jahre zufriedenstellend gelöst werden. Bis weit in die 60er-Jahre hinein orientierte sich die Bundeswehr bei der Gliederung ihrer Panzergrenadierdivisionen am Vorbild der US-Armee mit ihrer Panzerdivision Typ 1944. Hätte es nicht am Geld gemangelt, so wäre wohl die gesamte deutsche Infanterie im Stile von Panzergrenadieren ausgestattet und organisiert worden.
Ende der 60er-Jahre brachte die Heeresstruktur 3 gravierende Veränderungen für die Infanterie. Die drei Korps wurden gestärkt, indem sie Korpsverfügungstruppen erhielten. Dies waren die Panzerregimenter und die Luftlandebrigaden. Zusätzlich wurde noch eine dritte Luftlandebrigade, die LLBrig 27, aufgestellt. Aus der 2. und 4. Panzergrenadierdivision machte die Heeresstruktur 3 zwei Jägerdivisionen, und es wurden weitere Brigaden und Bataillone der Panzergrenadiere zu Jägerbrigaden bzw. Jägerbataillonen umgebaut. Welch überragende Bedeutung damals den Jägern zugesprochen wurde, spiegelt sich auch darin, dass die Gebirgsjägerbrigaden 22 und 23 im Rahmen der Reform wie Jägerbrigaden gegliedert wurden. Kritische Beobachter werteten diese Schwerpunktsetzung zugunsten der Jäger als Eingeständnis der Unterlegenheit gegenüber den Truppen des Warschauer Pakts.
Offenbar lagen die Kritiker nicht ganz falsch, denn in der nächsten grundlegenden Reform der Bundeswehr, die seit dem Jahr 1980 als Heeresstruktur 4 umgesetzt wurde, stand exakt dieser Aspekt im Mittelpunkt. Das Ziel der Reform war es, den Panzern des Warschauer Pakts etwas Gewichtiges gegenüberzustellen. Zu diesem Zweck wurde innerhalb der Brigaden die Zahl der Kampfbataillone erhöht, jedoch deren Bestand an Gefechtsfahrzeugen verringert. So wollte man die Flexibilität der Brigaden erhöhen. Da man die Panzerregimenter der Korps auflöste, konnten drei weitere Brigaden aufgestellt werden. Die Entscheider stuften in den frühen 80er-Jahren die Bedeutung der Panzergrenadiere wieder als hoch ein, deren Zahl wurde daher zu Lasten der Jägerbataillone erhöht. Die Panzerabwehrfähigkeit der Grenadiere wurde deutlich verbessert, als man die Schützenpanzer Marder zusätzlich mit TOWs (Tube Launched Optically Tracked Wire Guided Missile, zu deutsch eine rohrgestartete, optisch verfolgte und mittels Draht gelenkte Rakete) ausrüstete. Panzerabwehr stand auch als Motto über der Umgliederung der Luftlandebrigaden. Deren drei Bataillone wurden mit TOWs ausgerüstet, wobei in jedem Bataillon zwei Kompanien diese panzerbrechende Waffe erhielten. Die Bedeutung der Panzerabwehr wurde zu Beginn der 90er-Jahre noch deutlicher unterstrichen, als mit dem »Wiesel« jeweils ein Bataillon der drei Fallschirmjäger-

Panzergrenadier im Sprung von einem Kampfpanzer M 48. *(Foto: Bundeswehr)*

Der Kraftkarren (Kraka) war in den frühen 60er-Jahren von der Zweirad-Union für eine Verwendung in der Landwirtschaft entwickelt worden. Rund zehn Jahre später kam das Fahrzeug mit einem leistungsstärkeren BMW-Boxer-Motor zu den Luftlandetruppen der Bundeswehr. Rechts im Bild ist das Rohr eines Panzerabwehr-Leichtgeschützes 106 mm erkennbar.

Ein Hubschrauber des Herstellers Vertol (der im Jahr 1960 von Boeing übernommen wurde), eine H-21 C, auch bekannt als »Shawnee«. Die Maschine mit der Kennung PA-211 flog zuerst bei der Heeresfliegertransportstaffel 822 in Fritzlar. Der Hubschrauber konnte bis zu 22 Soldaten transportieren. Ende der 50er-, Anfang der 60er-Jahre galten Hubschrauber – für kurze Zeit – als die Lösung aller Transportprobleme der Infanterie.

brigaden zu einem Fallschirmpanzerabwehrbataillon umgegliedert wurde. Der Trend zu mehr Panzergrenadieren hielt an. Aus den Gebirgsjägerbrigaden 22 und 23 machte die neue Heeresstruktur Panzergrenadierbrigaden, und die Panzergrenadierbrigade 24 wurde zu einer Panzerbrigade.

Die Umstrukturierungen der Infanterie erscheinen im Nachhinein betrachtet als mitunter hektisch und wenig weitsichtig. Mancher Wandel erinnert an einen Deichbauer, der eine Lücke im Deich mit Material schließt, das er an anderer Stelle aus dem schützenden Wall herauslöst.

Auf dem Papier betrachtet, stellte sich das Heer der Bundeswehr nach der Heeresstruktur 4 als durchaus schlagkräftig dar. Das Feldheer bestand aus sechs Panzerdivisionen, vier Panzergrenadierdivisionen und je ei-

Bei Bedarf kann die Kampfkraft des Marders durch eine zusätzliche Panzerabwehrwaffe deutlich gesteigert werden. Die TOW wird vom Kommandanten des Marders bedient.

Wiesel TOW beim Schuss. Die wechselvolle Geschichte des Wiesels begann in den 60er-Jahren des 20. Jahrhunderts. Mehr als 20 Jahre später kamen die ersten Wiesel 1 zur Truppe. In der TOW-Version besteht seine Besatzung aus drei Soldaten. Der 5-Zylinder-Diesel von VW bringt es bei 2000 ccm Hubraum auf fast 90 PS. Das reicht, um das rund 2,8 Tonnen schwere Kettenfahrzeug auf eine Höchstgeschwindigkeit von 75 km/h zu beschleunigen.

ner Luftlande- und Gebirgsjägerdivision mit zusammen 38 Brigaden.

Nach der Wiedervereinigung Deutschlands bestanden die wesentlichen Herausforderungen für die Bundeswehr zunächst darin, das Personal deutlich zu reduzieren, die Truppen neu zu dislozieren und – nicht zuletzt – den veränderten Aufgaben nach dem Ende des Kalten Krieges Rechnung zu tragen. Die erste Herausforderung wurde rasch bewältigt, die zweite bereitete große Probleme, und die Frage, ob die dritte zufriedenstellend gelöst wurde, werden wir in den folgenden Kapiteln am Aspekt der infanteristischen Ausbildung untersuchen. Hierzu blicken wir zunächst auf die Rahmenbedingungen der militärischen Ausbildung und betrachten sodann einige ausgewählte Schritte in der infanteristischen Ausbildung.

Auf der Wasserhindernisbahn werden die angehenden EGB-Soldaten bis an ihre Leistungsgrenze geführt. *(Foto: Bundeswehr)*

Infanteristische Ausbildung im Spiegel der Öffentlichkeit

Im vorangegangenen Kapitel betrachteten wir die wechselvolle Geschichte der Infanterie. Die »Königin der Waffen« unterlag zu allen Zeiten dem Wandel. Neue Waffen, neue Kommunikationsmöglichkeiten, neue Taktiken – um nur einige Bereiche zu nennen – führten zu grundlegenden Veränderungen, die in der Ausbildung der Soldaten ihren Niederschlag fanden. Als Charakteristikum der Infanterie könnte man zu allen Zeiten, nicht erst seit der Erfindung der Transformation, ihre ständige Anpassung an neue Gegebenheiten sehen. Dies ist das Gegenteil dessen, was sich Konservative wünschen, deren Ziel es ist, das Vertraute und Bewährte zu erhalten, und die lediglich einen maßvollen Wandel akzeptieren. Es mag sein, dass dies die innerhalb der Bundeswehr nach wie vor weit verbreitete distanzierte Haltung zu den Neuerungen mit begründet.

Die Bundeswehr musste in ihrer Aufstellungsphase gegen viele Widerstände zugleich ankämpfen; denn die Bürger wollten nach den Erfahrungen des Ersten und des Zweiten Weltkriegs auf keinen Fall ein weiteres Mal einer expansionistischen deutschen Politik eine Waffe in die Hand geben. Akzeptanz konnte nur eine demonstrativ defensive Armee erwarten, die sich ausschließlich den Schutz der Heimat auf die Fahnen geschrieben hatte.

Vor diesem Hintergrund wurde die Ausbildung der Soldaten von der Öffentlichkeit kritisch beäugt. Daran änderten weder das innovative Prinzip des Staatsbürgers in Uniform etwas noch die Grundorientierung der Soldaten, die »Innere Führung«.

Ein Ereignis während der Ausbildung wurde zur ersten Belastungsprobe. Am 3. Juni 1957 kam es bei der

Überquerung der Iller in der Nähe von Kempten zu einem folgenschweren Unglück. Statt, wie im Dienstplan vorgesehen, unter anderem das Verhalten als Feldposten zu üben, befahl ein als Zugführer eingeteilter 23-jähriger Stabsunteroffizier des Luftlande-Jägerbataillons 19 das Durchwaten des Flusses. Die 30 Männer folgten seinem Befehl und gerieten in die Strömung, zahlreiche von ihnen wurden abgetrieben. Zwar leisteten die Kameraden – allen voran der Zugführer – Hilfe, aber für 15 Rekruten kamen alle Rettungsmaßnahmen zu spät. Sie ertranken im Fluss. In der dem Unglück folgenden Gerichtsverhandlung wurde der angeklagte Stabsunteroffizier, der vor seinem Eintritt in die Bundeswehr bei der Berliner Bereitschaftspolizei als Ausbilder tätig gewesen war, zu acht Monaten Gefängnis auf Bewährung verurteilt.

Der Vorfall wurde auch im Deutschen Bundestag debattiert. Bundesverteidigungsminister Strauß musste Versäumnisse einräumen. Die Rolle des Kompaniechefs und die des Bataillonskommandeurs bei diesem Unglück ließ sich nicht vollends klären. Zwar hatten beide den sogenannten »Illermarsch« abgelehnt, letzterer mit der Begründung, »das Risiko einer solchen Übung stehe in keinem Verhältnis zum Gewinn«. Dennoch war allen Vorgesetzten des Stabsunteroffiziers bekannt, dass der »Illermarsch« mindestens einmal zuvor bereits praktiziert worden war.
Einige Jahre später erlangte der Standort Nagold traurige Berühmtheit. Betrunkene Soldaten der Fallschirmjägerausbildungskompanie 5/9 hatten am 19. Januar 1962 einen Soldaten mit Gewalt entwaffnet, ihn sodann gefesselt und entführt. Später begründeten die

In die Dienstzeit von Verteidigungsminister Franz Josef Strauß, der dieses Amt von Oktober 1956 bis Januar 1963 innehatte, fielen zahlreiche Skandale, die nur zum Teil mit Anfangsproblemen der Bundeswehr erklärt werden können. *(Foto: Bundeswehr)*

Beteiligten – ein Leutnant, zwei Reserveoffiziere und zwei Feldwebel – ihr Verhalten damit, sie hätten die Aufmerksamkeit des vor einem Munitionsdepot Wache stehenden Soldaten überprüfen wollen. Das Schöffengericht Calw verurteilte die Angeklagten zu Haftstrafen zwischen drei und sechs Monaten – ohne Bewährung. Gleichzeitig wurden die Vorgänge in Nagold durch den Wehrbeauftragten Hellmuth Guido Alexander Heye überprüft. Da es in der Kaserne im Schwarzwald zu zahlreichen Fällen von eigenmächtiger Abwesenheit gekommen war, ging Heye, der im Krieg den schweren Kreuzer *Admiral Hipper* kommandiert hatte, der Sache auf den Grund und besuchte den Standort unangemeldet. Ein treffliches Verfahren, wenn man sich für die Wirklichkeit interessiert. Dabei stellte er Missstände fest und erfuhr, dass mehrfach Ausbilder Untergebene schikaniert hatten. Letztere nahmen dies jedoch leicht, zumindest maßen sie den Vorfällen – so der Wehrbeauftragte – keine größere Bedeutung bei. Ganz anders fiel die Reaktion in der Öffentlichkeit aus. Nagold wurde vollends zum Synonym für Schleifer, als Vorfälle in der benachbarten Fallschirmjägerausbildungskompanie 6/9 bekannt wurden. Dort absolvierten die wenige Wochen zuvor einberufenen Rekruten an einem heißen Tag im Juli einen Gewöhnungsmarsch. Einer der Soldaten erlitt dabei einen Hitzekollaps, an dessen Folgen er wenig später verstarb. Die daraufhin von der Staatsanwaltschaft aufgenommenen Untersuchungen brachten zahlreiche Missstände an den Tag: Während des Marsches waren mehrere Soldaten des 3. Zuges von ihren Ausbildern misshandelt und auch gedemütigt worden. In den Wochen zuvor hatte ein Unteroffizier einen beim Marsch zusammengebrochenen Soldaten geschlagen; ein Hilfsausbilder befahl einem Soldaten, das Ventil der ABC-Schutzmaske in seinem Mund zu reinigen; ein Gefreiter befahl einem Soldaten, Liegestütze über einem in den Boden gerammten, mit der Spitze zum Soldaten zeigenden Messer zu machen; regelmäßig wurden besonders anstrengende sportliche Übungen als Strafaktionen befohlen. Gegen elf Soldaten erhob die Staatsanwaltschaft Anklage. Der Richter verhängte Strafen bis zu neun Monaten Gefängnis. In seinem Tagesbefehl vom 29. Oktober 1963 hob der Kommandierende General des II. Korps, Generalleutnant Leo Hepp, hervor: »Die Vorgänge bei der Fallschirmjäger-Ausbildungskompanie 6/9 in Nagold sind eine Schande für das ganze Korps.« Er ordnete deren Auflösung und die Versetzung aller Soldaten in andere Einheiten an und entschied: »Die Nummer der Kompanie ist zu tilgen«. So drastisch die Maßnahmen auch waren, offensichtlich schreckten sie nicht alle ab: Im Frühjahr 1964 kam es in der Ausbildungskompanie 6/11 in Wildeshausen erneut zu ähnlichen Übergriffen.

Nagold wurde innerhalb der Truppe unterschiedlich bewertet. Während manche die Innere Führung als gescheitert ansahen – der Wehrbeauftragte sah gar düster in einem Interview einen »Staat im Staate« heraufziehen –, sahen andere die Ereignisse als Einzelfälle. Bundesverteidigungsminister Kai-Uwe von Hassel stellte sich sehr entschlossen gegen Kritiker – allen voran den Wehrbeauftragten –, die in seiner Armee irgendwelche reaktionären Tendenzen erkennen wollten. Wieder andere relativierten die Geschehnisse, indem sie die Ansicht vertraten, nur eine harte Ausbildung könne gute Ergebnisse bringen. Ungewöhnlich autoritär zeigte sich der Bundestagspräsident, Eugen Gerstenmeier. Der gemeinhin als wenig martialisch geltende Mann – sieht man einmal von seiner Widerstandshaltung am 20. Juli 1944 im Berliner Bendlerblock ab – war sicher, Soldaten müssten »Angst haben« und in »Zucht und Ordnung gehalten werden«.

Schirmmütze eines Infanteristen der Bundeswehr in den 50er-Jahren.

Per Gesetz war es den Soldaten nach dem 26. Juli 1957 wieder erlaubt, alle ihre Orden zu tragen. Jedoch musste von den zwischen 1939 und 1945 erworbenen Auszeichnungen das Hakenkreuz entfernt werden.

In einigen Medienberichten wurde die gesamte Ausbildung in der Bundeswehr in Bausch und Bogen verdammt. Manche Journalisten sahen überall in der Truppe den »Schleifer Platzek« am Werk, einen berüchtigten Ausbilder der Wehrmacht in dem im Jahr 1954 uraufgeführten Kinofilm »08/15«. Nicht wenige Kritiker übersahen in der Debatte um Nagold, dass »Härte« in der Ausbildung auch in der Wehrmacht stets begrenzt wurde durch die Gesundheitsvorsorge, Sicherheitsbestimmungen und auch die Menschenwürde.

Verallgemeinerungen sind grundsätzlich problematisch. Jedoch deutet manches darauf hin, dass seit Mitte der 60er-Jahre eine harte Ausbildung der Soldaten immer mehr gemieden wurde, obwohl dies nicht im Einklang mit der Inneren Führung stand, die Härte in der Ausbildung forderte, da der Krieg »den Menschen auf die härteste Probe seiner seelischen und körperlichen Widerstandskraft« stellt. Es kann also nicht verwundern, dass Beschwerden von Soldaten beim Wehrbeauftragten wegen »Schleifertums« selten waren. Dennoch rumorte es im Innern der Truppe.

Bereits Mitte der 60er-Jahre nahmen die Klagen über mangelnde körperliche Leistungsfähigkeit der Soldaten, insbesondere der Wehrpflichtigen, zu. In einem Erfahrungsbericht des Kommandeur-Lehrgangs von 1966 wurden diese wie folgt dargestellt: »... sportlich untrainiert und nicht voll belastbar; Nichtschwimmer, Haltungsschäden, Zivilisations- und Wohlstandskrankheiten; ... geistig Gewandte neigen zu Kritiksucht und zum Zerreden der Probleme; übertriebene Empfindlichkeit gegen Kritik und Zurechtweisung; Neigung, Rechte vor

Zu allen Zeit galt die Ausbildung der Fallschirmjäger als besonders hart.

Pflichten zu sehen ...«. Das Papier der Hauptleute von Unna ging in einigen seiner Forderungen in die gleiche Richtung. Darin schrieben im Jahr 1969 30 Hauptleute der Panzertruppe die Unzulänglichkeiten der militärischen Praxis auf. Sie betonten, in erster Linie sei ein Soldat ein Kämpfer. Das Ziel der Ausbildung müsse es sein, kampfkräftige Verbände zu schaffen. Das Papier erntete von manchen Beobachtern heftige Kritik; nicht zuletzt, weil seine Autoren betonten, diesem Ziel habe sich sowohl die »Integration in die Gesellschaft« als auch die »Innere Führung« unterzuordnen.

Bis Mitte der 70er-Jahre sanken zwar die Eingaben über Disziplinlosigkeiten unter den Soldaten, jedoch nahmen bei Soldaten in führender Position die Klagen über Mängel in der infanteristischen Ausbildung zu. Viele kritisierten vor allem die zu geringe körperliche Leistungsfähigkeit der Soldaten. Daraufhin wurden Versuche unternommen, die Fitness der Soldaten zu erhöhen, wozu zum Beispiel das »Gemeinsame Ausdauer-Training« zählte; dennoch wurden die kritischen Stimmen lauter und gewichtiger. Generalleutnant Werner Lange stellte im Juli 1984 als kommandierender General des II. Korps fest: »Die Ausbildung im Frieden muss sich an den Realitäten des Krieges orientieren. Ich stelle jedoch häufig fest, dass dieses nicht geschieht und dem Soldaten die Eindrücke und Belastungen des Gefechts auf seine Psyche und Physis nur unzureichend vermittelt werden.« Der im Jahr 1929 geborenen General Lange hatte die Schlussphase des II. Weltkriegs als 15-Jähriger in der Wehrmacht erlebt. Er urteilte über die jungen Bundeswehrsoldaten im Jahr 1984, »dass ihre Bereitschaft zugenommen hat, bereits unter den Belastungen der Gefechtsausbildung im Frieden oder bei Märschen vorzeitig aufzugeben. Ein solches ›Kapitulationsdenken‹ vor hohen Anforderungen als Folge zunehmender Verweichlichung seelischer und körperlicher Art muss im Gefecht verheerende Folgen haben.« Insbesondere mit Blick auf die Auseinandersetzungen im Nahen Osten und die Erfahrungen der Briten im Falkland-Krieg im Jahr 1982 kam er zu dem Ergebnis: »Es ist ein Gebot der Fürsorge, unseren Soldaten eine Ausbildung zuteil werden zu lassen, die sie nicht nur befähigt, erfolgreich zu kämpfen, sondern auch zu

Pionierdienst aller Truppen in den späten 50er-Jahren. Zu ihrer Sicherheit tragen die Soldaten Schwimmwesten.
(Foto: Sammlung Elser, Urheber nicht mehr feststellbar)

überleben.« Daher erwartete er »in der Ausbildung Härte mit viel Herz für die Untergebenen. Härte ohne Herz wird zur Schikane, die ich im II. Korps nicht zu erleben wünsche.« Das Heeresamt, in dessen Aufgabenbereich auch die Erarbeitung der Grundlagen der Ausbildung des Heeres fällt, reagierte auf die Kritik. Unter der Ägide von Generalleutnant Dr. Werner Schäfer gab es im Sommer 1985 die Ausbildungshilfe »Kriegsnah ausbilden« heraus. Der Autor der Ausbildungshilfe, die bald als »Fibel« bezeichnet wurde, stellte seine Darstellung in der Zeitschrift *Truppenpraxis* vor. Er betonte: »Die ›Fibel‹ geht von der kriegsgeschichtlich gesicherten Erkenntnis aus, dass auch Führungs-, Kampfunterstützungs- und Logistiktruppen kämpfen müssen, um sich gegen durchgebrochenen, eingesickerten, luftgelandeten oder versprengten Feind zu behaupten.« Dabei führte er auch Gründe dafür an, dass er darin Beispiele aus der deutschen Kriegsgeschichte im Zweiten Weltkrieg gewählt hatte. Er hob hervor, die Armeen der Verbündeten würden insbesondere in ihrer infanteristischen Ausbildung an vielen Stellen den Vergleich mit der Wehrmacht ziehen, und hielt potenziellen Kritikern entgegen, die Fibel sei »keine ›Heldenbühne‹. Sie zeigt keine großen Taten, sondern spiegelt den Kriegsalltag auf den unteren Führungsebenen wider. Sie schildert auch Fehler, Versäumnisse und folgenschwere Mängel, vor allem verweist sie auf Schwachstellen ...« Innerhalb der Truppe und auch im Bundesministerium der Verteidigung fand die Darstellung großen Anklang und wurde durchweg gelobt. Der Kommandeur einer Panzerdivision schrieb dem Amtschef des Heeresamtes: »Mit der entsprechenden Hilfe ›Kriegsnah ausbilden‹ haben wir sehr gute Erfahrungen gemacht. Sie ist praktisch zur Grundlage unseres 24-Stunden-Kampftages geworden und hier eine sehr praktische Anleitung für unsere jungen Kompaniechefs und Zugführer.« Aus der zuständigen Abteilung im Führungsstab des Heeres wurde gar angeregt, sie an alle Offizieranwärter zu Beginn ihres Zugführerlehrgangs und an die Stabsunteroffiziere zu Beginn des Feldwebellehrgangs zu verteilen. In der Truppe wurde die Fibel angenommen, man wünschte weitere Ausbildungshilfen. Seit 1986 ergänzte »Üben und Schießen« – wiederum im Heeresamt erstellt – die Fibel »Kriegsnah ausbilden«. Auch die neue Broschüre wurde hinab bis auf die Ebene der Kompanien verteilt.

Die Innere Führung schreibt eine »harte« Ausbildung vor: »Baden« beim Pionierdienst aller Truppen in den frühen 60ern.

(Foto: Sammlung Elser, Urheber nicht mehr feststellbar)

Es dauerte einige Zeit, bis die Fibel von den Medien zur Kenntnis genommen wurde. Bundestagsabgeordnete der Partei »Die Grünen« kritisierten sie im Sommer 1987. Ihr verteidigungspolitischer Sprecher Alfred Mechtersheimer gab der Süddeutschen Zeitung ein Interview. Darin ging er mit dem Handbuch hart ins Gericht. Er stellte fest, es zeige, dass »wir nicht gelernt haben, dass Atomrüstung den Krieg verbietet.« Den »deutschen Militärs« warf er vor, diese »neue Qualität« hätten sie »nicht verinnerlicht«. Vielmehr wollten sie »eine Restauration im Clausewitzschen Sinne«, der – so Mechtersheimer – in Dienstvorschriften der US-Armee »pausenlos zitiert« werde. Er glaubte zu wissen, dass dies ganz im Sinne des amerikanischen Präsidenten Ronald Reagan sei, der »die Streitkräfte als Instrument der Außenpolitik im Krieg und im Frieden betrachte und deshalb die Fähigkeit verlange, ›Krieg bis zum Sieg‹ führen zu können.« Und schließlich befürchtete Mechtersheimer sogar, dass die aktuelle Abrüstung – also der Verzicht auf die atomar bestückten amerikanischen Pershing-Raketen – gar nicht Ausdruck eines Willens zum Frieden sei, sondern lediglich die »Anpassung an eine veränderte Strategie«.

Wenig später meldeten die »Bremer Nachrichten«, die Bundeswehr sei »unter Beschuss«. Das politisch links stehende Bremer Friedensforum hatte »Kriegsnah ausbilden« unter die Lupe genommen und in den darin enthaltenen Literaturangaben »Nazi-Quellen« entdeckt. Viele Menschen würden zurzeit – so ein Sprecher des Friedensforums – »Nie wieder Krieg« fordern, doch »in der Bundesrepublik würden die Soldaten zugleich ›kriegsnah‹ ausgebildet«.

Es setzte sich eine in den 80er-Jahren des vergangenen Jahrhunderts bereits mehrfach erprobte Skandalisierungs-Maschinerie in Gang. Friedensbewegte und einige sogenannte investigative Journalisten sahen bald in der Ausbildung der Bundeswehrsoldaten einen alten Zeitgeist am Werk und zogen munter schnurgerade Linien von der Zeit des Nationalsozialismus bis zur Gegenwart. Dabei wurde völlig außer Acht gelassen, was eines der Ziele der Ausbildung der Soldaten sein muss, nämlich diese zu befähigen, im Krieg zu überleben. Die CDU/CSU-FDP-Bundesregierung hielt sich mit Stellungnahmen zurück, ihre Statements gingen kaum über Allgemeinplätze hinaus, und auch das BMVg brach zunächst keine Lanze für die Ausbildungshilfe »Kriegsnah ausbilden«. Brigadegeneral Peter-Heinrich Carstens, der damals für die Ausbildung des Heeres zuständig war, bezog hingegen eindeutig Stellung. Er unterstrich die Notwendigkeit, die Soldaten »kriegsnah zu schulen«. In der Zeitung *Die Welt* ging er auch auf Ausbildungsmängel ein und forderte, »dass alle Offiziere und Unteroffiziere in den Kompanien wieder fähig sein müssten, alle Handfeuerwaffen der Einheit zu bedienen sowie Karte und Kompass fehlerfrei zu benutzen.« Durch die Einführung der Broschüre »Kriegsnah ausbilden« sei erkennbar, so fuhr der General fort, »dass sich die Dinge beginnen, zu wandeln«, jedoch sei es erforderlich, die Ausbildungszeit der Wehrpflichtigen zu verlängern – auf 18 Monate.

Mehr als 20 Jahre später kam »Einsatznah ausbilden« wieder in die Schlagzeilen. An den Inhalten der Fibel, die in wesentlichen Teilen »Kriegsnah ausbilden« entsprach, entzündete sich erneut heftige Kritik. Das Politikmagazin *Kontraste* hatte sich in zwei Sendungen im April 2009 mit der Ausbildung im Heer und zwei dabei verwendeten Handbüchern beschäftigt: Zum einen »Einsatznah ausbilden«, zum anderen »Üben und

Verteidigungsminister Leber besuchte kurze Zeit nach seinem Dienstantritt am 7. Juli 1972 zusammen mit dem Inspekteur des Heeres, Generalleutnant Ernst Ferber, die 2./Panzergrenadierbataillon 131 in Wetzlar. Es wird kolportiert, der Minister habe einen Rekruten gefragt: »Wie ist das Essen hier?« Dieser antwortete: »Mal so, mal so!«. Darauf der Minister: »Wie bei mir zu Hause!« Das Interesse der Medien galt regelmäßig dem Politiker, nicht der Ausbildung der Soldaten. *(Foto: Sammlung Elser, Urheber nicht mehr feststellbar)*

Schießen«. Manche Journalisten und Militärhistoriker entdeckten darin Dinge, die ihrer Meinung nach die Wehrmacht verharmlosten oder gar verherrlichten. Flugs griff die Partei »Die Linke« das Thema auf. In einer »Kleinen Anfrage« stellten Ulla Jelpke, Sevim Dagdelen und Dr. Hakki Keskin zunächst die ihrer Meinung nach vorhandenen Probleme in der Bundeswehr dar. Dabei zogen sie einen weiten Bogen von den Broschüren für die Ausbildung über den Beitrag eines ehemaligen Angehörigen der »Brandenburger« – der Spezialkräfte (»Kommandotruppen«) der Wehrmacht – in dem »Wegweiser zur Geschichte Afghanistans« bis zum ehemaligen Kommandeur des KSK, Brigadegeneral Reinhard Günzel. Diesem unterstellten sie, er habe als Mitautor eines Buches darauf hingewiesen, die Angehörigen des KSK sähen sich in einer ungebrochenen Traditionslinie zu den »Brandenburgern«. Darüber hinaus stellten sie der Bundesregierung im Mai 2009 18 Fragen. In einer den Antworten vorangestellten Vorbemerkung hob die Bundesregierung hervor, auf welchem Fundament die Bundeswehr steht: Auf dem Prinzip der Inneren Führung und dem Leitbild des Staatsbürgers in Uniform. Entschieden verwahrte sie sich dagegen, die Ausbildung der Bundeswehrsoldaten »in die Nähe der Wehrmacht zu rücken«. Ebenso entschlossen stellte sich die Bundesregierung vor den für die Ausbildung im Heer zuständigen General Walter Spindler, indem sie klar Stellung bezog: »Der von der ARD-Fernsehsendung am 9. April 2009 gesendete Interviewbeitrag mit dem Abteilungsleiter Ausbildung im Heeresamt wird in der vorstehenden Anfrage sinnentstellt und daher falsch wiedergegeben. Es sollte zum Ausdruck gebracht werden, dass Streitkräfte neben der oben dargestellten Führungskultur und dem Selbstverständnis auch über militärisch-handwerkliche Kenntnisse und Grundfertigkeiten verfügen müssen, die eher berufs- als zeitspezifisch sind.«

Die Frage, wie hart eine militärische Ausbildung sein darf, wurde in der Geschichte der Bundeswehr immer wieder gestellt, häufig, wenn es zu tatsächlichen oder vermeintlichen Übergriffen von Ausbildern auf Untergebene gekommen war. Die Bundeswehr-Kaserne in Coesfeld geriet im Jahr 2004 ins Blickfeld, weil dort Ausbilder Rekruten misshandelt hatten. Das Landgericht Münster verurteilte zwei Zugführer zu Bewährungsstrafen und den Kompaniechef zu einer Geldstrafe von 7500 €. Mehrere Ausbilder hatten Rekruten mit Kabelbindern gefesselt, mit Wasser übergossen, geschlagen und »mit Scheinerschießungen in Panik versetzt«, so ein Beitrag in der Wochenzeitung *Die Zeit* vom 28. Oktober 2009 – fünf Jahre nach den Ereignissen. In Coesfeld hatte man offenbar mit den Rekruten geübt, womit sie bei einer Gefangennahme im Einsatz rechnen müssten. Eine solche Form der Einsatzvorbereitung ist für Wehrpflichtige jedoch sinnlos, da nur längerdienende Soldaten oder Berufssoldaten in Einsätze geschickt werden, in denen mit solchen Vorkommnissen überhaupt zu rechnen ist. Derartige Ausbildungen werden von dafür besonders qualifizierten Ausbildern nur mit speziell ausgesuchten Soldaten in den Standorten Calw, Pfullendorf und Altenstadt durchgeführt. Zutreffend wurde in dem erwähnten Beitrag in der *Zeit* ein grundsätzliches Problem der militärischen Ausbildung in einer Bildunterschrift beschrieben: »Der Wehrdienst – auch der sechsmonatige – ist kein Zuckerschlecken. Doch was Rekruten in Coesfeld bei der Simulation von Geiselnahmen erdulden mussten, war dann doch zu realitätsnah.«

Jede öffentliche Debatte um die infanteristische Ausbildung ist durchaus aufschlussreich. Zum einen zeigt sie, dass die Ausbildung der Bundeswehr nicht in einem luftleeren Raum stattfindet. Zu einer Armee in der Demokratie gehört es auch, dass sie vergleichsweise offen mit der Öffentlichkeit und Journalisten umgeht. Es ist nicht verwunderlich, dass die infanteristische Ausbildung der Bundeswehrsoldaten immer dann in den Mittelpunkt des öffentlichen Interesses rückt, wenn Gefallene zu beklagen sind. Für nicht wenige ist dies der Anlass, die Qualität der Ausbildung und der Ausrüstung zu kritisieren. Es ist verständlich, dass in solchen Fällen die Forderung erhoben wird, alles zu unternehmen, um weitere Tote zu verhindern. Jedoch wird in einer solchen Betrachtung mitunter übersehen, dass der Soldatenberuf per se mit einem hohen Risiko für Leib und Leben verbunden ist. Dieses Risiko kann durch bestmögliche Ausbildung und Ausrüstung zwar vermindert, jedoch nie völlig ausgeschlossen werden. Es scheint ein Widerspruch in sich zu sein, wenn zum Teil von den gleichen Kritikern beklagt wird, die Ausbildung der Soldaten sei zu »hart«. Hierbei wird häufig »Härte« mit »Schikane« gleichgesetzt. Die Innere Führung gibt gerade in dieser Frage die Orientierung vor. Wer sich auf ihrem Boden und in ihrem Sinne als Ausbilder bewegt, kommt nicht in die Gefahr, die Grenzen zu überschreiten, und erreicht dennoch das Ziel, die Soldaten bestmöglich auf ihren Einsatz vorzubereiten. Zum anderen belegen die zum Teil heftig geführten Debatten über die Ausbildung unserer Soldaten, dass es in den unterschiedlichen politischen Lagern nach wie vor weit voneinander abweichende Auffassungen über die Aufgaben der Bundeswehr und damit auch über die richtige Ausbildung der Soldaten gibt. Die Bundesregierungen bemühten sich in den letzten Jahren durchaus, den Aufgabenwandel der Bundeswehr darzustellen. Einen markanten Punkt stellt in diesem Zusammenhang die Feststellung des Verteidigungsminister Dr. Peter Struck dar. Als er während einer Pressekonferenz am 5. Dezember 2002 sagte, die Bundeswehr verteidige die Bundesrepublik Deutschland auch am Hindukusch, beschrieb er damit einen Paradigmenwechsel. Nicht wenige Beobachter waren sicher, mit diesem schnellen Wort sei der Minister seiner Truppe weit vorausgeeilt. Die Bundeswehr – insbesondere ihre Infanterie – wurde von dem Aufgabenwandel, der mit den politischen Veränderungen im letzten Dezennium des 20. Jahrhunderts begann, überrascht. Sie sah sich unerwartet vor Aufgaben gestellt, für die sie nie gedacht, geschweige denn ausgerüstet oder ausgebildet worden war. An die Stelle des Gefechts der verbundenen Waffen zur Landes- und Bündnisverteidigung traten das Herstellen und Wahren Innerer Sicherheit »out of area«[1] in einem von asymmetrischem Kampf beherrschten »Counter Insurgency«[2]-Umfeld.

Nicht besser erging es den meisten Journalisten. Auch sie brauchten eine lange Zeit, um sich auf die veränderten Aufgaben und die damit verbundenen veränderten Szenarien einzustellen. Noch immer hält sich als Synonym für die Bundeswehr der Ausdruck »bewaffnetes Technisches Hilfswerk«. So drückt mancher Pressevertreter seine Kritik an der Bundeswehr aus, für nicht wenige ist aber gerade dies die Paraderolle, in der sie die deutschen Soldaten zu gern sehen möchten. Auch die Bürger verschließen gern vor den neuen Wirklichkeiten

[1] Mit »area« ist hier NATO-Territorium gemeint, Einsätze out of area sind also solche, die außerhalb des NATO-Territoriums stattfinden.

[2] »Counter Insurgency« bezeichnet ein überaus komplexes strategisches Konzept, mit dem in Afghanistan – grob gesagt – Aufständischen der Rückhalt in der Bevölkerung entzogen und gleichzeitig den Menschen wirtschaftliche und politische Perspektiven und damit Alternativen zum Kampf gegen Regierung und ISAF-Truppen aufgezeigt werden sollen.

die Augen und bringen für ihre Soldaten lediglich ein »freundliches Desinteresse« auf. Diesen Begriff prägte der damalige Bundespräsident Horst Köhler in einer Rede, die er am 10. Oktober 2005 anlässlich der 40. Kommandeurtagung hielt. Er beklagte, zu wenige Deutsche würden sich für den außen- und sicherheitspolitischen Wandel interessieren, dessen Auswirkungen auf die Bundeswehr gravierend seien. Man könnte sagen, dass der Bundespräsident letztlich das Opfer dieses freundlichen Desinteresses wurde; denn seinen Rücktritt löste im Frühjahr 2010 ein Interview aus, in dem er unter anderem darlegte: »Meine Einschätzung ist aber, dass wir insgesamt auf dem Wege sind, doch auch in der Breite der Gesellschaft zu verstehen, dass ein Land unserer Größe mit dieser Außenhandelsorientierung und damit auch Außenhandelsabhängigkeit auch wissen muss, dass im Zweifel, im Notfall auch militärischer Einsatz notwendig ist, um unsere Interessen zu wahren, zum Beispiel freie Handelswege, zum Beispiel ganze regionale Instabilitäten zu verhindern, die mit Sicherheit dann auch auf unsere Chancen zurückschlagen – negativ –, durch Handel Arbeitsplätze und Einkommen zu sichern.« Was der Bundespräsident sagte, ist näher betrachtet eine Binsenweisheit; denn zu allen Zeiten war es eine Aufgabe von Soldaten, Handelswege zu sichern. Sollte also die Bundeswehr »im Notfall«, wie der Bundespräsident so vorsichtig hervorhob, eingesetzt werden, um deutsche Handelsinteressen zu wahren, so wäre dies nun wirklich nicht spektakulär. Einige Politiker und Medienvertreter setzten jedoch die allgemeinen Aussagen des Ersten Mannes im Staate in einen direkten Zusammenhang mit dem Einsatz in Afghanistan und wähnten, Horst Köhler habe gemeint, die Bundeswehr kämpfe in Afghanistan, um dort die wirtschaftlichen Interessen der Bundesrepublik Deutschland zu wahren. Die Folge waren heftige Empörungen von der einen Seite des Parteienspektrums und ein unüberhörbares Schweigen von der anderen, bis der Bundespräsident schließlich die Initiative ergriff und seinen Rücktritt erklärte, weil er bei manchen den Respekt vor seinem Amt vermisste.

Große Teile der Medienvertreter, der Politiker und der deutschen Öffentlichkeit sind aus unterschiedlichen Gründen nicht bereit, die sicherheitspolitischen Gegebenheiten der Gegenwart zu akzeptieren. Deutschland steht im Bündnis der NATO Seite an Seite mit demokratischen Staaten, in denen es eine schiere Selbstverständlichkeit ist, dass Politiker die Interessen ihres jeweiligen Landes beschreiben und Soldaten selbige bei Notwendigkeit mit der Waffe in der Hand verteidigen. Das ist weder gut noch böse, sondern ein bestimmendes Merkmal eines jeden Staates; denn Staaten können nur existieren, wenn sie bereit sind, ihre eigene Existenz bei Bedarf auch gegen andere Mächte zu verteidigen.

Um dieses Ziel zu erreichen, brauchten die Soldaten zu allen Zeiten eine Ausbildung. »Im Kriege verspricht nur Einfaches Erfolg. Je einfacher die Formen, desto gründlicher kann die Ausbildung sein.« Für manchen mag dieser Satz alt klingen, für andere klingt er modern, und für nicht wenige wie Zukunftsmusik. Die Aussage ist fast 100 Jahre alt. Es ist der erste Leitsatz der »Ausbildungsvorschrift für die Fußtruppen im Kriege«, die im Januar 1918 formuliert wurde. Also im letzten Jahr des Ersten Weltkrieges, als sich die Niederlage des Deutschen Reiches bereits deutlich abzeichnete. In dieser Phase wurde also nicht auf immer mehr Technik und Innovation gesetzt, sondern man ging in der Heeresleitung zurück zu Moltkes Erkenntnis, die sich in den Verordnungen für die höheren Truppenführer aus dem Jahr 1869 wiederfindet, dass einfaches Handeln, folgerichtig durchgeführt, am sichersten das Ziel erreicht.

Ganz ohne Frage wäre es falsch, Geschehnisse aus der Vergangenheit eins zu eins auf die Gegenwart zu übertragen. Ebenso wäre es falsch, gerade militärische Entwicklungen losgelöst von der Geschichte zu betrachten. Vieles ist schon einmal da gewesen, und es ist daher lohnend, bei der Lösung aktueller Probleme die alten Wege nicht außer Acht zu lassen. Wir betrachten in diesem Buch die Ausbildung der Infanteristen aus mehreren unterschiedlichen Perspektiven. Nach der hier erfolgten Sicht von außen gehen wir im folgenden Kapitel der Frage nach, welche Bedeutung der Ausbildung der Bundeswehrsoldaten in den Jahresberichten der Wehrbeauftragten zugemessen wurde.

Fallschirmsprungausbildung an der Luftlande-/
Lufttransportschule in Altenstadt.

Infanteristische Ausbildung im Spiegel der Berichte des Wehrbeauftragten

Bereits in den Landsknechtsheeren des 16. Jahrhunderts war geregelt, dass sich Untergebene über ihre Vorgesetzten beschweren konnten. Dafür hatten Erstere die Söldnergewerkschaft geschaffen. Seit dem 19. Jahrhundert eröffneten mehrere europäische Staaten ihren Soldaten eine Möglichkeit zur Beschwerde. In der deutschen Armee wurden die Formalien des Beschwerdeverfahrens erstmals 1895 festgeschrieben, die später – 1921 und dann noch einmal 1936 – geändert wurden. Über diese strikt formalisierte Möglichkeit der Beschwerde ging die »Himmeroder Denkschrift«, die manche als die »Magna Charta« der Bundeswehr bezeichnen, im Oktober 1950 hinaus. Sie sah die Schaffung einer Instanz vor, bei der sich die Soldaten über dienstliche Angelegenheiten beschweren konnten. Hieraus ging im Jahr 1956 das Amt des Wehrbeauftragten hervor, dessen Vorbild der schwedische Ombudsmann ist. In Art. 45b des Grundgesetzes schrieb man fest, dass zum Schutz der Grundrechte und als Hilfsorgan des Bundestages bei der Ausübung der parlamentarischen Kontrolle über die Bundeswehr ein Wehrbeauftragter des Bundestages berufen wird. Obwohl das Gesetz über den Wehrbeauftragten am 26. Juni 1957 in Kraft trat, dauerte es dann noch fast zwei Jahre, bis Generalleutnant a. D. Helmuth von Grolman am 19. Februar 1959 als erster Wehrbeauftragter des Deutschen Bundestages gewählt und am 20. März 1959 vom Bundestagspräsidenten vereidigt wurde.
Der Wehrbeauftragte wird von der Mehrheit der Abgeordneten des Deutschen Bundestages auf fünf Jahre gewählt. Nur bis zum Jahr 1990 war eine mindestens einjährige militärische Dienstzeit Voraussetzung für die

Wahl. Soldaten können sich direkt – auch ohne Einhaltung des Dienstweges – mit Eingaben an den Wehrbeauftragten wenden. Dieser besitzt ein umfassendes Informationsrecht. Dadurch kann er vom Verteidigungsministerium und allen Wehrdienststellen Auskunft und Akteneinsicht verlangen, soweit dem nicht Geheimhaltungsgründe entgegenstehen. Der Wehrbeauftragte verfasst jährlich für den Deutschen Bundestag einen schriftlichen Bericht – und auf Verlangen des Parlaments darüber hinaus Einzelberichte. Der Wehrbeauftragte nimmt eine Vermittlerrolle zwischen den Soldaten und dem Parlament ein. Er ist einerseits »Anwalt der Soldaten« und andererseits der »Wächter des Parlaments gegenüber den Streitkräften«. Diese Doppelrolle spiegelt sich regelmäßig deutlich in den Berichten des Wehrbeauftragten wider. Im Laufe der Zeit entwickelte sich der Wehrbeauftragte zu einem Erfolgsmodell, das auch zu einem Exportschlager wurde: In den Armeen von Argentinien, Bosnien-Herzegowina und Südkorea wurde ein dem deutschen Wehrbeauftragten ähnliches Amt geschaffen.

Wir wollen im Folgenden die Jahresberichte des Wehrbeauftragten seit dem Jahr 1976 betrachten und uns dabei auf die Aussagen zur Ausbildung konzentrieren. Bereits in den frühen 70er-Jahren wies der Wehrbeauftragte Fritz Rudolf Schultz sowohl auf die deutlich gestiegenen fachlichen Ansprüche als auch auf die Anforderungen an die militärischen Führungseigenschaften der Unteroffiziere hin. Im Jahresbericht für 1976 beklagte sein Nachfolger Karl Wilhelm Berkhan, es sei kaum möglich, nach der »knappen Grundausbildungsdauer verbindliche Aussagen zu machen, ob Rekruten

Über den Ausbildungserfolg entscheidet letztlich der Ausbilder »am Mann«. Er muss sowohl fachlich als auch menschlich überzeugen. *(Foto: Sammlung Elser. Urheber nicht mehr festzustellen)*

über die für einen künftigen Vorgesetzten erforderliche Qualifikation verfügen«. Daher komme es besonders auf die gute Ausbildung der Unteroffiziere an; denn diese würden den »Ausbildungsstand der Soldaten und damit die Effektivität der Streitkräfte« garantieren.
Immer wieder musste sich der Wehrbeauftragte mit Härten in der Ausbildung beschäftigen. So im Jahr 1977, als ein Stabsunteroffizier als besondere erzieherische Maßnahme eine Gruppe von sechs Soldaten rund 1200 Meter durch einen Bach marschieren ließ – bei einer Außentemperatur von 0°. Während des insgesamt rund 20 Kilometer langen Marsches erlitten zwei Soldaten Schwächeanfälle. Der Stabsunteroffizier rechtfertigte sein Verhalten damit, er habe nur das getan, was er einige Tage zuvor bei seiner Ausbildung zum Einzelkämpfer selbst erlebt hätte.
Immer wieder erreichten den Wehrbeauftragte Klagen über »Aufnahmerituale«, die zeitweise insbesondere bei den Mannschaften und Unteroffizieren beliebt waren, obwohl dazu bereits Mitte der 70er-Jahre ein Divisionskommandeur eine griffige Richtlinie vorgegeben hatte. Er hatte befohlen, »bei derartigen Feiern müsse alles unterbleiben, was nicht auch vor den Augen der Familienangehörigen oder Untergebenen der Beförderten stattfinden könne.«
Klagen über »Frust« und »gammeln« unter den Wehrpflichtigen wurden erstmals im Jahresbericht 1980 laut. In diesem Zusammenhang wurde auch ein »Auseinanderleben von Bundeswehr und Gesellschaft« beklagt. Es bereitete Sorgen, dass die Grundausbildung von vielen Wehrpflichtigen als Kulturschock erlebt werde. Um dieser Erfahrung entgegenzusteuern, ließ der Verteidigungsminister zwei Hinweise für die Vorgesetzten erarbeiten: »Die ersten Stunden« und »Erste Tage«. Auf der anderen Seite beklagte der Wehrbeauftragte eine Überforderung der Unteroffiziere und Offiziere durch »das enggeknüpfte Netz der Aus- und Fortbildungsmaßnahmen.« Hierdurch seien die Vorgesetzten »zu oft für ihre Mannschaften nicht erreichbar.«
Auf den ersten Blick stehen diese Bewertungen im Kontrast zu den Einschätzungen nicht weniger Wehrpflichtiger, die sie in Gesprächen mit dem Wehrbeauftragten im Folgejahr äußerten. Diese gingen davon aus, »dass sie während der Grundausbildung stark gefordert und ihnen Leistungen abverlangt würden.« Bemerkenswert ist auch, dass sich der ein Jahr zuvor

Menschen führen zu können, setzt eine besondere Begabung voraus. *(Foto: Sammlung Elser. Urheber nicht mehr festzustellen)*

noch beklagte Kulturschock bereits im Jahr 1981 weitgehend in Luft aufgelöst hatte. So stellte der Wehrbeauftragte fest: »Vorgesetzte erleichtern in der Regel dem jungen Soldaten den Übergang vom zivilen zum militärischen Leben und versuchen, dem Gesichtspunkt Rechnung zu tragen, dass der junge Wehrpflichtige ohne Vorbereitung zur Bundeswehr kommt und die militärische Ordnung als fremd empfindet.« Und er betonte: »Ton und Umgangsformen in den Ausbildungskompanien entsprechen heute grundsätzlich nicht Klischeevorstellungen, die teilweise noch in der Öffentlichkeit diskutiert werden ...« Trotz alledem wurde offenbar die Kritik an der langen Wehrdienstzeit lauter. So berichteten nicht wenige Wehrpflichtige in Erfahrungsberichten über eine zwar ausgefüllte Grundausbildung, jedoch über Langeweile in der Gemeinschaftsausbildung. Demgegenüber beklagten andere Wehrpflichtige, auch in ihrer Grundausbildung habe Eintönigkeit vorgeherrscht. Ein Soldat versuchte zu belegen, er sei »bei einer Wochendienstzeit von 36 Stunden nach Plan ... ganze acht Stunden und 45 Minuten tatsächlich beschäftigt« gewesen. Daraus kann man den Schluss ziehen, dass Arbeitsbelastung individuell bewertet wird. Dabei erscheint es offensichtlich, dass die Belastung des Soldaten ganz wesentlich von der Truppengattung geprägt ist, in der er dient.

Mitte der 80er-Jahre nahmen die Klagen über Schinderei und Schikane Schritt für Schritt ab. 1986 stellte der Wehrbeauftragte fest, solche Verstöße gegen die Menschenwürde zählten »in der Bundeswehr gottlob nicht zur Tagesordnung.« Zum Problem würden aber hier und da »markige Redewendungen«. Damit verbundene Kränkungen hätten zugenommen, beklagte der Wehrbeauftragte. Im Jahr darauf hatten diese Kränkungen noch weiter an Bedeutung gewonnen. Bei der Vorstellung seines Jahresberichts betonte Willi Weiskirch: »Zugegeben, ein etwas rauerer Ton mag zuweilen durchaus angehen; stets gültiger Maßstab müssen aber dabei die Würde und die Ehre des einzelnen Soldaten bleiben.« Mitunter kam es zu weit mehr als nur zu rauen Worten. Im Januar 1987 sorgte ein Appell eines Bataillons im Bayerischen Wald für Aufsehen. Trotz einer Temperatur von -18° hatte der Kommandeur das Tragen des Baretts angeordnet. Davon ließ er sich weder von mehreren Kompaniechefs noch von Angehörigen seines Stabes abbringen. Am Ende des Appells mussten neun Soldaten mit Erfrierungen zweiten und 70 Soldaten mit Erfrierungen ersten Grades behandelt werden. Es mag manchen verwundern, dass dem Wehrbeauftragten nach diesem Bericht harsche Kritik entgegenschlug, die ihn im Folgejahr dazu veranlasste, seine Bedeutung als Sprachrohr der Soldaten besonders herauszustellen.

Die Frage, ob sich die Menschenführung in den Streitkräften in den letzten Jahren verbessert oder verschlechtert habe, konnte der Wehrbeauftragte in seinem Bericht für das Jahr 1989 nicht eindeutig beantworten. Er hob besonders hervor: »Zu wenig wird bisweilen bedacht, dass das Klima in den einzelnen Einheiten und Verbänden, bedingt durch die unterschiedlichsten Einflussfaktoren, sehr verschieden sein kann.«

Im Bericht des Wehrbeauftragten für das Jahr 1990 stellten die Wiedervereinigung und die damit verbundenen Veränderungen in der Bundeswehr den zentralen Punkt dar, der sich in allen Unterpunkten widerspiegelte. Das vom Heeresamt herausgegebene Taschenbuch »Soldaten führen« wurde vom Wehrbeauftragten als »zeitgemäßes und praxisorientiertes Ausbildungsmittel« ausdrücklich gelobt. Ebenso hob er die Einführung der »erlebnisorientierten Ausbildung« in der Truppen- und Führerausbildung hervor. Er sah darin einen neuen und »unkonventionellen Weg, neben der Vermittlung von Wissen noch stärker die Persönlichkeitsentwicklung des einzelnen Vorgesetzten und den Zusammenhalt der soldatischen Gemeinschaft zu fördern.« Eher am Rande wurde auf die Ergebnisse einer Studie hingewiesen, in der viermal jährlich jeweils rund 4000 Soldaten vier Monate vor ihrem Ausscheiden über ihre Meinungen und Erfahrungen im Dienst bei der Bundeswehr befragt wurden. Unter den Soldaten wurde besonders ein »lockerer Umgangston« geschätzt, sie legten Wert auf »Mitsprache im Dienstgeschehen« und darauf, dass die Ausbildung »mehr zivilorientiert (sic) und leistungsbezogen gestaltet« werde.

Auch den Bericht des Jahres 1991 dominierte – wen könnte das verwundern – die Wiedervereinigung. Deutlich traten die Unterschiede zwischen der Nationalen Volksarmee der »DDR« und der Bundeswehr zutage. Besonders wurde vom Wehrbeauftragten Alfred Biehle beklagt, viele ehemalige Ausbilder der NVA seien »noch nicht hinreichend in ihre neuen Aufgaben als militärische Führer hineingewachsen.« Hier und da klang vielleicht manches in dem Bericht wie westliche Überheblichkeit. Etwa wenn der Bericht eines »Obergefreiten aus einem Panzergrenadierbataillon« exzerpiert wurde, der ausführte, »dass er beispielsweise vor einer Ausbildung mit dem Gewehr G 3 und der Pistole P 1 zunächst den Feldwebeln und Leutnanten die Handhabung der Waffe hätte erklären müssen. Die Autorität der Vorgesetzten muss zwangsläufig Einbußen erleiden, wenn sie immer wieder auf die Hilfestellung der Auszubildenden angewiesen sind.« Es klang fast schon jovial, wenn der Wehrbeauftragte mit Blick auf die Ostdeutschen resümierte: »Ich bin einer Reihe von Unteroffizieren und Offizieren begegnet, die sich sicherlich als Gewinn für die Bundeswehr erweisen werden.«

Mitunter erscheinen Beschwerden, die dem Wehrbeauftragten vorgetragen wurden, aus dem Betrachtungswinkel der Gegenwart als geringfügig. So etwa ein Vorfall, der im Bericht des Jahres 1992 ausführlich dargelegt wurde. Ein Bataillonskommandeur hatte drei Tage vor dem Ende einer an einem Freitag auslaufenden Übung seinen Soldaten mitgeteilt, die Übung müsse bis zum Samstag verlängert werden. Daraufhin hätten mehrere Soldaten mit ihren Angehörigen telefoniert und die Wochenendplanungen verändert. Einen Tag später klärte der Kommandeur auf, er habe lediglich testen wollen, wie seine Soldaten »in einer Stresssituation reagieren würden.« Der mit der Überprüfung des Falls beauftragte Kommandeur der Korpstruppen belehrte den Bataillonskommandeur über die »Unzulässigkeit und Unzweckmäßigkeit der getroffenen Maßnahmen«. Über solche möglichen Planänderungen kann doch wohl ein gegenwärtiger Soldat nur milde lächeln, dessen Einsatz in Afghanistan sich – aus welchen Gründen auch immer – um mehrere Wochen oder Monate verlängert. Trotzdem aber muss das Verhalten des Kommandeurs natürlich als problematisch angesehen werden: Im Ernstfall muss sich der Soldat nämlich darauf verlassen können, dass die Befehle seines Vorgesetzten auch Sinn machen. Denn wenn der Soldat daran – ob begründet oder nicht – zweifelt, dann kann sich in eben diesem Ernstfall der Vorgesetzte nicht mehr hundertprozentig darauf verlassen, dass der Soldat seinen Befehl auch sofort, in vollem Umfang und im Sinne des Vorgesetzten ausführt.

Ganz ähnlich wurde als Fehlverhalten auch bewertet, dass ein Stabsunteroffizier »seinen Soldaten nach ohnehin erschöpfenden Dehnungs-, Lockerungs- und Kräftigungsübungen die Ausführung von Liegestützen« befohlen habe. Darüber hinaus habe dieser StUffz bei einem Dauerlauf den Soldaten, die bereits das Ziel erreicht hatten, befohlen, »so lange hin und her zu rennen, bis die letzten Nachzügler eingetroffen waren.« Und der Wehrbeauftragte resümierte: »Eine harte Ausbildung verfehlt ihr Ziel, wenn die Soldaten in ihr keinen Sinn zu erkennen vermögen.«

Zwar war bereits in den Jahren zuvor auf die Auslandseinsätze der Bundeswehr verwiesen worden, doch spielten diese im Bericht des Wehrbeauftragten für das Jahr 1993 erstmals eine größere Rolle. Kambodscha, Somalia und Jugoslawien und ebenso die unklare

Rechtslage bei Auslandseinsätzen der Bundeswehr drückten diesem Bericht ihren Stempel auf. Mit diesem Jahr gerieten Fragen zum Thema Ausbildung nicht nur mehr und mehr ins Blickfeld, sondern es veränderte sich auch die Bewertung. Unmissverständlich hob der Wehrbeauftragte hervor: »Der Soldat selbst hat einen Anspruch auf eine Ausbildung, wie sie sich aus dem einzelnen Auftrag des jeweiligen Truppenteils und der Funktion des einzelnen Soldaten ergibt. Nur aufgrund einer solchen Ausbildung ist der Soldat fähig und willens, im Ernstfall tatsächlich seine Pflicht zu erfüllen.«
Soldaten aus einer Ausbildungseinheit beklagten im Jahr 1993, für die Ausbildung an den Handfeuerwaffen sei »im Rahmen der Infanteriegefechtsausbildung keine Manövermunition vorhanden gewesen. Die Schützen hätten eine Schussabgabe mit dem Ruf ›Peng!‹ darstellen müssen. Die Ausbilder würden wegen des Mangels an Darstellungsmunition häufig die Zündung eines Sprengsatzes mit dem Wort ›Bum!‹ oder ›Detonation!‹ signalisieren. Ausbilder wie Auszubildende kämen sich hierbei lächerlich vor.« Es sei hier lediglich erwähnt, dass diese Klagen in den folgenden Jahren immer wieder geäußert wurden. Darüber hinaus klagten nicht wenige Soldaten beim Wehrbeauftragten darüber, »dass komplexe Bewegungsabläufe auf dem Gefechtsfeld aus Gründen der Kraftstoffeinsparung oder der Materialschonung nicht ausreichend geübt werden könnten. Zwar seien Simulatoren eine wichtige Ausbildungshilfe, der sichere Umgang mit Waffen und Gerät im Einzelfall könne aber nicht allein durch eine Ausbildung am Simulator erreicht werden. Die sensorischen Eindrücke eines Gefechts könnten so nicht realistisch vermittelt werden.«
Im Jahr 1994 beklagte der Wehrbeauftragte, dass die Zahl der nur mit Einschränkungen tauglichen Soldaten deutlich zugenommen habe. Er zeigte sich verwundert darüber, dass in einer Ausbildungskompanie der Fallschirmjäger »von 150 Rekruten binnen zehn Wochen 19 wegen Wehrdienstunfähigkeit entlassen werden mussten.« Obwohl, das betonte der Wehrbeauftragte, zu diesem Verband nur mit T1 und T2 (voll verwendungsfähig beziehungsweise verwendungsfähig mit bestimmten Einschränkungen) gemusterte Soldaten einberufen worden waren. Erstmals hob der Wehrbeauftragte in diesem Jahr hervor, nicht wenige Ausbildungsvorhaben würden scheitern, weil »vor ihrem Beginn die Zahl der um ihre körperliche Unversehrtheit Besorgten deutlich ansteigt. Zahlreiche Soldaten sehen sich den im Rahmen der Ausbildung an sie gestellten Anforderungen nicht gewachsen, gelegentlich sicherlich auch deshalb, weil von ihnen erhöhte körperliche Leistungen ohne entsprechende Vorbereitung gefordert werden.« Und der Wehrbeauftragte scheute nicht davor zurück, auszuführen: »Ausbilder, die im Interesse einer fordernden Ausbildung die eingeschränkt verwendungsfähigen Soldaten gleichwohl an die Grenze ihrer individuellen Leistungsfähigkeit heranführen, sehen sich gelegentlich mit dem Vorwurf der ›Schleiferei‹ konfrontiert.«
Auch im Bericht des Jahres 1995 spielte die Frage eine Rolle, wie viel Härte in der Ausbildung erforderlich sei. Die Wehrbeauftragte Claire Marienfeld hob besonders hervor: »Defizite in der Menschenführung, unzureichende Beachtung von Sicherheitsvorschriften sowie mangelhafte Ausstattung können besonders im Bereich der Ausbildung negative Folgen haben.« Eindeutig bezog sie Stellung, indem sie einem Urteil des Bundesverwaltungsgerichts zustimmte. Dort war in einem disziplinargerichtlichen Verfahren die langjährige Rechtsprechung unterstrichen worden, »wonach jeder noch so in die Augen springende vermeintliche militärische Ausbildungserfolg als bedeutungslos eingestuft werden muss, wenn er auf Kosten einer Verletzung der Würde, der Ehre oder der körperlichen Unversehrtheit eines Untergebenen erkauft wird.« Dies ist übrigens die Formulierung, auf die seither in fast allen Berichten des Wehrbeauftragten verwiesen wird.
Im Jahr 1996 ging die Wehrbeauftragte wie im Vorjahr auch auf die Qualität der Ausbilder ein. Sie dachte wohl an ein höheres Dienstalter und die damit verbundene größere Erfahrung, als sie konstatierte, »dass Feldwebel die geeigneten Führer einer Gruppe sind.« Jedoch räumte sie ein, dass »diese Idealbesetzung ... aus den verschiedensten Gründen nicht immer vorgenommen werden« könne. Des Weiteren stellte sie fest, dass »die Bundeswehr ... sehr gewissenhaft darauf be-

Häufiges Training in Simulatoren ist sinnvoll. Jedoch sind Erfahrungen in komplexen realen Übungen unverzichtbar.

dacht« sei, »charakterlich ungeeigneten Personen keine Möglichkeit zu geben, in den Streitkräften zum Vorgesetzten ausgebildet zu werden.« Und auch hier verschloss die Wehrbeauftragte vor der Realität nicht die Augen, indem sie einräumte, manchem gelänge es jedoch, solche Defizite zu verbergen. Kritisch betrachtete die Wehrbeauftragte die Verkürzung der Grundausbildung auf zwei Monate und stellte fest, hier Versäumtes müsste somit in der folgenden Spezialgrundausbildung nachgeholt werden. Wiederum verwies sie auf die veränderten Aufgaben der Bundeswehr. Diese erforderten »zumindest von den länger dienenden Soldaten eine hohe körperliche Leistungsfähigkeit und psychische Stabilität in Belastungssituationen.« In der Bundeswehr war erkannt worden, dass das Ende der 70er-Jahre eingeführte »Gemeinschaftliche Ausdauertraining« (GAT) nicht ausreichte. Daher erging am 1. Juli 1996 die Weisung des Inspekteurs des Heeres »Körperliche Leistungsfähigkeit im Heer«. Im Kern dieses noch von Generalleutnant Hartmut Bagger initiierten Konzepts stand das »Allgemeine Militärische Ausdauertraining (AMILA)«. Dieses sah unter anderem dreimal pro Woche 30-Minuten-Läufe und mehrere Märsche pro Jahr für alle Soldaten bis zum 49. Lebensjahr vor. Man hatte als sicher erkannt, dass körperliche Leistungsfähigkeit und psychische Belastbarkeit wesentliche Voraussetzungen für ein erfolgreiches Bestehen im Einsatz sind. Dass AMILA nicht überall auf Begeisterung stieß, muss nicht näher erläutert werden, insbesondere, da die dort vom Heeresamt festgesetzten Leistungen in manchen Lehrgängen als Kriterium für das Bestehen oder Nichtbestehen festgesetzt wurden. Dementsprechend wurden diese Bereiche von den Soldaten geübt, auch während der Dienstzeit. Dass daher in Unterrichten wie »Menschenführung« und auch »Wehrrecht« Kürzungen erfolgten, kritisierte die Wehrbeauftragte.

Mit dem neuen Schießausbildungskonzept reagierte die Bundeswehr auf Mängel in der alten Schießausbildung. Ein Charakteristikum der Reform ist das Schießen auf kurze Distanzen.

Wie schon seit Jahren stellte auch im Jahr 1997 die überzogene Härte in der Ausbildung ein Problem dar, mit dem sich die Wehrbeauftragte befassen musste. Der Amtschef des Heeresamtes, Generalmajor Jürgen Reichardt, hatte darauf reagiert, indem er unter anderem am 12. Februar 1997 Leitsätze erlassen hatte. Darin hatte er ausgeführt, es habe »dem Leben, der Gesundheit und der Unversehrtheit der anvertrauten Soldaten die Aufmerksamkeit aller Vorgesetzten in besonderer Weise zu gelten«. Neu war diese Vorgabe nicht; denn ähnlich hatte bereits die entsprechende Dienstanweisung im Kaiserreich gelautet. Eindeutig stellte die Wehrbeauftragte in diesem Bericht – und in den folgenden – einen Zusammenhang zwischen Unfällen im Umgang mit Waffen und Munition und einer unzureichenden Ausbildung her. Zum Beleg verwies sie darauf, dass im Jahr 1996 38 Soldaten beim Umgang mit Waffen und Munition verletzt worden seien. Im Jahr darauf erlitten dabei 80 Soldaten Verletzungen – und vier Soldaten kamen zu Tode. Anhand mehrerer Beispiele belegte Claire Marienfeld ihre These, dass in zahlreichen Fällen eine ungenügende Ausbildung für die Verletzungen und die Todesfälle ursächlich war. Besonders scharf kritisierte sie Nachsicht bei Unfällen beim Umgang mit Waffen und Munition: »Wenn aber Vorgesetzte Furcht vor der Aufdeckung eigener Versäumnisse haben und daher nicht ›im Glashaus Steine werfen‹ wollen, sind die Streitkräfte in diesem Bereich nicht mehr zur Eigenkorrektur fähig. Neben technischen, didaktischen und disziplinarischen Maßnahmen muss ebenso dafür Sorge getragen werden, dass solche unverzüglich gemeldet werden.«

Im Jahr 1998 stellte die Wehrbeauftragte heraus: »Die Fülle an Übungs- und Einsatzaufträgen hat in manchen Bereichen dazu geführt, dass für die eigentliche Ausbildung nur noch unzureichend Zeit bleibt.« Darüber hinaus bemängelte sie gerade bei den Unterführern deren »Job-Denken«. Diese Klage deckte sich übrigens mit Erkenntnissen, die zur gleichen Zeit zum Beispiel auch im Bundesgrenzschutz gesammelt wurden. Dort versuchte man – ohne Erfolg –, diesem Missstand mit der Schaffung eines Leitbildes entgegenzuwirken. Die Wehrbeauftragte stellte aber nicht nur Mängel im mentalen Bereich fest, sondern sie erkannte wiederum, die Waffenausbildung sei verbesserungswürdig.

Im Bericht der Wehrbeauftragten für das Jahr 1999 wurden – wie in den Jahren zuvor – wieder mehrere Fälle geschildert, in denen es in der Ausbildung der Soldaten zu überzogener Härte gekommen war. Dabei wurde jedoch hin und wieder zu viel an Political Correctness an den Tag gelegt. So wurde von der Wehrbe-

auftragten angeprangert, bei einer Ausbildung, die die Soldaten auf den Einsatz im Kosovo vorbereitet hätte, seien die Bundeswehrsoldaten von Kameraden, die »gegnerische Kräfte« spielten, mit Begriffen wie »Nazischwein« beschimpft worden. Vermutlich war der Wehrbeauftragten nicht bekannt, dass dieser Terminus in der Wirklichkeit im Einsatz auf dem Balkan zu den zwar häufig von den Gegnern gebrauchten, jedoch zu den vergleichsweise eher noch harmlosen Titulierungen zählte. An anderen Stellen schien im Bericht der Wehrbeauftragten bisweilen ein Unverständnis für den Umgang durch, den junge Menschen untereinander pflegen. Etwa dann, wenn Claire Marienfeld mahnend den Zeigefinger hob und klagte, »dass auch spaßig gemeinte Äußerungen und ›lockere Sprüche‹ ehrverletzend sein können.« So manche vermeintliche Verbalinjurie hätte sich aber schon damals bei näherem Hinsehen ganz schlicht als Teil der Jugendsprache entpuppt.
Das 21. Jahrhundert begann für die Bundeswehr mit einem Novum: Zur kämpfenden Truppe kamen Frauen. Im Bericht des Wehrbeauftragten Dr. Willfried Penner nahm dies naturgemäß einen breiten Raum ein, weniger jedoch in den Kapiteln, die sich mit der Ausbildung der Soldaten beschäftigten. Wie bei seiner Vorgängerin nahm auch bei Dr. Penner die Kritik am Umgangston einen breiten Raum ein. So schaffte es die rüde Kritik eines Oberfeldwebels am Fehlverhalten mehrerer ihm unterstellter Soldaten bis in den Bericht: »Ich glaube, ich bin hier nur von Idioten umgeben.« Hier mag sich mancher denken, ob nicht zu viel Feingefühl von den Unteroffizieren verlangt wird, insbesondere, wenn diese Äußerung vom Wehrbeauftragten so weit in ihrer Bedeutung nach oben gesetzt wird, dass er sie als »mit den Grundsätzen der Inneren Führung nicht zu vereinbaren« klassifiziert. Da sollte man vielleicht einmal die Kirche im Dorf lassen. Wichtiger war es ganz ohne Zweifel, die auch in diesem Bericht wieder auftauchenden Unfälle im Umgang mit Waffen und Munition herauszustellen – und vielleicht noch dringender wäre es gewesen, auch im Jahresbericht auf Abhilfe zu drängen. Stattdessen rückten die in den Jahren zuvor bereits mehrfach kritisierten Rituale bei der Aufnahme in das Unteroffizierkorps wieder in den Mittelpunkt. Offensichtlich hatten sich die Sitten aber gebessert, denn im Jahr 2000 reichte es für die Aufnahme in den Jahresbericht bereits, wenn von einem Unteroffizier mit Tabasco gefüllte Kekse gegessen werden mussten und dazu »wiederholt Bier im Wechsel mit Schnaps in einem Zug« zu trinken waren. Immerhin stellte der Wehrbeauftragte aber heraus: »Gegen gesellige und lustige Feiern anlässlich der Aufnahme junger Unteroffiziere in das Unteroffizierkorps ist grundsätzlich nichts einzuwenden.«
Der Jahresbericht für das Jahr 2001 fiel im Vergleich mit denen der Vorjahre ungewöhnlich kurz aus. Einen Schwerpunkt bildete »Die Bundeswehr im Umbruch«. Darüber hinaus standen unter anderem »Frauen in den Streitkräften«, der »Beförderungs- und Verwendungsstau« und der »Sanitätsdienst« im Mittelpunkt. Dem »Umgang mit Drogen« wurde Beachtung geschenkt, der Bekleidung, der Verpflegung und auch den Reservisten. Aber die Ausbildung der Soldaten tauchte im Bericht des Wehrbeauftragten in diesem Jahr nicht auf. Ein Thema war hingegen die »zeitgemäße Menschenführung«. Wie bereits in einigen Berichten zuvor fiel auch in diesem Jahr auf, dass verhältnismäßig kleine Vergehen in den Augen des Wehrbeauftragten noch zu gering geahndet wurden: »Ein Hauptfeldwebel billigte Soldaten einen ›Intelligenzquotient auf Raumtemperatur‹ zu und beschimpfte sie als ›Rödelkröten‹ und ›Bananenbieger‹. Die verhängte erzieherische Maßnahme stand in keinem Verhältnis zur Schwere des Fehlverhaltens des Hauptfeldwebels.«
Im Jahr 2002 nahm sich Dr. Penner an mehreren Stellen der Ausbildung der Soldaten an. So stellte er die Klagen von mehreren Petitenten dar, die eine mangelhafte Reservistenausbildung beklagt hätten. Auch die Gleichbehandlung von Mann und Frau war in diesem Jahresbericht ein Thema. So stellte Dr. Penner bei seiner Betrachtung des Physical Fitness Tests fest: »Erst die unterschiedliche Wertung nach Geschlechtern macht Ergebnisse vergleichbar.« Was im Klartext bedeutet, dass die Leistungen der Frauen gerade eben nicht gleich, sondern anders als die der Männer bewertet wurden. Und das mit dem Segen des Wehrbeauftragten.

Größere Beachtung fand die Ausbildung im Jahresbericht für 2003, in dem ihre Bedeutung für die Erfüllung des Auftrags unterstrichen wurde. Der Wehrbeauftragte nahm kein Blatt vor den Mund und prangerte Missstände an: »Erfolgreiche Ausbildung setzt die erforderliche Zeit, ausgebildetes Personal und vorhandenes und einsatzbereites Ausbildungsmaterial voraus. Daran hat es im Berichtsjahr in nicht wenigen Einheiten und Verbänden gefehlt.« Anschließend führte Dr. Penner in seinem Bericht mehrere Beispiele auf, die belegten, dass unter den Auslandseinsätzen die Ausbildung gelitten habe. Dabei stellte er heraus, dass zwischen der Ausrüstung der Soldaten in der Ausbildung und im Einsatz mitunter deutliche Unterschiede bestanden hätten. So hätten im Einsatz Bristol-Schutzwesten Verwendung gefunden, »die sich von der Konstruktion und Handhabung her von den im Inland zur Verfügung stehenden Westen unterscheiden.« Der Wehrbeauftragte ließ offen, welche Weste nach seiner Meinung für den Einsatz besser geeignet war. Auch unter dem Oberbegriff »Berufszufriedenheit« fand sich eine kurze Bemerkung über die Ausbildung: »Geld- und Personalmangel beeinträchtigen den Dienst und die Ausbildung immer stärker.«

Im Bericht des Jahres 2004 wurden auch die Misshandlungen in Coesfeld (auf die wir an einer anderen Stelle dieses Buches eingehen), Kempten, Ahlen und Stuttgart erwähnt. Allein im Zusammenhang mit Coesfeld gingen beim Wehrbeauftragten 43 Eingaben ein. Jedoch erwähnte Dr. Penner an einer anderen Stelle seines Berichts, dass keiner der direkt betroffenen Soldaten sich an ihn gewandt habe: »Der Frage, warum das so war, wird nachgegangen.« An den Vorfällen in Coesfeld schieden sich die Geister. Das unterstrich auch der Wehrbeauftragte, indem er aus einem Bericht eines Soldaten zitierte, der selbst an dieser Ausbildung teilgenommen hatte. Dieser Soldat legte dar: »Was vorgeworfen wird, stimmt schon, aber es wird viel schlimmer dargestellt, als es war.« Mehrere Vertrauenspersonen hätten erklärt, so der Wehrbeauftragte, »man habe die als einsatznah apostrophierte Nachstellung von Geiselnahmen für zulässig gehalten, nicht zuletzt, weil anwesende Vorgesetzte dies auf Nachfrage ausdrücklich zugesichert hätten.« Diese Einschätzung war, das hob Dr. Penner hervor, falsch. Und er ergänzte: »In der allgemeinen Grundausbildung ist eine praktische Ausbildung zu Geiselnahme, Gefangenschaft und Verhör nicht vorgesehen; sie ist untersagt.« Der Wehrbeauftragte scheute sich nicht, gegen den Strom zu schwimmen. So teilte er ausdrücklich die Auffassung des Kommandeurs des Instandsetzungsbataillons 7 aus Coesfeld. Dieser hatte geltend gemacht, er sei durch eine Äußerung des Bundesverteidigungsministers vorverurteilt worden. Dr. Struck hatte am 9. Dezember 2004 in der Illustrierten *Stern* gesagt, dieser Kommandeur habe »schwere Schuld auf sich geladen.« Dr. Penner fügte an: »Der Hinweis des Kommandeurs war berechtigt; nach Einschätzung seiner Vorgesetzten waren ihm keine Pflichtverletzungen vorzuwerfen.«

Wer als Ausbilder die entsprechende Leistung bringt, wird von den Soldaten respektiert.

Unter dem Eindruck der Einsatzwirklichkeit und wohl auch mit Blick auf die Berichterstattung in den Medien wurden manche Ausbildungsdefizite deutlich kritischer bewertet. So stellte der Wehrbeauftragte unter anderem fest, es hätten sich in der Ausbildung in Hammelburg Engpässe ergeben, da dort nur drei Dingos vorhanden gewesen seien. Diese im Einsatz verwendeten geschützten Transportfahrzeuge hätten somit nicht von allen auszubildenden Soldaten in genügendem Umfang gefahren werden können. Darüber hinaus sei im Berichtszeitraum die Infanterieschule wegen einer besonders schweren Form der Bindehautentzündung geschlossen worden, was dazu geführt hätte, dass die »Ausbildung am Dingo für das Einsatzbataillon des 9. Kontingents KFOR (Kosovo Force) deshalb erst im Einsatz stattfinden konnte.« Klagen wurden ebenso über die Ausbildung an Funkgeräten geäußert, die, obwohl sie im Einsatz in Kunduz verwendet wurden, den Soldaten in der Ausbildung »nur einmal kurz gezeigt worden« seien. Gleich an zwei Stellen des Berichts schilderte der Wehrbeauftragte ausführlich die Klage eines im Personenschutz eingesetzten Hauptfeldwebels der Feldjäger, »im Einsatz Langwaffen übernommen zu haben, die im Inland nicht zur Verfügung gestanden hätten und an deren Visiereinrichtung die Soldaten nicht ausgebildet worden seien. Auch ein Vertrautmachen mit den Waffen im Einsatzland sei anfangs nicht möglich gewesen, weil die benötigte Schießbahn in den ersten Wochen des Einsatzes nicht zur Verfügung gestanden habe.«

In der Einleitung zum Jahresbericht 2005 unterstrich der neue Wehrbeauftragte Reinhold Robbe seine Rolle als »Sprachrohr der Soldaten«, und er betonte, er wolle dazu beitragen, den Soldaten der Bundeswehr mehr »Aufmerksamkeit zu verschaffen.« Eindrucksvoll schilderte der Wehrbeauftragte seine persönlichen Erfahrungen mit im Einsatz verwundeten Soldaten.

Der feste Wille, das Image der deutschen Soldaten in der Öffentlichkeit zu verbessern, spiegelte sich im Bericht für das Jahr 2006 wider. Jedoch richtete der Wehrbeauftragte auch intensiv den Blick nach innen. Er stellte fest, die auf den Einsatz vorbereitende Ausbildung der Soldaten brächte immer noch Grund zur Klage. Immer wieder monierten in Afghanistan eingesetzte Soldaten, dass sie ihre im Einsatzland ausgehändigten Waffen erst nach längerer Zeit hätten einschießen können. Auch die mitunter mangelhafte Kraftfahrausbildung war Bestandteil des Jahresberichtes. Als »nicht zu verantworten« bezeichnete es der Wehrbeauftragte, dass Personenschützer erst im Einsatzland das Fahren mit einem sondergeschützten Fahrzeug erlernten. Im Grunde bewertete Reinhold Robbe die Ausbildung der Soldaten als gut. Jedoch blieb die mangelhafte Ausbildung der Kraftfahrer ein Dauerthema. Er stellte fest: »Fast die Hälfte der Kraftfahrer wird ohne eine vorherige Typeinweisung für schwere Fahrzeuge wie den Dingo oder den Fuchs nach Afghanistan geschickt. Eine unzureichende Ausbildung der Militärkraftfahrer im Einsatzland ist in doppelter Hinsicht gefährlich: Zum einen ist die Unfallgefahr bei ungeübten Fahrern wesentlich größer, zum anderen sind Ausbildungsfahrten in einem Einsatzgebiet wie Afghanistan grundsätzlich nicht zu verantworten.« Als Ursache für den Mangel sah Robbe in erster Linie den Umstand, dass »nicht genügend geschützte Fahrzeuge für die Ausbildung zur Verfügung standen.« Also keine Veränderung im Vergleich zu den Vorjahren. Schwächen stellte Reinhold Robbe im Jahr 2007 in der neustrukturierten Offizierausbildung fest, da es dieser am Praxisbezug fehle. Daraus resultierten nicht wenige Fälle von Defiziten im Führungsverhalten.

Im Jahresbericht 2008 wurden wiederum die schon altbekannten Missstände beklagt – zum Beispiel die mangelhafte Ausbildung der Kraftfahrer –, es rückte aber auch ein Thema in den Mittelpunkt, das bereits Jahre zuvor beklagt worden war: Mehrere Unfälle mit Schusswaffen führte der Wehrbeauftragte auf die unzureichende Ausbildung an den Waffen zurück. Er forderte, in der Ausbildung müsse der »unabdingbare Respekt vor der Waffe« vermittelt werden. Auch die Offizierausbildung war wie im Jahr zuvor ein Thema des Jahresberichts. Viele junge Offiziere würden ihre nur rudimentären Erfahrungen in der Truppe als Mangel empfinden. Der Wehrbeauftragte riet: »Meines Erachtens sollten alle Offizieranwärter die allgemeine Grundausbildung mit den übrigen Wehrpflichtigen

Auslandseinsätze stellen an die Soldaten je nach Einsatzort völlig unterschiedliche Anforderungen: Im Kongo herrschen andere Bedingungen als in Afghanistan. Generell jedoch gilt, dass die Soldaten in ihrer Ausbildung darauf vorbereitet werden müssen, dass sich die Lage blitzschnell ändern kann. *(Fotos: DSO PIZ, Andreas Seger)*

durchlaufen und darüber hinaus eine verpflichtende, gut vorbereitende und begleitende Bewährungszeit als Gruppenführer in der Truppe absolvieren.« Was eine Rückkehr der alten Offizierausbildung bedeuten würde.
Auch in der Ausbildung der Unteroffiziere sah der Wehrbeauftragte Probleme. Insbesondere hob Robbe hervor, dass es einer zunehmenden Zahl von Feldwebeln an einer soliden truppendienstlichen Ausbildung mangele. Immer mehr stehe deren Fachausbildung im Vordergrund. Von Ausbildern wurde beklagt, »viele Feldwebelanwärter beherrschten bei Lehrgangsbeginn nicht einmal den Umgang mit der Handfeuerwaffe. Auch die sportlichen Leistungen ließen zu wünschen übrig. Zwar legten die Lehrgangsteilnehmer die geforderte Bescheinigung über den Erwerb des Sportabzeichens bei Lehrgangsbeginn vor. Bei späteren Tests stelle sich jedoch heraus, dass nicht wenige die geforderten Leistungen nicht annähernd erbringen könnten. Eigentlich müsste man bei Zugrundelegung der Erkenntnisse des Eingangstests nahezu ein Drittel der Lehrgangsteilnehmer sofort wieder nach Hause schicken.«
Es sei nur erwähnt, dass die zum Teil zu beklagende schlechte Fitness der Unteroffizier- und Feldwebelanwärter mit den Ergebnissen der Kreiswehrersatzämter in den Musterungen korrespondierte. So wurden im Jahr 2008 in mehr als 450.000 Musterungsverfahren fast 44 Prozent der jungen Männer als »nicht wehr-

Eine intensive Fahrausbildung ist Voraussetzung, um den Dingo auch in schwierigem Gelände zu beherrschen.

dienstfähig« eingestuft. Offensichtlich waren damit aber noch immer nicht alle Fälle von Wehrdienstunfähigkeit erfasst; denn in diesem Jahr wurden im Rahmen der Einstellungsuntersuchung 5210 Wehrpflichtige aus gesundheitlichen Gründen vorzeitig entlassen. Der Wehrbeauftragte fasste zusammen: »Angesichts dieser Situation halte ich es für erforderlich, den Motivations- und Leistungsdefiziten der Unteroffizier- und Feldwebelanwärter nachzugehen und geeignete Maßnahmen zu entwickeln, um den negativen Folgen dieser Personalauswahl frühzeitig entgegenzuwirken.«
Außergewöhnlich scharf verurteilte der Wehrbeauftragte im Jahr 2009 die immer noch festzustellenden Mängel im Bereich der Ausstattung mit geschützten Fahrzeugen und die mangelhaften Kenntnisse einiger Kraftfahrer im Führen dieser Fahrzeuge. Und ganz entschieden sprach sich der Wehrbeauftragte dagegen aus, die Ursache für den fortwährenden Mangel bei den Politikern und den angeblich leeren Kassen zu suchen. Robbe stellte fest, es hätten »... die Verantwortlichen im Deutschen Bundestag nach meiner Kenntnis zu keiner Zeit nachgewiesene und realisierbare militärische Notwendigkeiten abgelehnt.« Die Gründe für die Mängel sah Robbe klar und deutlich: »Die Realität in den Streitkräften ist gekennzeichnet durch unübersichtliche Führungsverantwortung, zu viel Bürokratie, Reibungsverluste durch Trennung von Truppe und Truppenverwaltung sowie veraltete Personal- und Materialplanung, um nur die wichtigsten Stichworte zu nennen.« Eindeutig bekannte sich der Wehrbeauftragte nicht nur zur Wehrpflicht, sondern sprach sich auch gegen deren Verkürzung auf nur noch sechs Monate aus. Wie bereits in den Jahren zuvor zeigte sich auch im Bericht für das Jahr 2009 im Bereich der Ausbildung, dass von vielen Soldaten in der Einsatzvorbereitung mehr Realitätsnähe gefordert wurde. So bemängelten Soldaten, die Übungen in der Einsatzvorausbildung seien zum Beispiel beim Thema »Hinterhalt« realitätsfremd gewesen. Im Einsatzland sähen sich die Soldaten in der Regel einer weitaus größeren Zahl von Angreifern gegenüber als in den Übungen. Sie beklagten ebenso, es hätte sich gezeigt, dass das Zusammenwirken von Infanterie und Sanitätern – wenn überhaupt – nicht intensiv genug geübt worden sei. Die Sanitätssoldaten

forderten für sich eine bessere Schießausbildung, um sich selbst besser schützen zu können und »nicht zu einer zusätzlichen Belastung für ihre im Gefecht stehenden Kameraden zu werden.«
Viel Kritik erreichte den Wehrbeauftragten über die Grundausbildung. Diese deckte sich mit den Erfahrungen, die Reinhold Robbe bei seinen zahlreichen Dienstreisen sammelte. Die Grundausbildung sei gekennzeichnet durch »zu viele Rekruten, zu wenig Ausbilder und Schwierigkeiten bei der Unterbringung und Ausbildung …« Es wurde aber auch von Soldaten in der Grundausbildung über »Herabwürdigungen, überzogene Härte, unzulässige Dienstgestaltung sowie Überforderungen bei Märschen und Sport« geklagt.
Der im Mai 2010 gewählte Wehrbeauftragte Hellmut Königshaus unterstrich wenige Tage nach seinem Amtsantritt in einem Interview mit dem Parlamentsfernsehen, wie schwierig die Situation der deutschen Soldaten in Afghanistan sei. Eindeutig stellte er sich vor Oberst Georg Klein, der am 4. September 2009 die Bombardierung der von Taliban entführten zwei Tanklaster am Fluss Kundus angeordnet hatte. Er stellte heraus, der Oberst habe sich in einer sehr schwierigen Lage befunden und habe sich in der Verpflichtung gesehen, das Lager und die Soldaten zu schützen. Königshaus hob hervor, es gehöre zu seinen Aufgaben, die Grundrechte der Soldaten zu sichern, und das vornehmste Grundrecht sei nun einmal das Recht auf körperliche Unversehrtheit. Daraus leite sich der Anspruch der Soldaten ab, bestmöglich ausgerüstet und ausgebildet in die Einsätze zu gehen. Der Wehrbeauftragte ging im Interview davon aus, die kriegsähnlichen Zustände in Afghanistan erforderten, dass dem Soldaten die für die Auftragserfüllung erforderlichen Mittel an die Hand gegeben würden. Dazu zähle eine ausreichende Ausstattung mit Hubschraubern, damit die Soldaten besser geschützt werden und bei Bedarf auch verwundete Soldaten mit Medevac-Hubschraubern gerettet werden könnten. Hier sei Abhilfe in Sicht durch den verstärkten Einsatz von US-Helikoptern, die sich für diese medizinische Evakuierung besonders gut eigneten. Die Zahl der geschützten Fahrzeuge sei im Einsatz immer noch zu gering, jedoch ergebe sich ein Dilemma. Wenn die Zahl dieser Fahrzeuge im Einsatzland erhöht werde, so verringere sich deren Zahl in der Heimat, und somit sei es noch schwieriger, die Soldaten auf den Fahrzeugen üben zu lassen, die sie dann im Einsatz benutzten. Abschließend stellte der Wehrbeauftragte heraus, dass er den Schwerpunkt seiner Tätigkeit auf die Vereinbarkeit von Familie und Beruf legen wolle.

Hohe körperliche Anstrengungen sind untrennbar mit dem Soldatenberuf verbunden.

Manche Aufgaben können nur gemeinsam bewältigt werden. *(Foto: Bundeswehr)*

Die Allgemeine Grundausbildung

Der erste Tag ist für jeden Rekruten anders. Manche gehen mit Freude durch das Kasernentor, weil sie sicher sind, dass jetzt eine abenteuerliche Zeit beginnt, in der sie sich bewähren können, etwas erleben, von dem sie später noch lange Zeit erzählen werden. Nicht wenige fahren mit einem mulmigen Gefühl in eine für sie fremde Welt, in der sie Drill und Schleifer erwarten, ganz so, wie es der Großvater immer erzählt.

Militärsoziologen fanden heraus, dass sich die Grundeinstellungen der Wehrpflichtigen zunächst deutlich voneinander unterscheiden. Nach wenigen Wochen haben sich die meisten Rekruten verändert: Sie sind körperlich leistungsfähiger und kennen das, was ein Soldat können muss. Was diesen Wandel bewirkt, bezeichnet die abkürzungsfreudige Bundeswehr als AGA – die Allgemeine Grundausbildung.

In der seit dem Jahr 2006 gültigen Anweisung für die Truppenausbildung Nr. 1 sind die den Soldaten gesteckten Ziele deutlich formuliert. Sie sollen »die Grundlagen zur Selbstverteidigung und das Überleben auf dem Gefechtsfeld kennen, nach den gesetzlichen Pflichten und Rechten handeln können, die Sicherungsaufgaben im Rahmen des Objektschutzes im Einsatz und Wachaufgaben durchführen können, über die erforderlichen Grundkenntnisse und Grundfertigkeiten für einen Einsatz im Rahmen von Konfliktverhütung und Krisenbewältigung verfügen.« Ein weiteres, oben bereits angesprochenes Ziel ist es, die körperliche Leistungsfähigkeit zu steigern, was die Bundeswehr, die Anglikanismen liebt, als »Military Fitness« bezeichnet. Die Bundeswehr weiß sehr genau, wie wichtig es für sie ist, besonders leistungsfähige Soldaten für eine

längere Verpflichtungszeit oder gar als Berufssoldaten zu gewinnen. Deshalb betont die Vorschrift für die AGA besonders, dass »für eine Erstverpflichtung die attraktive Gestaltung des Dienstes und das vorbildliche Verhalten der Ausbilder eine entscheidende Rolle spielen.«

Innerhalb von 489 Stunden soll aus einem Zivilisten ein Soldat werden. Von dieser Zeit entfallen 54 Stunden auf das Fach Sport, 39 Stunden sind für die politische Bildung vorgesehen. Nur am Rande sei bemerkt, dass es dort immerhin noch das Thema gibt »die Schutzbedürftigkeit der Bundesrepublik Deutschland«. Wehrrecht, soldatische Ordnung und die Laufbahnberatung sind in 14 Stunden zu behandeln. Der »Gefechtsdienst aller Truppen« wird mit 71 Stunden angesetzt, Sanitätsausbildung mit 30 und das Schießen mit Handwaffen mit 70 Stunden. Auf »Allgemeine Dienste« und die »Allgemeine Wachausbildung« entfallen 100 Stunden. Der »Formaldienst«, also das militärische Grüßen, Marschieren, Sich-Drehen und -Wenden, schlägt mit 16 Stunden zu Buche.

Aufbauend auf diesen Grundlagen wird das Wissen in der Basisausbildung EAKK (Einsatzvorbereitende Ausbildung für Konfliktverhütung und Krisenbewältigung) vertieft. Von insgesamt 74 Stunden nimmt der Gefechtsdienst aller Truppen mit 32 Stunden den größten Raum ein, gefolgt von 20 Stunden Sport und 14 Stunden, die auf das Schießen mit den Handwaffen entfallen.

Die drei Monate der Grundausbildung werden übervoll mit Inhalt gefüllt; denn im Gegensatz zu früheren Zeiten darf man in der Gegenwart keineswegs vorausset-

In der Allgemeinen Grundausbildung erlernen die Rekruten die Grundlagen des soldatischen Handwerks. Härte in der Ausbildung ist zwar überlebensnotwendig, stand aber häufig im Verdacht, es handele sich dabei um »Schleifen«, was ein Dienstvergehen darstellt. Ein 25-Kilometer-Fußmarsch galt in den frühen 60er-Jahren als »Spaziergang«. Länger als 30 Kilometer (sic) durfte in der Grundausbildung kein Marsch sein. *(Foto: Sammlung Elser, Urheber nicht mehr feststellbar)*

Die Grundausbildung stand stets im Blickpunkt, immer öfter entzündete sich jedoch an ihr auch der Streit: Zu allgemein, zu infanteristisch, zu hart, zu kurz und – nicht zuletzt – der »Kulturschock«. *(Foto: Sammlung Elser, Urheber nicht mehr feststellbar)*

zen, dass die angehenden Soldaten mehrheitlich wissen, wie man ein Feuer macht oder ein Zelt aufschlägt. Glaubt man den Fachleuten, so ist in manchen Bereichen die veranschlagte Zeit einfach zu kurz. Deutlich zeigt sich dies zum Beispiel beim Thema »Zurechtfinden im Gelände«, für das in der Gegenwart – genau so wie vor 30 Jahren – insgesamt sechs Stunden eingeplant sind. In dieser Zeit erlernen die Rekruten das Zurechtfinden im Gelände mit natürlichen Hilfsmitteln und den Umgang mit Karten und Kompass. Anders als in den 70er- oder 80er-Jahren kommt dann aber noch die Einweisung in das GPS (Global Position System, der elektronische Pfadfinder) hinzu. Hier offenbaren sich in der Anweisung Ausstattungsmängel, denn darin wird ausdrücklich darauf hingewiesen, dass die Ausbildung nur dann stattfinden kann, wenn die Wegfinder auch in der Einheit vorhanden sind. Wenn die Geräte zur Verfügung stehen, so entpuppen sie sich auf den ersten Blick als vergleichsweise klobig und auf den zweiten Blick als schwierig zu bedienen. Wer damit später wirklich arbeiten muss, kommt mit der vorgegebenen Ausbildungszeit nie und nimmer hin. In anderen Bereichen erscheint die eingeplante Zeit noch knapper bemessen. Für die »Bewegung von Soldaten im Gelände unter gegenseitiger Sicherung« sind gerade einmal sechs Stunden vorgesehen. In dieser Zeit wird zum Beispiel gelehrt, wie sich der Soldat beim Auftreffen auf einen Feind verhält. Und zu guter Letzt sei noch erwähnt, dass die Soldaten in 30 Stunden »Erste Maßnahmen zur Rettung Verletzter unter Einsatzbedingungen« sowie »Besondere Erst-Hilfe-Maßnahmen im Zivilen« erlernen.

Unschwer erkennbar, was in dieser Situation der bessere Anschlag ist.
(Fotos: Sammlung Elser, Urheber nicht mehr feststellbar)

Ausbildung im Ortskampf »nach Vorschrift« in den späten 50er-Jahren. Die Soldaten führen das in Belgien hergestellte FN-Gewehr, in der Bundeswehr als G 1 bezeichnet.
(Foto: Sammlung Elser, Urheber nicht mehr feststellbar)

Ausbildung im Nahkampf vor 50 Jahren: Damals stand Judo auf dem Programm.
(Foto: Sammlung Elser, Urheber nicht mehr feststellbar)

Nachdem die Soldaten in drei Monaten das soldatische Grundwissen erlernt haben, als »Einsatzersthelfer A« ausgebildet sind, wissen, was sie als Wache zu tun und zu lassen haben und mit Gewehr und Pistole hinreichend gut schießen können, erfolgt als Abschluss der AGA die Rekrutenbesichtigung. In der Gegenwart leitet diese der Ausbildungsleiter, also der für die Ausbildung zuständige Einheitsführer (zum Beispiel der Kompanie-, Batterie- oder Staffelchef) oder ein Offizier in vergleichbarer Dienststellung. Vor nicht allzu langer Zeit war dies eine Aufgabe des Bataillonskommandeurs. Die Rekruten zeigen ihrem Kompaniechef, was sie gelernt haben. Als mögliche Aufgaben werden in der Anweisung unter anderem genannt: der Feuerkampf mit dem Gewehr oder die Aufgaben eines Alarmpostens oder die »Personenkontrolle an einem Checkpoint«. Hinzu kommt noch eine Abschlussaufgabe, zum Beispiel ein 20-Kilometer-Marsch. In dem Ergebnis der Besichtigung werden die Weichen für das weitere Soldatenleben gestellt; denn es wird festgelegt, ob sich der Rekrut zum Unteroffizier, zum Feldwebel oder gar zum Offizier eignet. Hoffentlich entdeckt der Kompaniechef alle Talente, auch diejenigen, die eher im Verborgenen blühen.

In der Grundausbildung der Gegenwart wird Wert auf »erlebnisorientierte Ausbildung« gelegt. Dazu gehört zum Beispiel ein Flug mit der CH-53. *(Foto: Bundeswehr)*

Das in der Grundausbildung Erlebte schmiedet zusammen. *(Foto: Bundeswehr)*

Das feierliche Gelöbnis stellt einen markanten Punkt im Leben der wehrpflichtigen Soldaten dar. Sie geloben, »der Bundesrepublik Deutschland treu zu dienen und das Recht und die Freiheit des deutschen Volkes tapfer zu verteidigen.« *(Foto: Bundeswehr, Thorsten Kremers)*

Die angehenden Feldwebel lernen in Bonnland auch, ihrer Gruppe Befehle klar und eindeutig zu geben. In der Ausbildung wird ihnen sowohl das Handwerk vermittelt als auch der Wille gestärkt. Dabei ist man sich in der Bundeswehr bewusst, dass nicht alles in einer Ausbildung vermittelt werden kann, sondern nur ein beispielhaftes Erlernen möglich ist. Der Infanterist muss noch schneller entscheiden als viele andere Soldaten. Die Beurteilung der Lage muss »sitzen«.

Feldwebel-ausbildung

Wer Feldwebel in der Infanterie werden möchte, kommt an Hammelburg nicht vorbei. Dies gilt sowohl für die angehenden Feldwebel des allgemeinen Fachdienstes als auch für ihre Kameraden, die sich in der Ausbildung zum Feldwebel im Truppendienst befinden. Nachdem die Soldaten die ersten neun Monate beim Bund in ihrer Truppe verbracht haben, kommen sie zum Feldwebel-Anwärter-Lehrgang an die Infanterieschule. In drei Monaten lernen sie dort die vielfältigen Aufgaben kennen, die sie im Einsatz bewältigen müssen. Danach kehren sie für ein dreimonatiges Praktikum in ihre Truppe zurück und werden dort häufig als Unteroffizier in einer Ausbildungskompanie verwendet. Daran schließt sich der militärfachliche Teil der Feldwebel-Ausbildung an. Innerhalb von weiteren drei Monaten wird ihnen – wieder an der Infanterieschule – das Basiswissen eines Feldwebels der Infanterie vermittelt.

Wir wollen uns im Folgenden etwas näher mit der ersten Ausbildungsphase in Hammelburg beschäftigen, die 13 Wochen dauert. Brigadegeneral Walter Spindler, der im Heeresamt in Köln die für Ausbildung zuständige Abteilung II leitet, charakterisierte im Interview die aktuelle Ausbildung der Feldwebel: »Das Altbewährte ist nach wie vor das Richtige. Die Basis jeder Ausbildung ist das Bestehen im Kampf, das gehört zu unserer Fürsorgepflicht.« Dieser Satz zieht sich wie ein roter Faden durch die Ausbildung der angehenden Feldwebel. In der ersten Woche stehen zunächst organisatorische Dinge im Mittelpunkt. Die Soldaten werden vom Kommandeur begrüßt, wählen ihre Vertrauenspersonen und erhalten ihre Ausrüstung. Dann wird ihre phy-

sische Leistungsfähigkeit beim 3000-Meter-Lauf, im Fitness-Test und beim Überqueren der Hindernisbahn überprüft. Kurz wird das bisher in der Ausbildung Erlernte wiederholt – unter anderem die Grundlagen der Befehlsgebung, die taktischen Zeichen und das Führungssystem Heer. Die zweite Woche beginnt mit der Vermittlung des theoretischen Wissens über das Sprengen, woran sich praktische Übungen anschließen. Dann steht ein erster Marsch auf dem Programm und eine erste Lehrprobe, in der die Aufgaben eines Spähtrupps im Mittelpunkt stehen. Am letzten Tag der Woche lernen sie die theoretischen Grundzüge der Verteidigung eines Ortes kennen. Die dritte Woche beginnt mit dem Gegenteil: dem Angriff in einem Ort. Nach einer kurzen Einführung in die Theorie erfolgt sodann in Bonnland die Praxis. Die Feldwebelanwärter lernen, wie sie mit unterschiedlichen Wirkmitteln Sperren beseitigen und in Gebäude eindringen. In der vierten Woche wird das Wissen der Soldaten im Bereich des Häuserkampfes noch weiter vertieft. Dazwischen erhalten sie eine Auffrischung ihres Wissens im Sanitätswesen und lernen, was im Einsatz auch wichtig ist, den Umgang mit Pressevertretern. Die fünfte Woche beginnt mit Prüfungen, in denen das bisher Erlernte im Orts- und Häuserkampf abgerufen wird. Danach steht wieder ein Marsch auf dem Programm und die Überprüfung der Fitness. In der sechsten Woche steht der Gefechtsdienst auf dem Plan, ein 3000-Meter-Lauf mit Gepäck und die Vermittlung weiterer Kenntnisse im Ortskampf. Die siebte Woche steht ganz im Zeichen des Angriffs in einem Ort und endet mit einer weiteren ausgiebigen Sporteinheit. In der achten bis elften Wo-

Erstmals im Jahr 1895 erlernten Soldaten ihr Handwerk auf dem Truppenübungsplatz Hammelburg, zu dem auch das legendäre Dorf Bonnland gehört, das bereits vor mehr als 1200 Jahren in einer Urkunde erwähnt wird. Seit dem Jahr 1937 wird dort der Orts- und Häuserkampf geübt.

che steht ein weiterer Schwerpunkt des infanteristischen Kampfes auf dem Programm: die Einweisung in den Kampf im Wald. Wie zuvor beim Häuserkampf wird auch in dieser Form des Kampfes zunächst eine theoretische Einweisung gegeben und dann das Wissen in praktischen Übungen vermittelt, vertieft und schrittweise geprüft. In der zwölften Woche werden den Auszubildenden die Grundlagen des Mörserschießens vermittelt, es steht ein weiterer Marsch auf dem Programm, ebenso politische Bildung und lebenskundlicher Unterricht. Am Ende der Mühen werden den Lehrgangsteilnehmern ihre einzelnen Noten mitgeteilt. Ihre Zeugnisse erhalten sie einen Tag vor dem Ende der Ausbildung. Danach erfolgt nach einem Waffenappell die Abgabe der Waffen und der Ausrüstungsgegenstände.

Der Gruppenführer dieser Übung weist den Spreng-/Blendtrupp in die Lage ein. Die Vorrichtung zur Beseitigung von Drahthindernissen, die der rechte Soldat trägt, und ebenso die gelben Quader, die Nebelgranaten darstellen, sind lediglich Attrappen. Darstellungsmittel verwenden auch die Ausbilder. Sie werfen keine Übhandgranaten, sondern rufen statt dessen laut: »Detonation!« Missstände, die der Wehrbeauftragte bereits in den frühen 90er-Jahren beklagte.

Aufmerksam beobachtet der Ausbilder, wie der Soldat die Sprengladungs-Attrappe anbringt, mit der das Drahthindernis weggesprengt werden soll. Nur wenn sie richtig gelegt ist, kann sie die volle Wirkung entfalten. Eigentlich würde er diese Arbeit im Schutz einer vollständigen Nebelwand verrichten. Stattdessen wurde ein Signalrauchkörper geworfen.

Wenn der Unteroffizier alles richtig gemacht hat, simuliert der Hauptfeldwebel die Sprengung des Hindernisses mit einem Schuss aus der Leuchtpistole – und schiebt sodann den Draht zur Seite.

Die Detonation ist für den Stoßtrupp das Zeichen, zum Haus vorzustürmen.

Ausgangsstellung vor dem Erstürmen des Hauses.

Eine Handgranatenattrappe wird geworfen …

… und anschließend ein langer Feuerstoß abgegeben.

Danach springen die Soldaten durch das Fenster, wobei sie der am Boden kauernde Kamerad unterstützt.

Ein Sicherungsschütze.

Das Vorgehen wird von einem MG gesichert.

Der Ausbilder bewertet das weitere Vorgehen im Gebäude und korrigiert, wenn erforderlich. In den Kampftruppen besteht eine große Gruppenkohäsion, die den Infanteristen ausmacht. Die Wirkung entsteht in der Gruppe, im Zug, in der Kompanie. Das Soziale ist beim Infanteristen sehr wichtig. Man erkennt Probleme und löst Aufgaben gemeinsam, man ist aufeinander angewiesen. Hier steht der Mensch, nicht das Gerät im Mittelpunkt.

Mehrere Türen und ein Treppenhaus. Häuserkampf ist gefürchtet, weil er viele Unwägbarkeiten in sich birgt. Eine Lebensversicherung ist das aufeinander abgestimmte Vorgehen des Trupps.

Nach jedem Durchgang spricht der Ausbilder alles an, was gut beziehungsweise schlecht gelaufen ist. Ein Ausbilder muss das vormachen können, was er von seinen Männern verlangt. Er muss mit Umsicht führen und durch sein Vorbild erziehen. Dabei ist es wichtig, dass er mit Leidenschaft ausbildet.

Der nächste Sturmtrupp wählt eine etwas andere Variante, um rasch in das Haus einzudringen.

Im Feldwebellehrgang werden die Weichen für die weitere Karriere der jungen Soldaten gestellt. Wer Berufssoldat werden möchte, braucht hier gute Noten.

Zu den Zielen des Lehrgangs zählt die Vermittlung vielfältiger Fertigkeiten. Auch der Bau eines Unterstandes gehört dazu.

Überlebens-lehrgang

Innerhalb der Bundeswehr gibt es unterschiedliche Lehrgänge und Ausbildungen, die den Soldaten auch auf härteste Belastungen im Einsatz vorbereiten. Legendär sind die beiden Einzelkämpferlehrgänge, weniger bekannt ist, was sich hinter dem Robustheitsmodul »Überleben im Einsatz«, kurz ÜLE, verbirgt. Mit Ausnahme der Angehörigen der Kampftruppen soll jeder Feldwebel und Offizier der Landstreitkräfte an diesem Lehrgang teilnehmen. Dabei wird einerseits das Wissen aufgefrischt, welches bereits in der Grundausbildung vermittelt wurde, zum Teil werden den Soldaten in diesen zwei Wochen in und um Hammelburg aber auch neue Erkenntnisse vermittelt. Nicht zuletzt lernen sie, für mehrere Tage in der Natur zu leben, was je nach Jahreszeit sehr unterschiedliche Erfahrungen mit sich bringt.

Als Ziel des Lehrgangs ÜLE wird vorgegeben, dass die Soldaten Verhaltensweisen für das Überleben im Einsatz anwenden sollen. Hierzu zählt, dass sie lernen, als Versprengte im feindbesetzten Gebiet zu überleben und sich zur eigenen Truppe durchzuschlagen. Hierbei sollen sie unter anderem auch erfahren, wie sich physische und psychische Belastungen auf das eigene Verhalten auswirken. Für das Erreichen dieses Ausbildungsziels ist ein ganzes Bündel an Fähigkeiten und Fertigkeiten erforderlich. So lernen die Soldaten in zirka 20 Stunden, sich bei Tag und eingeschränkter Sicht in unbekanntem Gelände mit Karte, Kompass und einer Kartenskizze zurechtzufinden. In zwei längeren Orientierungsübungen, die bei Tag und Nacht durchgeführt werden, wird das theoretisch Erlernte in der Praxis überprüft.

Nach wie vor ist es wichtig, den Soldaten Fähigkeiten und Fertigkeiten zu vermitteln, damit sie unterschiedliche Hindernisse im Gelände mit und ohne Hilfsmittel überwinden können. In diesem Ausbildungsgebiet, für das zirka 30 Stunden eingeplant sind, bewältigen die Soldaten die Hindernisbahn und lernen, Gewässer zu durchqueren und sich von einem Felsen abzuseilen.
Körperliche Belastungen wechseln mit unterschiedlichen Unterrichten ab. So sammeln die Soldaten in diesem Lehrgang auch Erfahrungen, die für spätere Führungsaufgaben wichtig sind: Wie kann ich Untergebene dazu motivieren, ihr Leistungspotenzial voll auszuschöpfen? Ebenso wird aber auch gelehrt, wie Überlastungen des Einzelnen vermieden werden können.
Viele Elemente des Ausbildungsgebietes »Überleben« sind nicht auf die Bundeswehr beschränkt. Manches kann man auch bei den Pfadfindern lernen. So werden den Soldaten auch Grundsätze des Überlebens in besonderen Regionen vermittelt. Hierbei lernen sie, sich wirksam vor Kälte und Wärme zu schützen. Sie lernen, sich Verpflegung aus der Natur zu beschaffen und diese zuzubereiten, wozu auch das Backen von Baumrindenbrot gehört. Allerdings darf in diesem Lehrgang das Schlachten von Tieren nicht gelehrt werden. Die Soldaten lernen, Wasser aufzubereiten, unterschiedliche Feuerstellen anzulegen und Unterkünfte zu bauen. Eine Einführung in die Wetterkunde, weitere Techniken zur Wassergewinnung, Selbst- und Kameradenhilfe oder das Verhalten gegenüber Hunden runden die Ausbildung ab. Und immer wieder werden die einzelnen Themenbereiche in zusammenhängenden Durchschlageübungen miteinander kombiniert.

Die Soldaten lernen, unterschiedliche Feuerstellen anzulegen.

Alle Offiziere und Unteroffiziere, die nicht zu den Kampftruppen zählen, absolvieren den Lehrgang Überleben im Einsatz.

Das Backen von Brot in einem selbst gebauten Ofen gehört ebenfalls zu den vermittelten Fähigkeiten.

Abseilübungen dienen nicht nur dazu, diese Fertigkeit zu erlernen. Die Soldaten sollen auch erleben, dass sie regelmäßig mehr können, als sie glauben.

Das Maschinengewehr auf dem Rücken erschwert das Abseilen, insbesondere, wenn wenig Platz ist.

Die Soldaten sind beim Klettern professionell gesichert. Mehrere der Ausbilder haben entsprechend hochwertige Lehrgänge besucht, jedoch braucht es für diesen Schwierigkeitsgrad nicht die Prüfung zum Heeresbergführer, die nur sehr wenige Bundeswehrsoldaten absolviert haben.

Es wird niemanden überraschen, dass bei ÜLE der Bootsmotor aussetzt und gepaddelt werden muss.

Im Schlauchboot über den Main.

Grenzerfahrungen gehören zum Beruf des Soldaten dazu.

Die Leitung der Übung des Fallschirmjägerbataillons 313 erfordert einen hohen personellen und technischen Aufwand. Als Zentrale diente im Frühjahr 2010 dieser Radpanzer Fuchs.

Eine Übung des Fallschirmjägerbataillons 313

Das Übungszentrum der Infanterie in Hammelburg ist weit mehr als »nur« Bonnland. Vierzehn mal im Jahr – nach Bedarf auch noch öfter – bildet das Personal des Übungszentrums infanteristische Einheiten weiter. Dabei kann in der Regel eine Kompanie oder sogar ein Bataillon über mehrere Tage in einer vorgegebenen Lage leben.

Im Unterschied zu vielen anderen Übungen, in denen der Ablauf von vornherein festgelegt ist, sind die Übungen in Hammelburg so angelegt, dass sie dem Chef einen möglichst großen Spielraum lassen. Der Sinn der Übung liegt natürlich darin, die infanteristischen Fähigkeiten der Soldaten weiterzubilden, der Schwerpunkt liegt jedoch bei den militärischen Führern. Darüber hinaus wird dem Kompaniechef die Gelegenheit gegeben, seine Fähigkeiten unter Beweis zu stellen, es besteht aber auch die Möglichkeit, im Rahmen dieser Übung Neues auszuprobieren. Von diesem Angebot machen die Chefs – der eine mehr, der andere weniger – auch Gebrauch. Es gibt in diesen Übungen aufgrund der Komplexität nicht die eine richtige Lösung. Es kommt in der Bewertung darauf an, dass sich die einzelnen Entscheidungen des Chefs zu einem Gesamtbild komponieren, das einer kritischen Bewertung standhält.

In diesen Übungen reiht sich nicht Ereignis an Ereignis, Höhepunkt an Höhepunkt. Vielmehr wird in Anlehnung an die Einsatzwirklichkeit durchaus auch ganz bewusst eingeplant, dass nichts geschieht. Für den Kompaniechef und seine Soldaten stellt sich der Ablauf der Übung anders dar. Da sie ja nicht wissen, wann und wo was geschieht – ganz wie im Einsatz –, müssen sie ständig, bei Tag und bei Nacht, darauf gefasst sein, dass irgend-

etwas geschieht sowie mit allen Kräften und Mitteln arbeiten, die einer Kompanie im Einsatz zur Verfügung stehen, um zum Beispiel einen Anschlag auf die Truppe zu verhindern. Da in einer solchen Übung nicht alles dargestellt werden kann, wird manches simuliert, so zum Beispiel, wenn Drohnen die Marschroute überfliegen. Die Soldaten und die Fahrzeuge sind in dieser Übung mit dem System AGDUS ausgestattet. So ist es möglich, Beschädigungen an den Fahrzeugen durch Feindeinwirkung ebenso aufzuzeigen wie Verwundungen oder Tötungen der Soldaten. Durch das allgegenwärtige Risiko, getroffen zu werden, wird in der Übung eine permanente Anspannung der Soldaten erzeugt.

Der Auftrag der Fallschirmjäger aus Seedorf lautete, einen Konvoi zu beschützen, der vom Punkt A zum 20 Kilometer entfernten Punkt B fahren sollte. Insgesamt bestand die Kolonne aus 63 Fahrzeugen, die sich auf der Straße über eine Länge von rund sieben Kilometern verteilten. So etwas ist selbst auf wenig befahrenen Straßen im Gebiet des Gramschatzer Waldes nicht unproblematisch. Da sind viele Absprachen erforderlich, und je nach Entwicklung der Übung müssen sogar Straßen gesperrt werden. Die Zusammenarbeit mit der Polizei ist also unumgänglich.

Die Führung der Fallschirmjäger aus Seedorf machte bei dieser Übung fast alles richtig und konnte sogar die Planer der Übung überraschen. Womit, und wie die Übung aufgebaut war, soll an dieser Stelle nicht näher dargestellt werden. In die Übungen fließen nämlich die aktuellen Erfahrungen aus dem Einsatz ein, und die neuesten Erkenntnisse für den Einsatz sollen so lang als möglich dem Feind verborgen bleiben.

Während der Übung muss über einen langen Zeitraum die Spannung hochgehalten werden. Jederzeit müssen die Soldaten mit einem Anschlag oder Überfall irregulärer Kräfte rechnen.

AGDUS (Ausbildungsgerät Duellsimulator) wurde vor rund 15 Jahren bei der Bundeswehr eingeführt. Durch zahlreiche Sensoren, die sich an der Waffe, am Helm und der Uniform des Soldaten befinden, ist es möglich, durch Laser Wirkungen wie in einem Feuergefecht zu simulieren. Dabei dient das System an der Waffe als Sender, die anderen Sensoren sind Empfänger. So können dem Soldaten Verletzungen und deren Schwere optisch und akustisch signalisiert werden. Mit seinem AGDUS G 36 kann der Soldat bis auf etwa 400 Meter Entfernung »schießen«.

Fallschirmjäger sind traditionell auch Spezialisten für den Waldkampf.

Je nach dem gewählten Standort kann das MG besser oder schlechter zur Wirkung gebracht werden.

In der Bundeswehr gibt es keine unüberbrückbaren Hürden zwischen Mannschaften und Stabsoffizieren, nicht in Übungen und ebenso nicht im Einsatz.

Mit hoher Geschwindigkeit durchfährt ein Fahrzeug des Konvois das gefährliche Gebiet, in dem mit einem Anschlag gerechnet werden muss.

Roter Rauch markiert die Stelle, an der der Anschlag auf den Konvoi erfolgte.

Das System AGDUS verzeiht keine Fehler, jedoch gilt auch hier, dass Wirkung vor Deckung geht.

Heckenschützen, die sich in einem kleinen Wäldchen versteckt haben, werden von den Fallschirmjägern bekämpft. Der Kampf gegen irreguläre Kräfte gehört zum Aufgabenbereich der zur DSO (Division Spezielle Operationen) gehörenden Fallschirmjäger des in Seedorf stationierten Bataillons 313.

Führen mit Handzeichen und Stimme ist während eines Feuerkampfes häufig wirkungsvoller als per Funk.

Gerade bei einem Stellungswechsel ist es wichtig, dass die Gruppe koordiniert vorgeht.

Für das Funken gilt nach wie vor: kurz und knapp. Die Infanterie-Offiziere durchlaufen zunächst eine 15-monatige Ausbildung an der Offizierschule des Heeres. Danach folgt das vierjährige Master-Studium, sodann der drei Monate dauernde Offizier-Lehrgang 2. Nach 5½ Jahren beginnt die truppengattungsspezifische Ausbildung an der Infanterieschule. Dort wird der Offizier in zwölf Monaten zum Zugführer ausgebildet. Danach erfolgt die erste Verwendung in der Truppe. Diejenigen, die über besonders gute Führereigenschaften verfügen, werden dann als Zugführer eingesetzt. Die Unteroffiziere werden drei Jahre lang zum Gruppenführer ausgebildet. Hierbei erfolgt ein stärkerer Wechsel zwischen der Unteroffizierschule und der Truppe. Ihre Ausbildung hat einen deutlich stärkeren Truppen- und auch Praxisbezug als die der Offiziere.

Stellungswechsel eines MG-Schützen.

Fallschirmjäger sind für ihre vielfältige Verwendbarkeit und Kampfkraft bekannt.

Grundlegende Veränderungen in der Gesellschaft erschweren es der Bundeswehr, geeigneten Nachwuchs zu rekrutieren: Viele Jugendliche gehen kaum noch raus zum Spielen, sie schauen fern oder spielen mit dem PC. Insbesondere in der DSO gibt es Nachwuchsprobleme, weil deren Anforderungen hoch sind. Gerade dort fehlen Mannschaftsdienstgrade, die sich auf vier Jahre verpflichten (SaZ 4).

Geländeunebenheiten nutzen die Soldaten als Deckung.

Neben einer Wegkreuzung sichert ein Soldat mit seiner 40-mm-Granatmaschinenwaffe.

Manches wird lediglich simuliert. So stellt ein Schuss aus der Leuchtpistole eine aus der Granatmaschinenwaffe abgefeuerte 40-mm-Granate dar.

Kräfte des Fallschirmjägerbataillons 313 auf dem Marsch.

Das Fahren im Konvoi stand bei der Übung in Hammelburg nicht im Vordergrund. Dazu sind andere Üb-Szenarien besser geeignet, wie hier bei einer Lehrvorführung auf dem Truppenübungsplatz Lübtheen im Sommer 2009.

Soldaten eines Mörsertrupps der 5./232 aus Bischofswiesen. Der Mörsertrupp auf Wolf besteht aus drei Fahrzeugen, von denen zwei die Munition, eines den Mörser transportiert.

Mörser: Zwischen Infanterie und Panzergrenadieren

Wie bereits ausgeführt, wird in dieser Darstellung nicht die in der Bundeswehr gegenwärtig gebräuchliche Unterscheidung zwischen Infanteristen und Panzergrenadieren eingehalten. Vielmehr werden die beide Truppengattungen verbindenden Elemente dargestellt. Die deutlichen Überschneidungen zeigen sich auch in der Verwendung des Mörsers, der klassischen Waffe zur Unterstützung der Infanterie.

Die Abtrennung der Panzergrenadiere von der Infanterie fand unter dem damaligen Inspekteur des Heeres, Generalleutnant Helge Hansen (1992–1994), statt. Damit war nicht nur eine neue Zuordnung im Organigramm der Bundeswehr, sondern auch eine gewisse taktische Neuausrichtung verbunden. So wurde der Anteil der Ausbildung, der von den Panzergrenadieren abgesessen durchgeführt wird, seither deutlich zurückgefahren. Was übrig geblieben ist, ist eine Orts- und Waldkampfeinweisung für die Offiziere der Panzergrenadiere. Infanterie und Panzergrenadiere gehen seit fast zwei Jahrzehnten getrennte Wege. Jedoch sehen Praktiker in jüngster Zeit bereits deutliche Tendenzen für eine Umkehr. Die Zentrale Dienstvorschrift ZDv 100/100 gibt einen Weg zurück vor, indem sich einige Kernaufträge der Panzergrenadiere wieder in Richtung auf den infanteristischen Einsatz ausrichten. Vorher vernachlässigten Themen, wie etwa dem Kampf in urbanem Umfeld, wird nun wieder mehr Beachtung geschenkt. Es gibt aber auch die umgekehrte Bewegung: Das für die Infanterie vorgesehene GTK (Gepanzertes Transport Fahrzeug) Boxer lässt sie – taktisch betrachtet – näher zu den Panzergrenadieren rücken. Mit dem neuen Fahrzeug beschreitet die Infanterie Neuland.

Zwischen GTK Boxer und dem TPz Fuchs und ebenso dem Dingo besteht ein gravierender Unterschied: Fuchs und Dingo sind Truppentransportfahrzeuge. Der GTK hingegen bringt mit seiner Hauptwaffe – entweder einem Maschinengewehr im Kaliber .50 BMG oder der Granatmaschinenwaffe – der Infanterie neue Möglichkeiten der Feuerunterstützung.

Die Panzergrenadiere schafften ihre Panzermörserkompanien in den 90er-Jahren ab. Die Gründe dafür waren vielfältig. Markante Punkte auf dem Weg zu dieser Entscheidung waren zum einen der Streit um den Nachfolger des M113. Hier prallten unterschiedliche Auffassungen aufeinander. So favorisierten die Panzergrenadiere ein schweres Fahrzeug mit dem Turm eines Panzers, die Infanterie im Gegensatz dazu ein leichtes, luftverladbares Fahrzeug (lePzMrs Wiesel 2). Letztlich bedeutsamer waren aber wohl die personellen Obergrenzen der jeweiligen Truppengattungen.

Es stellte sich für die Panzergrenadiertruppe gleichsam die Frage, ob acht Bataillone ohne oder aber sechs Bataillone mit Mörser in der neuen Struktur abgebildet werden sollten. Zudem gab es auch noch Konkurrenz von Seiten der Artillerietruppe, die die Aussage unterstrich, die Steilfeuerunterstützung für die Panzer- und Panzergrenadierbataillone könne sie zukünftig auch alleine, also ohne Mörser sicherstellen.

Im Einsatz in Afghanistan zeigten sich aber bald Probleme. Als die Quick Reaction Force (QRF) für das nördliche Territorium von Deutschland übernommen wurde, orientierte man sich an der Truppengliederung der Norweger, die den Auftrag vorher erfüllt hatten. Man stellte sehr schnell das Fehlen der Mörser fest, da

Im Infanteriemuseum in Hammelburg werden Mörser und Granaten unterschiedlichen Kalibers aus der Zeit des II. Weltkriegs und der Frühzeit der Bundeswehr gezeigt.

Das Gepanzerte Transport Fahrzeug (GTK) Boxer soll die Infanterie einen großen Schritt voran bringen. *(Foto: Bundeswehr)*

Seit Beginn der 60er-Jahre verwendet die Bundeswehr in unterschiedlichen Varianten das in Amerika entwickelte gepanzerte Kettenfahrzeug M113. Als 120-mm-Panzermörser kam es seit 1970 zum Einsatz.

Der Wiesel ist klein, leicht und wendig, aber nur schwach gepanzert.

Die Panzergrenadiere verfügen über eine breite Palette an Waffen. Eine Steilfeuerkomponente fehlt jedoch.

Mörserschießen kann noch sehr viel Handarbeit sein.

Diverse optische und optronische Geräte ...

... können die Arbeit ganz wesentlich erleichtern.

Allerdings sind diese Geräte teuer, schwer, benötigen Batterien und können nicht in jeder Situation verwendet werden.

diese bei den Panzergrenadieren, die das erste Kontingent zu stellen hatten, ja nicht mehr vorhanden waren. Somit besaßen die Panzergrenadiere keine eigene Steilfeuerkomponente, sondern wurden durch den Mörserzug eines Fallschirmjägerbataillons verstärkt. Schließlich musste man auch zur Kenntnis nehmen, dass den meisten Führern der gepanzerten Truppen das Wissen über diese Steilfeuerkomponente fehlte.

Dieser Mangel zeigte sich besonders im Schießen mit dem Sehstreifenverfahren, welches auch international gebräuchlich ist. Dort wird es als »call for fire« bezeichnet. Vereinfacht gesagt, ist dies ein Vorgehen, mit dem ein entsprechend ausgebildeter Soldat mit Hilfe von Sprechfunk Mörserfeuer auf ein Ziel lenkt. Die benötigten Hilfsmittel dafür sind die Ausrüstungsgegenstände, die der Führer mit sich führt: Doppelfernglas, Kompass, Karte und ein Kartenwinkelmesser. Moderne Hilfsmittel wie Laser-Entfernungsmesser oder GPS machen das Verfahren leichter und genauer. In diesem Zusammenhang wurden bisher auch gute Erfahrungen mit dem Navigationspad gesammelt, das zur Ausrüstung Infanterist der Zukunft (IdZ) gehört. Jedoch gilt auch hier, dass fast jedes Ding zwei Seiten hat; denn die moderne Technik erhöht zwar die Handlungsmöglichkeiten, braucht aber Batterien und funktioniert zum Beispiel in Abschattungsbereichen nicht immer.

Für den Einsatz des Mörsers darf nicht außer Acht gelassen werden, dass er eine Flächenwaffe ist, deren Einsatz ihre Grenzen hat. Noch ist gelenkte Munition Zukunftsmusik. Damit würde sich das Einsatzspektrum des Mörsers deutlich erweitern. In der Gegenwart gilt als Punktziel eine Fläche von etwa 30 Metern Breite

Eine 120-mm-Mörsergranate Spreng mit Aufschlagzünder. Die Munition ist flügelstabilisiert; der Lauf des Mörsers ist glatt.

Eine Nebelgranate.

und Tiefe. Mit der neuen Munition wäre dann sogar die Bekämpfung eines einzelnen Fahrzeuges möglich. Der Mörser wird derzeit schwerpunktmäßig gegen weiche und halbharte Ziele wie etwa abgesessene Schützen oder schwach gepanzerte Fahrzeuge eingesetzt. Er erzielt seine Wirkung hauptsächlich durch die Splitter. Mit nur wenigen Schüssen kann somit auch eine größere Fläche abgedeckt werden. Bei der Bundeswehr sind verschiedene Munitionsarten für die Mörser eingeführt:

- Sprengpatrone mit Aufschlagzünder;
- Sprengpatrone mit Verzögerung. Diese ist sinnvoll, wenn man zum Beispiel in einen Wald schießt, damit nicht die ersten Äste bereits die Explosion auslösen, oder wenn man ein Gebäude oder einen Unterstand beschießt;
- Sprengpatrone mit Annäherungszünder, die fünf bis sieben Meter über Grund detoniert, was zu einer trichterförmigen Beregnung des Ziels mit Splittern führt;
- Nebelmunition, die zur Zeit noch nur optisch deckt. Mit Infrarot oder Wärmebild kann durch diesen Nebel hindurch gesehen werden. Der Nebel der nächsten Generation wird ein Multispektralnebel sein, durch den mit keinem der gängigen optronischen Mittel hindurchgesehen werden kann. Des Weiteren kann Nebelmunition mitunter das geeignete Mittel sein, um die eigene Trefferlage anzuzeigen, wenn die Aufschläge nicht direkt beobachtet werden können, zum Beispiel im Wald oder in Ortschaften.
- Leuchtmunition. Aus dem Mörser können Leuchtkörper verschossen werden, die in der Luft ausgestoßen werden und an einem Fallschirm zu Boden sinken. Die Bedeutung der Gefechtsfeldbeleuchtung ist allerdings durch die modernen Mittel der Kampfführung bei Nacht zurückgegangen. Es gibt aber noch Situationen, in denen man sie braucht. Zum Beispiel, um damit für den Einsatz eigener Luftnahunterstützung Close Air Support (CAS) durch den sogenannten FAC (Forward Air Controller, Fliegerleitoffizier) für den Flugzeugführer eine Markierung im Gelände anzubringen, an der er sich orientieren kann.
- Eine Besonderheit stellt das »Ausbildungsgerät Übungsschießen Mörser« dar. Dieses verschießt unterkalibrige Munition, die zum Beispiel auf Kleinschießplätzen verwendet wird. In diese Munition wird ein Übkörper eingeschraubt, der ausge-

Jede Mörsergranate ist einzeln verpackt.

Die Anzahl der Teilladungen, die sich am unteren Schaft der Granate befinden, ist mitentscheidend für die Flugweite der Granate, ...

... die Feinjustierung des Mörsers erfolgt dann durch die Erhöhung des Rohrs.

Mit einem speziellen Schlüssel wird die Granate eingestellt, ...

... um den Aufschlagzünder an das zu bekämpfende Ziel anzupassen, indem die Granate entweder mit Verzögerung (MV) oder aber ohne Verzögerung (OV) detoniert. Der quer verlaufende Metallring ist die sichtbare Sicherheitsvorkehrung, der »Vorstecker«. Weitere Sicherungen befinden sich im Innern der Granate.

stoßen wird und beim Aufschlag detoniert. Die Wirkung ähnelt der Darstellungsmunition LV 21. Dieses Gerät wird hauptsächlich genutzt, um die Abläufe beim Feuerkampf als Vorbereitung für den scharfen Schuss zu üben.

Die maximale Reichweite des Mörsers mit Gefechtsmunition beträgt mit der 8. Ladung 6350 Meter. Diese stärkste Ladung ist allerdings im Friedensbetrieb in Deutschland nicht erlaubt. Zudem verschleißen die stärksten Ladungen die Rohre ganz extrem. Die aus dem Mörser verschossene Munition ist flügelstabilisiert, der Mörser ist im Rohr glatt. Die Schussweite kann erhöht werden durch die Anzahl der Teilladungen, die sich rund um den Schaft befinden. Die genaue Schussdistanz wird letztlich durch die Erhöhung des Rohrs bestimmt. Die kürzeste Schussentfernung des Mörsers liegt bei 500 Metern. Im Frieden müssen jedoch mindestens 1000 Meter Abstand zum Ziel eingehalten werden. Im Gefecht kann etwa 100–120 Meter vor die eigene Truppe gefeuert werden, jedoch nur dann, wenn diese gegen die Splitterwirkung geschützt ist.

Die Gliederung der Mörserzüge ist zur Zeit noch unterschiedlich. In der Regel bestehen sie aus acht Mörsern. Die Ausnahme bilden die Fallschirmjäger, bei denen gegenwärtig noch sechs Mörser einen Zug bilden. Die Züge können in Halbzüge mit dann jeweils vier beziehungsweise bei den Fallschirmjägern drei Rohren gegliedert werden. Dieser Einsatz verleiht dem Zug im Gefecht mehr Flexibilität: während der eine Halbzug feuert, kann der andere einen Stellungswechsel vornehmen. Für bestimmte Aufträge – zum Beispiel beim Beschuss von kleinen Zielen – werden mitunter auch einzelne Mörser eingesetzt.

In der Regel wird mit dem Mörser indirekt geschossen, also so, dass der Feind die Stellung des Mörsers nicht sehen kann. Es kann jedoch auch im direkten Richten geschossen werden. Dann zielt der Kommandant mit seinem Periskop. Damit ist jedoch eine Duellsituation gegeben, welche nur sinnvoll ist, wenn der Mörser gegenüber dem Feind einen Reichweitenvorteil besitzt.

Die Besatzung eines Panzermörsers M113 besteht aus fünf Soldaten: Dem Truppführer im Rang eines Feldwe-

Munition für den 120-mm-Mörser. Die leeren Behälter werden wiederverwendet.

bels, dem Kraftfahrer sowie je einem Richt-, Lade- und Munitionsschützen. Der drei Mann starke Mörsertrupp auf Wolf ist auf drei Fahrzeuge verteilt. Ein Wolf transportiert die Waffe, die beiden anderen die Munition. Im Frieden geht das. Im Einsatz müssen jedoch mindestens zwei Soldaten in einem Fahrzeug sitzen, daher wird dann der Trupp auf sechs Soldaten erhöht. Der zusätzliche Gewehrschütze wird als Nahsicherer eingesetzt.

Die Feldwebel im Mörserzug hatten bisher eine eigene Ausbildungsverwendungsreihe. Sie sind daher eigentlich keine Infanteriefeldwebel. Die Ausbildung ist unterteilt in Mörsertruppführer sowie Feuerleit- und Beobachtungsfeldwebel. Dies soll 2012 geändert werden. Die Beobachtungsfeldwebel werden dann zusammen mit den Beobachtern der Artillerie mit Schwerpunkt in Idar-Oberstein und zu einem kleineren Teil in Hammelburg ausgebildet.

Weiterhin ist geplant, dass die Mörsertruppführer und Feuerleitfeldwebel ihre fachspezifische Ausbildung in Hammelburg erhalten, nachdem sie zuvor zu Fallschirm-, Gebirgs- oder Jägern ausgebildet wurden. So ist es seit langen Jahren bei den Kommandanten der MK-(Maschinenkanone)- und TOW-Wiesel. Dort sind die jeweiligen Führer gelernte Infanteristen. So wird dann ab dem Jahr 2012 eine Fähigkeitslücke geschlossen werden. Das ist eine Lehre aus den Einsätzen, in denen die Infanterie erkannte, dass die Angehörigen der schweren (also der mit Mörsern beziehungsweise TOW ausgerüsteten) Infanteriekompanien eine infanteristische Basis brauchen. »Das Hintergrundwissen über die Einsatzgrundsätze der Infanterie ist für alle dringend erforderlich«, betont der Chef der III. Inspektion, Oberstleutnant Wieser, der für die Ausbildung dieser Spezialisten verantwortlich ist.

Die Feinjustierung des Mörsers erfolgt über die Zieloptik.

Vor dem Schuss wird die Zieloptik abgenommen.

Die unterschiedlichen Verwendungen im Mörserzug erfordern unterschiedlich lange Ausbildungen. Der Mörserzug wird geführt von einem Leutnant oder Oberleutnant. Und auch in dieser Führungsverwendung spiegelt sich die Idee der Auftragstaktik wider; denn Feuerleitfeldwebel und Feuerleitoffiziere durchlaufen die gleiche Ausbildung. Somit sind, bei Bedarf, diese Funktionen austauschbar.

Die Funktion des Feuerleitfeldwebels ist in jedem Zug doppelt besetzt. Die Doppelbesetzung ist erforderlich, um – wie oben gesagt – die Mörser bei Bedarf halbzugweise einsetzen zu können.

Als Gehilfen der Feuerleitfeldwebel agieren die Feuerleitunteroffiziere. Sie sind Fachdienstunteroffiziere und können als SaZ 8 maximal zu Stabsunteroffizieren befördert werden.

Der Hauptgefreite stabilisiert den Mörser während des Schusses.

Bei Schnellfeuer werden bis zu sechs Granaten kurz hintereinander verfeuert.

Schütze und Beobachter (Spotter) bilden eine Einheit. Beide haben die gleiche Ausbildung absolviert und verfügen somit über den gleichen Leistungsstand. Der Spotter kontrolliert mit seinem Fernglas das Ziel und die Umgebung. Er berücksichtigt die vielfältigen Parameter, die den Flug des Projektils beeinflussen können, und gibt dem Schützen entsprechende Korrekturanweisungen.

Scharfschützen

Einen Bestandteil der Allgemeinen Grundausbildung stellt, wie gesagt, die Schießausbildung dar. Scharfschütze kann werden, wer dabei gute Leistungen erreicht und sich freiwillig für diese Verwendung entscheidet. In einer Vorauswahl müssen die Soldaten ihre körperliche Leistungsfähigkeit im Amila-Test (Amila = Allgemeines Militärisches Ausdauertraining) unter Beweis stellen. Darüber hinaus werden ihre Resultate in einem »Schulschießen« mit dem Gewehr G 36 herangezogen. Für die am besten geeigneten Soldaten beginnt danach die Vorausbildung für den Scharfschützen-Lehrgang. In der Regel beginnt diese im Anschluss oder kurze Zeit nach der allgemeinen Grundausbildung. Es gibt aber auch erfahrene Feldwebel-Dienstgrade, die die Scharfschützenausbildung absolvieren. Für die Vorausbildung sind zwar vier Wochen vorgesehen, jedoch bereiten manche Einheiten ihre als Scharfschützen vorgesehenen Soldaten deutlich länger auf den anspruchsvollen Lehrgang vor. In dieser Zeit lernt der Soldat die Leistungsfähigkeit des Scharfschützengewehrs G 22 kennen. Ihm wird beigebracht, wie er das Gewehr in seine Einzelteile zerlegt, die Waffe lädt und entlädt und Störungen beseitigt. Nicht zuletzt lernt er, wie er sein Gewehr pflegt. Als Ziele der Vorausbildung zum Scharfschützen werden genannt, dass der Soldat die Grundlagen der Schießlehre und der Schießtechnik versteht, das G 22 selbst justieren und anschießen und mit der Waffe kleine Ziele bis auf eine Entfernung von 300 Metern bekämpfen kann. Insgesamt sind in der Ausbildung 42 Stunden für die Vermittlung dieses Grundlagenwissens vorgesehen. Ebenso wichtig ist für den angehenden Scharfschützen

das Beobachten, Melden und Tarnen. Dafür stehen insgesamt 40 Stunden auf dem Plan. Der Soldat lernt, sich mit Karte, Kompass und einer Wegeskizze sicher zu orientieren. Er lernt, Entfernungen mit und ohne Hilfsmittel zu schätzen. Große Bedeutung wird dem Tarnen beigemessen. Dem Soldat wird das Wissen vermittelt, das er benötigt, um sich und seine Ausrüstung in unterschiedlichen Umgebungen bestmöglich vor Entdeckung verbergen zu können.

Der vierwöchige Lehrgang in Hammelburg findet zur Zeit zehn Mal pro Jahr statt, wobei jeweils bis zu 20 Soldaten teilnehmen. Denjenigen, die diese Ausbildung bestehen, wird die ATN »Scharfschütze G 22« verliehen. Bis dahin ist es aber ein weiter Weg. Die Lehrgangsteilnehmer kommen in der Regel aus unterschiedlichen Einheiten. Es ist also keine Seltenheit, dass sich unter den Eleven Soldaten der Luftwaffensicherungstruppe, Feldjäger, Gebirgsjäger, Fallschirmjäger, Jäger und Panzergrenadiere finden, und bisweilen sind auch noch Gäste aus verbündeten Armeen anwesend.

Zum Lehrgang gehören unter anderem:

- Gefechtsschießen auf stationäre Ziele
- Schießen auf querbewegte Ziele
- Annäherungsübungen, wobei unter anderem das Tarnen und das Bewegen im Gelände gelehrt wird
- Entfernungsschätzen
- Beobachtungsübungen
- Schriftlicher Test
- Lesen und auswerten von Luftbildern

Bei Geländeläufen wird die Merkfähigkeit der Soldaten überprüft. Dazu müssen sie sich während eines anspruchsvollen Laufes alle möglichen Dinge, die sie se-

Deutsche Scharfschützenausbilder müssen Englisch sprechen können; denn aufgrund der hohen Qualität der Lehrgänge in Hammelburg nehmen häufig auch ausländische Soldaten daran teil.

Das G 22 ist ein Repetiergewehr, dessen Magazin zehn Patronen im Kaliber 7,62 x 67 mm (.300 Winchester Magnum) aufnimmt. Die Waffe wurde von dem ehemaligen britischen Olympiasieger im Kleinkaliberschießen, Malcolm Cooper, in den 90er-Jahren entwickelt. Die hervorstechenden Merkmale des G 22 sind die vielfältigen Verstellmöglichkeiten des Schaftes, der Schaftbacke und des Abzugs, das integrierte Zweibein und ein in die Schulterstütze integrierter Erdsporn. Die gegen Regen und Staub empfindliche Optik des 3-12-x-56-Zielfernrohrs von Hensoldt schützt eine Kunststoffabdeckung von Butler Creek.

hen, ins Gedächtnis einprägen. Sie müssen sich die Farbe und die Maße von Gegenständen merken, erkennen, wie sie am Boden liegen. Die Soldaten lernen, auch auf Kleinigkeiten zu achten, die auf den ersten Blick belanglos erscheinen. Im Anschluss daran wird von den Soldaten »der Speicher ausgelesen«: In einer Umgebung, die nicht gerade die Konzentration fördert – Lärm und grelles Licht – schreiben sie alles auf, was sie sich merken konnten. Bei den Beobachtungsübungen haben die Lehrgangsteilnehmer zehn Minuten Zeit, einen zugewiesenen Geländeabschnitt als Ansichtsskizze zu zeichnen. In weiteren 40 Minuten suchen sie nun den Geländeabschnitt mit dem Fernglas oder dem Zielfernrohr ab, um zwölf militärische Gegenstände von der Größe einer Gewehrhülse bis zum Gefechtshelm ausfindig zumachen. Die aufgeklärten Gegenstände müssen in die Skizze eingetragen werden, wobei die genaue Bezeichnung wichtig ist, um pro Gegenstand einen Punkt zu erhalten.

Für einen Scharfschützen ist es wichtig, Entfernungen möglichst exakt schätzen zu können. Um diese Fähigkeit zu entwickeln, werden zahlreiche Übungen im Entfernungsschätzen durchgeführt. Die Soldaten ler-

Das hohe Gewicht des Gewehrs von fast acht Kilogramm trägt wesentlich dazu bei, dass sich die Waffe beim Schuss kaum bewegt.

Jeden Schuss trägt der Schütze in sein Schießbuch ein. Dabei vermerkt er nicht nur, ob er getroffen hat, sondern notiert auch die Bedingungen beim Schuss.

Was in der Vorschrift als Schalldämpfer bezeichnet wird, ist – physikalisch betrachtet – ein aufschraubbarer Schallverzerrer, der dem Feind die Ortung des Schützen erschwert, jedoch die maximale Kampfentfernung verringert.

Der Scharfschütze erhält ein Luftbild und eine Karte. Mit weiteren Hilfsmitteln wie Kompass und Lineal legt er seine Annäherung an das Ziel fest.

Das traditionelle Hilfsmittel zur Tarnung ist der Ghillie Suit. In den synthetischen Anzug flicht der Soldat Naturmaterial ein, um sich somit kaum noch von seiner Umgebung zu unterscheiden. Wechselt er zum Beispiel von einem Laub- in einen Nadelwald, muss er seine Tarnung anpassen.

nen, Distanzen zwischen 50 und 1000 Metern zu schätzen. Dazu haben sie drei Möglichkeiten: Ihr Auge, ein Fernglas und das Zielfernrohr ihrer Waffe.
Weitere Schwerpunkte der Ausbildung stellen die Bereiche Schießen und Annähern dar. Das Ziel ist es, den Soldaten so auszubilden, dass er sich ungesehen seinem Ziel nähert, einen Schuss abgibt und sich sodann wieder unentdeckt entfernt. Im Vordergrund steht in diesem Ausbildungsabschnitt die Vermittlung infanteristischer Fähigkeiten an die Soldaten. Sie sollten, so ist das Ziel, besonders gute Infanteristen sein. Dazu gehört es auch, dass sie bis zu 48 Stunden lang von der eigenen Truppe abgesetzt operieren können.
Die Scharfschützen lernen, Ziele bis zu einer Entfernung von 1000 Metern zu bekämpfen. Sie tasten sich an diese Aufgabe Schritt für Schritt heran, indem sie auf unterschiedliche Entfernungen auf unterschiedlich große Ziele schießen. Bis zu einer Distanz von 600 Metern sind die Ziele 20 x 20 cm groß, was in etwa einem Kopftreffer entspricht. Auf 800 Meter Entfernung sind die Ziele in etwa so groß wie ein menschlicher Oberkörper. Auf 1000 Meter Entfernung werden Mannscheiben verwendet.
Die Annäherung ist ohne Zweifel der schwierigste Teil der Ausbildung. Hierbei fallen die meisten Bewerber durch. Dabei wird eine Duellsituation dargestellt. Auf der einen Seite nähern sich die Lehrgangsteilnehmer an, ihre Ziele sind erfahrene Scharfschützenausbilder, die sich alle Mühe geben, die Gegner möglichst bereits vor der Schussabgabe ausfindig zu machen. Die Er-

Wenn der Scharfschütze seine Stellung im Wald aufbaut, kann eine Baumschere sehr nützlich sein.

folgschancen der Scharfschützen sind je nach der Jahreszeit unterschiedlich. Im Winter – insbesondere, wenn in den unbelaubten Wäldern Schnee liegt – ist es sehr schwierig, sich ungesehen anzunähern. Daher erhalten die Soldaten die Möglichkeit, in vier Teilübungen die für das Bestehen erforderlichen Punkte zu sammeln. In den anderen Jahreszeiten hingegen werden nur drei Prüfungen durchgeführt. In jeder Übung können die Soldaten jeweils maximal zehn Punkte erreichen. Für das Bestehen müssen sie mindestens 15 Punkte sammeln. Das klingt zunächst einmal nicht sehr schwierig. Dieses Urteil ändert jedoch rasch, wer die Praxis erlebt.

Die Lehrgangsteilnehmer werden in ein Gelände gebracht, das sie nicht kennen. Dort erhalten sie jeweils eine Karte, ein Luftbild und einen Kompass. Das Luftbild zeigt ihnen die Umgebung, in der sich ihre Ziele, also die erfahrenen Scharfschützenausbilder aufhalten. Danach haben die Schüler Zeit, um sich zu tarnen. Nachdem der Ausbilder ihnen die Zeit genannt hat, die sie maximal für ihren Schuss zu Verfügung haben, sucht sich jeder Soldat seinen eigenen Weg zum Ziel. Nur selten ist der kürzeste auch der beste Weg; denn unentwegt beobachten ihre Gegner das Gelände. Es beginnt ein spannender Zweikampf, der nach festen Regeln durchgeführt wird. Wenn die Ausbilder glauben, einen der Scharfschützen erkannt zu haben, so schicken sie per Funk an diese Stelle einen »Läufer«, der ebenfalls ein erfahrener Scharfschütze ist. Haben sie richtig gesehen, so erhält der Entdeckte fünf Minuspunkte, darf danach aber die Übung fortsetzen. Um die maximale Punktzahl zu erreichen, muss der Scharfschütze alles richtig machen. Das bedeutet: Er muss sich unerkannt so weit annähern, dass er einen Schuss – eine Platzpatrone – abfeuern kann. Nach dem Schuss wird die Übung unterbrochen. Einer der Läufer geht in die Nähe des Scharfschützen. Dann wird zunächst überprüft, ob dieser aus seiner Stellung wirklich hätte treffen können. Um dies zu überprüfen, halten die Beobachter Tafeln mit Buchstaben in die Höhe, die der Scharfschütze mit seinem Zielfernrohr erkennen und dem in seiner Nähe stehenden Läufer sagen muss. Hat der Scharfschütze den richtigen Buchstaben erkannt, geht der Läufer bis auf etwa drei Meter an den getarnten Scharfschützen heran. Nun versuchen die Beobachter, den Scharfschützen zu entdecken. Hat er nur einen winzigen Fehler in seiner Tarnung, fällt dies den Beobachtern auf und sie dirigieren per Funk den Läufer zu der Stelle, an der sie den Scharfschützen gesehen haben. Wird jetzt der Scharfschütze entdeckt, gibt es wieder einen Punktabzug. Wird er nicht entdeckt, geht der Läufer zu ihm und kontrolliert die Einstellungen am Gewehr und am Zielfernrohr. Er prüft, ob der Soldat ein freies Schussfeld hat. Dazu nimmt er den Verschluss aus der Waffe und sieht nach, ob eventuell Äste oder Steine den Flug des Geschosses behindern würden. Sodann prüft er, ob der Scharfschütze an seinem Gewehr die richtige Entfernung eingestellt und

Mit Buchstabentafeln kontrollieren die Ausbilder, ob der Scharfschütze freie Sicht auf sein Ziel hatte.

Die Ausbilder dirigieren den Läufer zu der Stelle, an der sie den Scharfschützen gesehen haben.

Sorgfältig kontrolliert der Läufer, ob der Scharfschütze von seiner Position aus hätte treffen können.

Erfahrene Ausbilder beobachten ständig das Gelände und versuchen, die Scharfschützen bereits in der Annäherung zu entdecken.

die äußeren Einflüsse auf den Schuss sachgerecht berücksichtigt hat. Kommt zum Beispiel starker Wind von rechts, dann muss er dies entweder durch eine Verstellung des Zielfernrohrs oder durch eine Veränderung seines Haltepunkts berücksichtigen. Des Weiteren wird der Anschlag kontrolliert und begutachtet, ob er beim Schuss einen hinreichend festen Stand hatte. Wenn der Schütze alles richtig gemacht hat, so hat er damit noch immer nicht die Maximalpunktzahl sicher. Die vollen zehn Punkte erhält er nämlich nur dann, wenn er sich nach seinem Schuss und den Überprüfungen wieder unerkannt entfernen kann. Dazu gehört auch, dass die Soldaten nichts zurückzulassen, was Rückschlüsse auf ihre Anwesenheit erlauben würde.

Scharfschützen lernen auch, auf bewegte Ziele zu schießen. Bewegt sich das Ziel gerade auf den Schützen zu oder von ihm weg, ist es relativ einfach, einen Treffer zu erzielen. Ungleich schwieriger ist das Schießen auf querbewegte Ziele. Dann reicht es nicht mehr aus, das Ziel anzuvisieren und abzudrücken, sondern es muss die Distanz bis zum Ziel und dessen Geschwindigkeit berücksichtigt werden, um einen Treffer anzubringen. Um die Ermittlung des richtigen »Vorhaltens« zu erlernen, schießen die Soldaten in einer Übung auf eine Distanz von 300 Metern auf Ziele, die sich mit 4, 8 und 12 km/h bewegen. Für die Übung gibt es Noten. Wer alle sechs Schüsse ins Ziel bringt, erhält die Note 1. Eine 2 gibt es mit 5 Treffern usw.

Die Scharfschützen der Bundeswehr verfügen über hervorragende Waffen und verschießen Munition, die handverlesen ist. Von dem Munitionshersteller MEN in Nassau an der Lahn wird jedes Los der Patronen geprüft und auf der Verpackung die Mündungsgeschwindigkeit V_0 der Patronen angegeben. Dies ist ein wichtiger Faktor, gerade dann, wenn der Scharfschütze auf querbewegte Ziele schießt. Denn dieses Schießen ist noch etwas komplizierter als gerade beschrieben. Um die Angabe der Abgangsgeschwindigkeit des Projektils nutzen zu können, haben die Schützen Tabellen, in denen sie ablesen können, wie sich der Vorhalt jeweils mit einer unterschiedlichen Rasanz der Projektile verändert. Diese Qualität hat ihren Preis: Jede Patrone im Kaliber .300 Winchester Magnum kostet 5 Euro. Aber Wunder kann auch diese Munition nicht vollbringen. Wunder beginnen für Scharfschützen irgendwo jenseits der 600-Meter-Marke. Dann nimmt der Einfluss

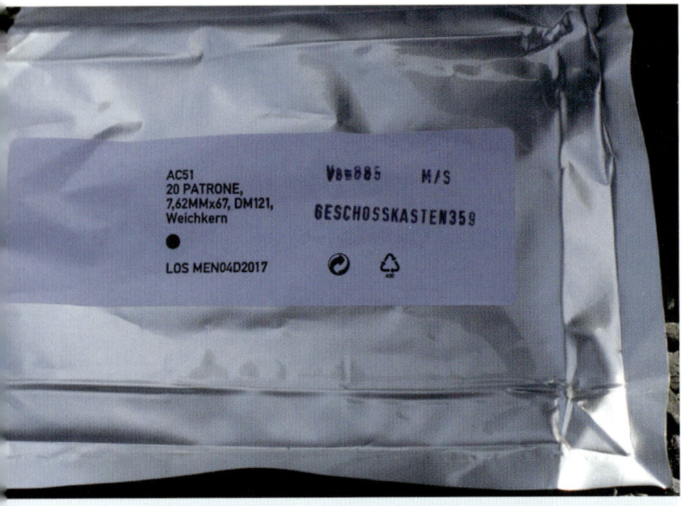

Auf der Verpackung gibt der Hersteller die V_0 dieser Patronen an. Das ist wichtig, um zum Beispiel bei querbewegten Zielen den Vorhalt zu errechnen.

unterschiedlicher Faktoren auf den Schuss Meter für Meter mehr zu, und es wird immer schwieriger, ein Ziel noch sicher zu treffen. Dann hängt ein Treffer oder ein Fehlschuss nicht nur vom richtigen Schätzen der Geschwindigkeit des Ziels ab und der richtigen Ermittlung der Entfernung zum Ziel. Dann spielt der Wind eine große Rolle, denn je länger die Flugbahn des Projektils ist, um so stärker wirkt er sich aus. Übrigens nicht nur der Seitenwind. Bei Schüssen im Gebirge sind die Abweichungen, die sich bei Wind von oben oder Wind von unten ergeben, legendär. Hitze und Kälte wirken sich bei Schüssen auf große Distanzen aus, ebenso die Feuchtigkeit. Irgendwann stoßen auch die allerbesten optischen Geräte an ihre Grenzen. Und irgendwann ist der Punkt erreicht, an dem es sich zeigt, ob der Mann das Zeug zum Scharfschützen hat; nämlich dann, wenn die Grenze der Fähigkeiten von Mensch und Material überschritten sind und der Scharfschütze melden muss, dass ihm eine Schussabgabe nicht möglich ist.
Der Scharfschützenlehrgang G 22 in Hammelburg bildet die Basis, von der aus eine weitere Qualifikation möglich ist. Die darüber liegende Stufe ist der Truppführerlehrgang. Die höchste Ausbildungsstufe eines Scharfschützen ist der Ausbilder/Schießlehrer G 22.
Gerade bei den Scharfschützen ist die Auftragstaktik von größter Bedeutung. Im Einsatz muss der Scharfschütze fähig sein, seinen Auftrag jeweils lageangepasst bestmöglich zu erfüllen oder deutlich die Grenzen der Möglichkeiten zu erkennen. Dazu muss er Fähigkeiten besitzen, die im Grunde erst eine hierarchische Stufe höher gefordert sind. Ein Truppführer – im Range eines Stabsgefreiten – muss somit das können, was eigentlich erst ein Feldwebel beherrschen muss.
An diesem Punkt öffnet sich ein weites Problemfeld. Wie auch in anderen Bereichen der Bundeswehr sind die kognitiven Anforderungen, die an einen Scharfschützen gestellt werden, hoch. Dem steht entgegen, dass die meisten Scharfschützen Soldaten auf Zeit sind, mit einer Verpflichtungsdauer von vier Jahren (SaZ 4). Nur wenige Scharfschützen haben sich auf acht Jahre verpflichtet. Häufig ist der Status eines Zeitsoldaten an den bestandenen Lehrgang gekoppelt. Der Soldat wird demnach erst nach dem Lehrgang in Hammelburg zum Zeitsoldaten ernannt. Somit ist diese Ausbildung von vorneherein mit einem hohen Maß an Stress verbunden. Die Praktiker wissen, dass eine Verpflichtungszeit von vier Jahren für einen Scharfschützen zu kurz ist. Ideal wäre eine Verweildauer von acht Jahren; denn gerade in diesem Bereich kann Erfahrung durch nichts ersetzt werden. Man muss erlebt haben, wie sich die Bedingungen für einen Scharfschützen mit der Jahreszeit verändern, ganz zu schweigen von unterschiedlichen klimatischen Verhältnissen in unterschiedlichen Einsatzländern. Auf der anderen Seite kann man diese Tätigkeit jedoch nicht bis ins hohe Alter ausüben, dafür sind die damit verbundenen körperlichen Belastungen zu hoch. Das Leben unter widrigen Verhältnissen fordert seinen Tribut. Irgendwann jenseits des 40. oder 45. Lebensjahres spielt der Körper nicht mehr mit.
Scharfschützen müssen aus einem besonderen Holz geschnitzt sein. Männer, die auf dem Lande aufgewachsen sind, besitzen gegenüber reinen Stadtmenschen deutliche Vorteile. Wer mit der Natur aufgewachsen ist, kennt Dinge, die man anderen zum Teil erst mühsam beibringen muss. So weiß ein naturverbundener Scharfschütze, dass ein flüchtender Hase die eigene Position verraten kann; denn der Hase ist ein Fluchttier.

Auch für die Scharfschützen und ihre Ausbilder gilt, dass Erfahrung durch nichts zu ersetzen ist.

Die Gemeinde der Scharfschützen ist sehr klein in der Bundeswehr. Man kennt sich gegenseitig und weiß um die jeweiligen Vorlieben und Philosophien. So gibt es mittlerweile regelrechte Schulen, in denen zwar die gleichen Inhalte gelehrt werden, es jedoch im Detail Unterschiede gibt. So streiten die Großen der Zunft über »die richtige« Art des Tarnens oder über die körperlichen Voraussetzungen, die ein Scharfschütze mitbringen muss. Für die einen ist der Experte schlechthin ein Mann, der über viele Jahre in Calw diente und dann in den Hohen Norden wechselte. Für die anderen ist ein Franke, der in Hammelburg den Nachwuchs ausbildet, die Koryphäe. Internationale Zusammenkünfte der Scharfschützen festigen den Ruhm der Lichtgestalten. Wenn die Experten aus den weltweit besten Spezialeinheiten des Militärs und der Polizei zusammenkommen, bewegt man sich bisweilen in Ebenen, die ein normaler Scharfschütze kaum noch, ein Normalo überhaupt nicht mehr nachvollziehen kann. So zum Beispiel die Frage, ob die neu entwickelten, von den Herstellern als temperaturunabhängig gepriesenen Treibladungspulver besser sind als die alten. Oder, ebenso heiß ausschließlich von Fachleuten diskutiert, die Erst-Schuss-Problematik bei Unterschallgeschossen.

Eine Übung im Rahmen des Ausbildungsabschnitts »Water Infiltration Course«. Der Soldat schießt mit seinem MG 4 aus dem fahrenden Boot auf Ziele am Ufer. *(Foto: Bundeswehr)*

Mehr als Infanteristen: Die Erweiterte Grundbefähigung (EGB)

Wer nach allgemeinen Trends in der Berufswelt sucht, stellt sehr bald fest, dass es kaum noch Generalisten gibt, sondern die Spezialisierung ganz offensichtlich ein Gebot der Stunde ist. Die zunehmende Elektronisierung des Autos machte den Beruf des Mechatronikers notwendig; im Bereich der Betriebswirtschaftlehre boomt – nicht ohne Grund – das Controlling, und unter Polizisten gibt es nicht mehr den Schutzmann an der Ecke, dafür aber vielfältig bezeichnete uniformierte Sozialarbeiter oder Ordnungshüter, die in einer BFE (Beweis- und Festnahme-Einheit) arbeiten.

In der Bundeswehr ist der Trend zur Spezialisierung ebenfalls feststellbar, und dies wird im Großen und Ganzen auch als sinnvoll erachtet. Das heißt jedoch nicht, dass die deutliche Zunahme an Spezialisierungen überall auf Begeisterung stößt. Eher kritisch sehen gerade militärische Praktiker, dass die Ausbildung von Grundfähigkeiten des Soldaten leidet und dass allzu rasch nach dem Spezialisten gerufen wird, wo die Arbeit auch von einem Soldaten geleistet werden könnte, sofern er nur die soldatischen, insbesondere die infanteristischen Grundfähigkeiten beherrschte.

Wir wollen in diesem Kapitel eine infanteristische Spezialisierung näher betrachten. Um erklären zu können, was die »Spezialisierten Kräften des Heeres mit erweiterter Grundbefähigung«, im Folgenden als SpezlKrH EGB bezeichnet, auszeichnet und welche Inhalte den Soldaten in dieser Ausbildung vermittelt werden, ist ein kurzer Blick zurück erforderlich.

Seit Mitte der 90er-Jahre wurde in Calw das Kommando Spezialkräfte (KSK) aufgebaut. Damit schloss die Bundeswehr eine Fähigkeitslücke; denn zuvor gab es

keinen Verband, der in der Lage gewesen wäre, deutsche Geiseln in einem ausländischen Land zu »retten« und zu »befreien«. Es gab zwar für Geiselbefreiungen ausgebildete Kompanien, die bei den Fallschirmjägerbataillonen angesiedelt waren, aber deren Ausrüstung und insbesondere deren Infrastruktur war zu diesem Zweck nicht ausreichend. Die bewährte GSG 9 des damaligen Bundesgrenzschutzes konnte zur Geiselbefreiung zwar im Ausland eingesetzt werden, aber nur dann, wenn in diesem Land Frieden herrschte. Das bedeutete: Deutschland war zum Beispiel nicht zur Rettung und Befreiung seiner Staatsbürger aus einem Land fähig, in dem ein Bürgerkrieg tobte. Die Bedeutung dieser Fähigkeitslücke zeigte sich im Jahr 1994 in Ruanda, als dort deutschen und weiteren europäischen Staatsbürgern die Ausreise durch Aufständische verweigert wurde. Die Festgehaltenen konnten schließlich durch belgische Spezialkräfte aus ihrer misslichen Situation befreit werden. Viele empfanden dies als blamabel; denn das große Deutschland brauchte das kleine Belgien, um ein Problem zu lösen, das zu den Kernaufgaben jedes Staates gehört: Für die Sicherheit seiner Bürger zu sorgen.

Die Antwort auf diese Fähigkeitslücke war, wie gesagt, das KSK. Dessen Aufbau erfolgte in einer sensationell kurzen Zeit, und schon sehr bald konnte die Eliteeinheit der Bundeswehr in den Bürgerkriegen auf dem Balkan ihr Können unter Beweis stellen. Dass diese Fähigkeiten weit über das »Retten und Befreien« hinausgingen, wurde der Öffentlichkeit nicht verschwiegen, aber wer kann schon wirklich etwas mit Begriffen wie »Gewinnung von Schlüsselinformationen«, »Schutz ei-

Das KSK übt häufig Geiselbefreiungen, unter anderem die Erstürmung eines entführten Busses. Dabei bildet die Gleichzeitigkeit des Zugriffs und damit das schlagartige Ausschalten aller Gegner einen wesentlichen Punkt. *(Foto: Fachmedienzentrum KSK)*

gener Kräfte auf Distanz«, »Verdeckten Operationen« oder »Kampf in der Tiefe« anfangen?

Die Alliierten machten große Augen, als sie sahen, was dieses KSK wenige Jahre nach seiner Aufstellung bewältigen konnte. Sie waren aber ebenso verwundert, wie wenige Männer da so viel leisteten. Dass den Deutschen mit ihrem KSK nicht die Quadratur des Kreises gelungen war, zeigte sich jedoch wenig später. Es fehlte der in Calw stationierten Einheit das große Drumherum, das für vergleichbare Einheiten der Briten und besonders der Amerikaner eine Selbstverständlichkeit ist: Eine zum Lösen spezieller Lagen befähigte Einheit braucht ein umfangreiches Unterstützungsumfeld. Je nach der Betrachtungsweise, wer alles zu den Unterstützern zählt, ergeben sich Relationen von 1 : 4 bis hin zu 1 : 10. Das bedeutet, dass auf einen »Kämpfer« vier bis zehn Unterstützer kommen.

In Calw wurde Schritt für Schritt ein Unterstützerumfeld aufgebaut. Jedoch zeigte sich Anfang des 21. Jahrhunderts, dass in komplexen Operationen der Bundeswehr, an denen das KSK beteiligt war, eine wesentliche Komponente fehlte. Probleme ergaben sich, weil zwischen den Fähigkeiten der Spezialkräfte – wir wollen uns im Folgenden hier auf das KSK beschränken – und den spezialisierten Kräften des Heeres – wozu zuvorderst die Fallschirmjäger zählen – eine schmerzliche Lücke klaffte.

Unter den Verantwortlichen bestand kein Zweifel, dass diese Lücke geschlossen werden musste. Fraglich war jedoch, wie dies geschehen sollte. Seit dem Jahr 2003 nahmen Planungen konkrete Formen an, an denen zwei ehemalige KSK-Soldaten einen wesentlichen Anteil hatten. Auf dem weiteren Weg fand eine enge Kooperation zwischen dem Heeresamt und der Division

Einige Objekte der Hindernisbahn in Pfullendorf können nur gemeinsam bewältigt werden. Dies stärkt den Teamgeist. *(Foto: Bundeswehr)*

Spezielle Operationen (DSO) statt, zu der das KSK gehört. Innerhalb der DSO sollten SpezlKrH EGB aufgebaut werden, um »im Rahmen von Speziellen Operationen schnell Kräfte für intensive und/oder sensitive Einsätze, die ein entsprechendes Fähigkeitsspektrum erfordern und zur direkten taktischen Unterstützung des KSK befähigt sind, verfügbar zu haben.« Es sollte mit den EGB-Soldaten »eine besonders leistungsfähige Truppe der Infanterie in der Division Spezielle Operationen« geformt werden.

SpezlKrH EGB sind das Ergebnis konzeptioneller Entwicklungen in vielen Bereichen. Zum einen der Gruppe Grundlagen, die zur DSO gehört, zum anderen der Gruppe Weiterentwicklung des KSK und nicht zuletzt des Ausbildungszentrums Spezielle Operationen (AusbZSpezlOp). Das Konzept ist eine Mischung aus den Erkenntnissen, die das KSK im Einsatz sammelte, und den Erfahrungen alliierter Spezialkräfte. Man orientierte sich an Bestehendem, insbesondere an den US-amerikanischen Special Operation Forces (SOF). Das Ergebnis dieser konzeptionellen Arbeit sind die SpezlKrH EGB.

Ende 2007 wurden in einem Grundsatzbefehl unter anderem die Grundsätze für die EGB-Kräfte festgeschrieben. Ganz konkret zählen zu deren Aufgaben Einsätze, die durch besondere Bedingungen charakterisiert sind:

- die Komplexität der politischen, militärischen, wirtschaftlichen soziologischen oder ethnischen Lage in Speziellen Operationen,
- die Dringlichkeit beziehungsweise Reaktionsfähigkeit unter hoher Bedrohungslage,
- der Einsatz in fast allen geographischen Regionen und Klimazonen,

- der autarke Einsatz unter hoher Bedrohungslage und der Einsatz in isolierten Lagen sowie in großer Entfernung zur eigenen Truppe.

Darüber hinaus wurde die Forderung erhoben, die EGB-Kräfte so zu organisieren, auszubilden und auszustatten, dass sie auch zur Verbringung in Anlehnung an die Spezialkräfte (SpezKr) befähigt sind und durch ihre »spezifischen Teilfähigkeiten zur direkten taktischen Unterstützung der SpezKr geeignet sind«.

Zu einem frühen Zeitpunkt wurde festgelegt, dass in diesen SpezlKrH EGB unterschiedliche Fähigkeiten zusammengefasst werden sollten. Die SpezlKrH EGB bestehen im Wesentlichen aus den dritten Kompanien der Fallschirmjägerbataillone, den Fallschirmspezialzügen, der Fernspählehrkompanie 200, Kräften der Luftlandepionierkompanien sowie der Feldnachrichtenzüge der Luftlandeaufklärungskompanien. Obwohl wir uns im Folgenden, wenn nicht ausdrücklich etwas anderes gesagt wird, auf die Fallschirmjäger konzentrieren werden, sei deutlich herausgestellt: EGB ist mehr als »nur« Fallschirmjäger.

Wir wollen an dieser Stelle nur erwähnen, dass im Lauf der Zeit der Kreis der Unterstützer immer weiter vergrößert wurde. Mittlerweile gibt es auch zahlreiche Kräfte, die EGB-Soldaten beim Lösen ihrer Aufgaben unterstützen.

Ein EGB-Soldat muss ein Idealist sein. Das ist mehr als ein flotter Spruch. Ein Idealist ist jemand, der etwas eines höheren Zieles wegen tut. Ein EGB-Soldat bekommt keine Zulage für seine Mehrleistung, seine Beförderungschancen sind nicht signifikant besser als die eines »normalen« Fallschirmjägers, er hat keine Garantie, Berufssoldat zu werden. Nach Abschluss der siebenmonatigen Erweiterungsausbildung EGB (ErwAusb SpezlKrH EGB) ist der Soldat für Aufgaben der SpezlKrH EGB bei SpezlOp einsatzbereit. Ein besonderes Abzeichen wird bisher nicht verliehen. Man sieht somit als Außenstehender nicht, wer EGB-Soldat ist. Was bekommt er dafür, dass er mehr leistet? Eine hervorragende umfangreiche Ausbildung, eine hochwertige Ausrüstung und eine besondere Form der Kameradschaft.

Bevor die Ausbildung zum EGB-Soldaten beginnen kann, hat der Mann, unanhängig von seinem Dienstgrad, als erste Hürde ein Auswahlverfahren zu bestehen, das in seiner Einheit durchgeführt wird. Darin wird seine physische und psychische Belastbarkeit überprüft. Er muss seine charakterliche Eignung, seine Teamfähigkeit sowie sein kameradschaftliches Verhalten beweisen und zeigen, dass er für seine zukünftigen Aufgaben die erforderliche Schnelligkeit und Gewandtheit mitbringt und sich über einen langen Zeitraum konzentrieren kann. In einer internen Anweisung wird besonders hervorgehoben, dass der Aufbau der EGB-Kräfte eine hohe Priorität einnimmt. Gleichzeitig wird betont: »Die Wahrung der Qualität hat von Beginn an Vorrang vor der quantitativen Auffüllung«.

Nach dem Ende der Ausbildung muss der Soldat eine Mindestrestdienstzeit von 24 Monaten aufweisen. Dies bedeutet, dass sich die Mannschaftsdienstgrade auf mindestens vier Jahre verpflichtet haben müssen. In der Regel verlängern die EGB-Mannschaftsdienstgrade nach der erfolgreichen Teilnahme an der Erweiterungsausbildung EGB am AusbZSpezlOp in Pfullendorf jedoch auf acht Jahre.

Die ErwAusb SpezlKrH EGB findet nur am AusbZSpezlOp, im Schwerpunkt in der III. Inspektion statt. In sieben Monaten erlernen die EGB-Soldaten sehr viele Fähigkeiten, von denen ein normaler Infanterist nur träumen kann. Ein Merkmal der Ausbildung ist, dass jedem einzelnen Lehrgangsabschnitt jeweils ein Eingangstest vorgeschaltet ist. Dies ist zum Beispiel ein 7-Kilometer-Lauf mit 20 kg Gepäck in 52 Minuten oder der Schwimmtest: 200 Meter in Uniform in höchstens acht Minuten für den Water Infiltration Course.

Mit dem Nahkampfmodul 1 beginnt die Ausbildung der EGB-Soldaten. Insgesamt werden drei Nahkampfmodule am AusbZSpezlOp angeboten, die auf dem bei Spezialeinheiten weit verbreiteten Kampfsport Win Tsun basieren und bis zum Erreichen der Qualifikation zum Nahkampflehrer führen. Nach der Eingewöhnung und der Vermittlung der Grundlagen findet die Nahkampfausbildung in der Regel im Kampfanzug mit voller Ausrüstung statt. Und man verzichtet bald auch auf Bodenmatten, um die Nahkampftechniken realitätsnah zu üben. Die Nahkampfausbildung ist in gewisser Hinsicht auch ein Mittel, um einen ganz bestimmten

Das Überwinden eines einfachen Seilstegs auf der Wasser-Hindernisbahn mit voller Ausrüstung. *(Foto: Bundeswehr)*

Zweck zu erreichen: die mentale und körperliche Konditionierung der EGB-Kräfte für den Kampfeinsatz. Dies zeigt sich deutlich in den Übungen, in denen die Abwehr eines Messerangriffs im Mittelpunkt steht. Es ist zwar möglich, auch einen versierten Messerkämpfer mit bloßen Händen abzuwehren, dazu ist jedoch eine sehr aufwendige Nahkampfausbildung erforderlich. Die EGB-Soldaten lernen die Messerabwehr mitunter auch mit bloßen Händen. Diese Fähigkeit hat den positiven Nebeneffekt, das Selbstbewusstsein besonders zu steigern. Dies ist ein ganz wesentliches Ausbildungsziel, das als »Combat Mindset« (CMS) bezeichnet wird. Mit diesem Begriff wird die mentale und körperliche Konditionierung der EGB-Kräfte für den Kampfeinsatz auf kurze und kürzeste Entfernungen bezeichnet. Diese Fähigkeit ist besonders beim Kampf im urbanen Umfeld erforderlich. Der Soldat muss jederzeit darauf gefasst sein, plötzlich auf eine für ihn tödliche Bedrohung zu treffen, eine sogenannte Duellsituation. Dann kommt es darauf an, blitzschnell und ohne Schrecksekunde zu reagieren. Der Soldat muss zum Beispiel auch dann noch handlungsfähig sein, wenn ein Kamerad verwundet wurde. Zu dieser mentalen Konditionierung gehört Vertrauen in die eigenen Fähigkeiten, Konzentration und eine offensive Körperhaltung. (Es sei an dieser Stelle nur der Vollständigkeit halber erwähnt, dass in der Ausbildung im Normalfall die Abwehr eines Messerkämpfers mit der Schusswaffe gelehrt wird. Das dürfte auch die weitaus sicherere Methode sein, denn selbst der ehemalige Leiter der Nahkampfausbildung im KSK empfahl seinen Männern für den Fall, dass sie mit bloßen Händen einem Messerkämpfer gegenüberstünden, einfach die Beine in die Hand zu nehmen ...)

Ein weiteres Merkmal der Ausbildung in Pfullendorf ist die besondere Schießausbildung, die jeder EGB-Soldat durchläuft. In drei Monaten verschießt jeder Soldat in Pfullendorf und auf den vom Ausbildungszentrum Spezielle Operationen genutzten Truppenübungsplätzen zirka 15.000 Schuss. Jedoch unterscheidet sich diese Ausbildung in vielen Bereichen von dem, was die KSK-Soldaten mit ihren Waffen üben. Der EGB-Soldat besitzt am Ende seiner Ausbildung nicht die überragende Präzision, die die KSK-Soldaten benötigen. Denn in Calw muss aufgrund der Auftragslage zum Beispiel gelehrt werden, in allen nur erdenklichen Situationen einen oder mehrere Täter zu bekämpfen, die Geiseln jedoch zu schonen. Geiseln zu befreien, gehört nicht

Grundschulung im Nahkampf. Charakteristisch für Win Tsun sind sogenannte Kettenfauststöße. *(Foto: Bundeswehr)*

zum originären Aufgabenspektrum der EGB-Soldaten. In der Regel ist das Gegenüber des EGB-Soldaten ein Soldat oder eine sogenannte »irreguläre Kraft«. Einen solchen Gegner muss er schnell und sicher auch auf sehr kurze Distanz mit seinen Waffen treffen.

Die Schießausbildung beginnt mit der Einzelausbildung. Am Anfang steht die Vermittlung der Grundtechniken im Schießen. Es wird sehr viel Zeit investiert, um die Schießtechnik einzuüben und auftretende Schiessfehler abzustellen. Dieser Abschnitt der Ausbildung ist gespickt mit zahlreichen Übungen, die der Soldat bestehen muss, um auf die nächste Ausbildungsstufe zu gelangen. Gelehrt wird das instinktive Schießen aus der Bewegung, bei Tag, bei Nacht, mit BiV-Brille (Nachtsichtbrille, BiV = Bildverstärker), mit Taschenlampe in der Hand oder an einer Schiene unterhalb der Waffe befestigt. Bei den Übungen tragen die Soldaten Schutzbrillen, Knieschoner, schusssichere Westen und leistungsfähige Tiefziehholster. Allesamt Ausrüstungsgegenstände, die sich beim KSK bewährt haben.

Ein Ziel der Schiessausbildung ist es, den Soldaten eine bestimmte Form des instinktiven Schießens beizubringen. Sie sollen mit ihren Waffen in jeder erdenklichen Situation handlungsfähig und handlungssicher werden. Dazu gehört es, dass sie auch auf Distanzen von nur drei Metern schießen. Wenn die Grundlagen sitzen, was in einer Prüfung nachgewiesen wird, kommt als aufbauende Stufe das Gefechtsdrillschießen (GDS). Hierbei wird das Buddy-System praktiziert – es wird also stets in Zwei-Mann-Teams geübt –, und wenig später folgen Schießübungen im Gruppenrahmen. Die Übungen im Schießen werden nach der Vermittlung der Grundlagentechniken allesamt im scharfen Schuss, bei Tag und Nacht sowie im offenen und bewaldeten Gelände durchgeführt.

Im Gefechtsdrillschießen (GDS) werden bestimmte Standardverfahren vermittelt und automatisiert – deshalb »Drill« –, die sowohl im Angriff (offensiv) als auch beim Ausweichen/Verteidigen (defensiv) angewendet werden können. Eines der bekanntesten ist das »Ausweichschießen«. Dies ist ein bereits in der Bundeswehr bei SpezKr/SpezlKr angewandtes Verfahren, das es unter anderem ermöglicht, sich unter Feuerschutz von einem Feind zu lösen. Sowohl ein offensiver als auch ein defensiver Drill wird gelehrt. Dabei wird das Wissen so vermittelt, dass im Einsatz kein Befehl mehr gegeben werden muss. Ein Stichwort reicht, und alle Männer wissen, was zu tun ist. Im Bereich GDS wird den Solda-

Aufgrund der Auftragslage werden im Nahkampf auch weiche Techniken gelehrt, so zum Beispiel, einen Störer lediglich zur Seite zu schieben. *(Foto: Bundeswehr)*

Die EGB-Soldaten trainieren keine Geiselbefreiungen, das ist Aufgabe des KSK. Sehr wohl müssen sie aber das selektive Schießen unter Berücksichtigung einer unmittelbaren Bedrohung beherrschen. Wer in dieser Szene auf den Mann mit dem Fotoapparat schießt, wird abgelöst. *(Foto: Bundeswehr)*

Nachtschießen mit der P 8. Die Schützen tragen am Rücken Knicklichter, um ihre Position für das Leitungspersonal sichtbar zu machen. Das Ziel wird mit einem Tactical Light angeleuchtet. Auf Zuruf muss der Soldat auf eines oder mehrere der farbigen Elemente in der geforderten Reihenfolge feuern. Deutlich sichtbar die Schmauchtrompete, die durch brennende Pulverpartikel erzeugt wird. *(Foto: Bundeswehr)*

Den Gefechtsdrill charakterisieren bestimmte Bewegungs- und Handlungsabläufe. Schon bei der Schießausbildung werden diese unter Anleitung geübt. Das Herstellen der Gefechtsbereitschaft oder das Beheben von Störungen erfolgt immer im Abknieen. Die erhobene Hand ersetzt die Fertigmeldung. Der Ausbilder befiehlt daraufhin das »Auf«. Bevor der Soldat sich erhebt, schaut er nach hinten, um eine Gefahr, die eventuell auch von eigenen Kräften ausgeht, erkennen zu können. *(Foto: Bundeswehr)*

ten auch beigebracht, aus stehenden und sich bewegenden Fahrzeugen mit dem Gewehr und der Pistole zu schießen.

GDS schult das Verhalten der Soldaten für extreme Stresssituationen. Ziel ist es, dass die Soldaten im Einsatz so agieren bzw. reagieren, wie sie es in Pfullendorf gelernt haben. Mit den bisherigen Erfahrungen aus den Einsätzen ist Oberst Peter Seidenspinner, der Kommandeur des Ausbildungszentrums Spezielle Operationen, sehr zufrieden. So konnten die EGB-Soldaten dank der umfangreichen Ausbildung, die auch das Schießen bei Tag und bei Nacht oder auch von Fahrzeugen aus der Bewegung beinhaltet, im Einsatz bestehen.

Water Infiltration Course ist ein weiterer Abschnitt in der EGB-Ausbildung. Zur Water Infiltration zählt neben anderem der Einsatz taktischer Schwimmer, also von Soldaten, die beim Schwimmen taktische Gesichtspunkte beachten. Hier lernen die Soldaten aber auch, sich auf unterschiedliche Art mit einem Boot taktisch zu bewegen, und es wird ihnen vermittelt, wie sie mit den Tücken des Schlauchbootes umgehen müssen. Am Ende der Ausbildung beherrschen sie auch unterschiedliche Absetz- und Aufnahmeverfahren, um Kameraden ins Boot zu holen. Dazu gehört auch eine besonders schnelle Technik, bei der die im Wasser schwimmenden Soldaten mit einem Kunststoffring in das schnell fahrende Boot aufgenommen werden. Ein Bestandteil der Ausbildung ist das Schießen aus Booten heraus mit dem G 36 und dem MG 4. Dieser Teil der Ausbildung findet auf dem US-Truppenübungsplatz Grafenwöhr statt.

Das Vermitteln der urbanen Angriffstechniken rundet die Schießausbildung ab. Darunter fällt das Schießen in und in der Nähe von Häusern, einschließlich des Schaffens von Zugängen. Dazu stehen den Soldaten Rammen, Bolzenschneider, Brecheisen, sogenannte Hooligans zur mechanischen Öffnung sowie die Flinte zur ballistischen Öffnung (mit spezieller Munition, sogenannte Zinkpellett) zur Verfügung. Die beiden sprengtechnischen Möglichkeiten sind zum einen die Rubber Charge (Gummi + Sprengschnur), die auf das Türschloss aufgesetzt wird, zum anderen die Flexible Linear Charge (Sprengschnur auf doppelseitigem Klebeband). Ein Hauptfeldwebel erklärt, dass es auch weitaus modernere Methoden gibt, jedoch erfordern diese eine spezielle Ausbildung: »Es reicht für uns das Einfache, das sich bewährt hat!« Treu nach dem Motto »simple works«.

Das Ziel der Schießausbildung ist in einem internen Papier klar formuliert: Die Soldaten sollen »die Grundsätze und Grundlagen der Schießtechnik unter allen Einsatzbedingungen beherrschen«. Die Masse der Soldaten schließt die Ausbildung erfolgreich ab. Der Grund

Wechseldrill. Die Langwaffe bleibt dabei vorn, wird von den Schützen nicht nach hinten auf den Rücken gebracht. Das spart Zeit und behindert den Schützen weniger, als man glauben könnte. Die Soldaten sind hochwertig ausgerüstet mit unter anderem Knieschonern, Schießbrille, »Peltor« Aktiv-Gehörschutz, Handschuhen und dem EGB-Tiefziehholster. Die dabei eingenommene »offensive« oder »aggressive« Haltung ist Teil des Combat Mindset. *(Foto: Bundeswehr)*

Zum Waffendrill gehört es, dass die Soldaten ihre Waffen stets der Lage angepasst sicher handhaben. *(Foto: Bundeswehr)*

Wenn das Boot gekentert ist, muss es wieder umgedreht werden. Dabei wird einer der Soldaten mit dem Boot aufgerichtet, um danach schnell seine Kameraden ins Schlauchboot ziehen zu können.
(Foto: Bundeswehr)

Der Einsatz taktischer Schwimmer (Scout-Schwimmer). Zwei Soldaten wurden abgesetzt, ihre Kameraden im Boot sichern.
(Foto: Bundeswehr)

Im Ausbildungsabschnitt »urbane Angriffstechniken« lernen die Soldaten auch die Anwendung bestimmter Sprengverfahren. Bei einer Stationsausbildung wird mit einer am Türschloss angebrachten »Rubber Charge« die Tür geöffnet. *(Foto: Bundeswehr)*

Ein Zündschlauchsystem – »Shock Tube« – im Moment der Zündübertragung. Die Ausbildung findet in Wildflecken auf einer ehemaligen US-Anlage statt. Dieses erklärt die Rechtschreibfehler auf dem Warnhinweis. *(Foto: Bundeswehr)*

für ein Scheitern liegt nahezu ausnahmslos in einem nicht bestandenen Schießtest oder in dem Nichtbeachten sehr strenger Sicherheitsregeln. Wer abgelöst wurde, kann es jedoch in einem nächsten Durchgang noch einmal versuchen.

Eine umfangreiche Sanitätsausbildung gehört bei nahezu allen Spezialeinheiten weltweit zum Fächerkanon. Den EGB-Soldaten wird das Wissen eines »Combat First Responder Level A« (CFR Level A) vermittelt. Hinter diesem Begriff verbergen sich umfangreiche sanitätsdienstliche Erstmaßnahmen im Einsatz im Rahmen der Notkompetenz, wozu unter anderem auch das Legen von Zugängen, das Abbinden von Gliedmaßen zur temporären Blutstillung, das Anlegen von Verbänden und die Sicherung der Atemwege durch Verwendung eines Güdel- oder Wendl-Tubus gehört.

Öffnen einer Tür mit der Flinte. Dazu wird eine Spezialmunition verwendet, mit der auf das Türblatt in Höhe der Scharniere oder auf das Türschloss geschossen wird. Hier eine Stationsausbildung. *(Foto: Bundeswehr)*

Durch eine Sprengschnur (»Flexible Linear Charge«), die mit Klebeband an der Tür angebracht ist, wird diese der Länge nach geteilt. Der Fotograf fing exakt den Entflammungs- und Detonationszeitpunkt der Sprengschnur ein. *(Foto: Bundeswehr)*

Öffnen einer Tür mit der Schrotflinte. Sollte es dabei Probleme geben, steht ein zweiter »Breacher« mit einer Ramme bereit. Die gelbe Markierung im Fenster bedeutet, dass diese Öffnung von den Soldaten nicht berücksichtigt werden muss.

Häuserkampf ist schwierig, weil es dabei neben vielem anderen darauf ankommt, feste Ablaufschemata einzuhalten. Dazu gehört auch, dass die Soldaten in einer ganz bestimmten Reihenfolge in das Haus stürmen. *(Fotos: Bundeswehr)*

Im Gegensatz zu den EGB-Soldaten verfügt das KSK über eine außerordentlich große Palette an unterschiedlichen Öffnungstechniken. So kann das für den jeweiligen Fall bestmögliche Mittel angewandt werden. *(Foto: Fachmedienzentrum KSK)*

Ohne hier zu sehr in die Details zu gehen: Es handelt sich dabei um Hilfsmittel, mit denen die Atemwege freigehalten werden können, was für eine Reanimation des Patienten eine Grundvoraussetzung ist. Der Güdel-Tubus wird primär bei der Maskenbeatmung verwandt, während der Wendel-Tubus dann zum Einsatz kommt, wenn der Verwundete oder Patient noch über eine Spontanatmung verfügt. Dieser Lehrgang dauert eine Woche. Bei der weiterführenden Ergänzenden Sanitätsausbildung CFR Level B ist es das Ziel, den Soldaten so auszubilden, dass er einen verwundeten Kameraden bis zu sechs Stunden unter zur Hilfenahme von schmerzstillenden Medikamenten und weiteren Maßnahmen am Leben halten kann. Level C ist den Soldaten des KSK und den Kampfschwimmern vorbehalten. Diese hochwertige Sanitäts-Ausbildung stellt ein Äquivalent zur Ausbildung der zivilen Rettungssanitäter dar. Level A ist in der Regel ausreichend, um auch bei einer schweren Verwundung dem Kameraden bis zur Übergabe an Sanitätspersonal zu helfen. Dieser Ausbildung kommt eine besondere Gewichtung zu, da die EGB-Kräfte befähigt sein müssen, auch autark zu operieren, was bedeutet, dass sie im Einsatz nicht immer auf unmittelbare ärztliche Unterstützung vor Ort zurückgreifen können.

Wichtig ist auch die Vermittlung des SERE Level C. SERE steht für Survival, Escape-Evasion, Resistance und Extraction, und vermittelt werden unter dieser Überschrift all die Fähigkeiten, die ein Soldat braucht, um in einer isolierten Notlage überleben zu können (Survival), bis er aus dieser von eigenen oder alliierten Soldaten befreit werden kann. Hierbei handelt es sich um einen umfangreichen Themenkomplex. Allgemein bekannt ist, dass der rettende Hubschrauber nur dann landet und nur dann einen Versprengten aufnimmt, wenn dieser einen bestimmten standardisierten Ablauf exakt einhält; denn die Hubschrauberbesatzung weiß ja zunächst nicht, wen sie sich da aus der Wildnis in ihr Luftfahrzeug holt.

Wer nach dem zentralen Punkt sucht, in dem sich die meisten Teile der Ausbildung wiederfinden, stößt auf das Patrolling, für das es übrigens keinen adäquaten deutschen Begriff gibt. Im Ausbildungsabschnitt Patrolling werden alle während der ErwAusb EGB erlern-

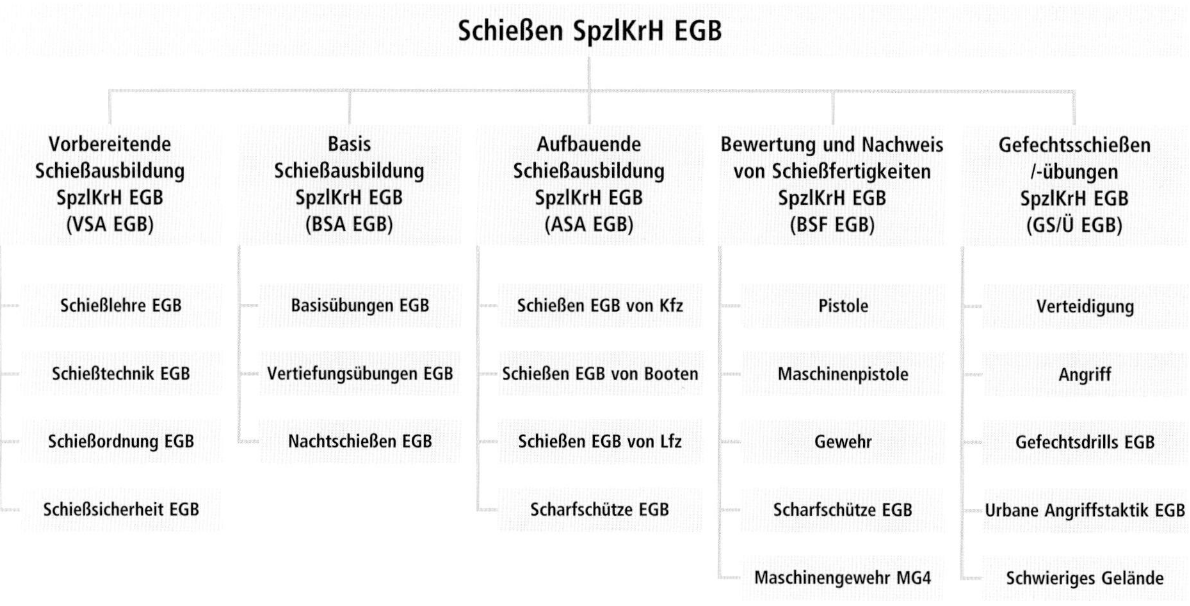

Das Schema vermittelt einen Eindruck von der vielfältigen Schießausbildung der EGB-Soldaten.

Jeder EGB-Soldat erhält eine hochwertige Sanitätsausbildung, die eine Initialversorgung von Verwundeten im Einsatz im Rahmen der Notfallkompetenz ermöglicht. Unter anderem ist das Legen von Zugängen Inhalt dieser Ausbildung. Auch bestimmte Formen der Atemwegssicherung werden gelehrt. *(Foto: Bundeswehr)*

ten Fähigkeiten im Rahmen von Gefechtsübungen und Gefechtsschiessen im scharfen Schuss abgefordert. Dabei wird das Patrolling in zwei Bereiche unterteilt. Zum einen in das Recconnaissance-Patrolling (Aufklärung von Objekten oder Bereichen), zum anderen in das Combat-Patrolling (also Offensivoperationen wie ein Handstreich oder ein Hinterhalt). Hier finden sich auch all die Begriffe, die im englischsprachigen Raum geprägt wurden, zum Beispiel »Raid« oder »Ambush« sowie »Zone-Recce« oder »Area-Recce«. Also besondere Einsatzformen, die spezielle oder Spezialoperationen charakterisieren. Im Patrolling zeigen die EGB-Soldaten auf Zugebene all das, was sie gelernt haben. Und im Patrolling liegt auch der Schlüssel zur Erklärung des Wertes der EGB-Kräfte: Es wird in Pfullendorf eine homogene kampfkräftige Teileinheit mit einem klar definierten Fähigkeitsprofil geschaffen, welche dann im vollen Umfang in allen speziellen Operationen eingesetzt werden kann. Das können zum einen hochwertige Aufgaben sein, aber auch das ganz normale Handwerk des Infanteristen. Nach der EGB-Ausbildung am Ausbildungszentrum ist es die Aufgabe der Truppe, sicherzustellen und zu überprüfen, dass der Soldat die EGB-Qualifikationen aufrechterhält. Dazu findet am AusbZSpezlOp einmal jährlich ein Lehrgang zum Schiesslehrer EGB statt, um geschultes Führerpersonal aus der Truppe zu qualifizieren. Eine Altersbegrenzung gibt es in diesem Bereich noch nicht.

Grundsätzlich ist die EGB-Ausbildung für Soldaten aller Dienstgrade in der Individualausbildung gleich. In der Führerausbildung findet jedoch eine spezielle taktische Schulung für die Offiziere und die Unteroffiziere mit Portepee (Gruppenführer) statt. Dieses Mission Planning (Planungsprozess) wird in der II. Inspektion in Pfullendorf durchgeführt. Hier wird gelehrt, was in der NATO Standard ist. Die Unteroffiziere ohne Portepee sowie die Mannschaftsdienstgrade hingegen werden nicht in dem Planungsprozess, sondern lediglich in den praktischen Verfahren geschult. Es wird also nicht das Grundprinzip der Auftragstaktik vernachlässigt, son-

SERE: Der Rauch dient dem Piloten als Positionssignal sowie als Zeichen, dass aus der Sicht des Aufzunehmenden keine unmittelbare Bedrohung am Aufnahmepunkt besteht. Zusätzlich kann er als Windrichtungsanzeige für die Landung genutzt werden. Der zweite Hubschrauber sichert den ersten und überwacht den Raum. Seine Waffen hat der Soldat abgelegt. *(Foto: Bundeswehr)*

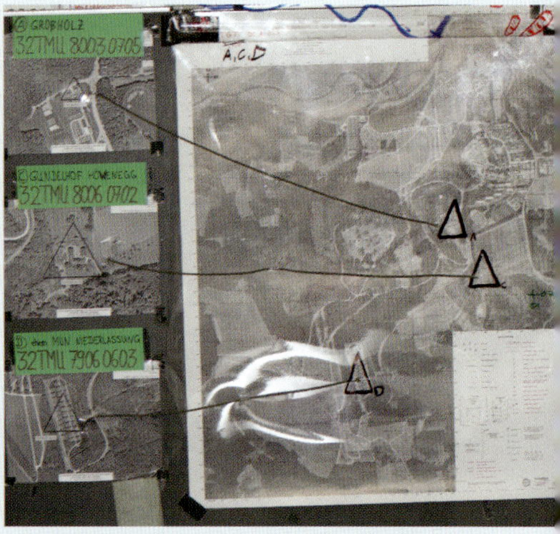

Zum Mission Planning gehört auch das detaillierte Entwickeln unterschiedlicher Möglichkeiten, einen Auftrag zu erfüllen. Ein Bestandteil der Lagebeurteilung ist die exakte Festlegung der zu erreichenden Ziele. *(Foto: Bundeswehr)*

Horchhalt im Rahmen einer Patrolling-Übung. *(Foto: Bundeswehr)*

Aufgrund des kleinen Kalibers, das das G 36 verschießt, ist der schnelle Doppelschuss sehr sinnvoll. Ein kleines, aber wichtiges Detail ist der Hülsenabweiser am Patronenauswurffenster. Bei der Wahl der Ausrüstung, zum Beispiel der Handschuhe, genießen die EGB-Soldaten einige Freiheiten. Sie muss jedoch gewissen Anforderungen an Form und Funktion genügen. *(Foto: Bundeswehr)*

dern lediglich die theoretische Seite des taktischen Wissens nur einer bestimmten hierarchischen Ebene zuteil. »EGB ist«, so drückt es Oberst Seidenspinner bildhaft aus, »ein Paket, das wir so in einen Einsatz schicken können«. Und er fährt fort: »Das Schießen ist in diesem Paket ein wesentlicher Anteil, aber es ist eben noch mehr. Es betrifft die Führer ebenso wie das Team sowie die Tätigkeiten des Einzelschützen zur Festigung und Harmonisierung des Gesamtelementes EGB-Zug«.
Da, wo EGB-Kräfte bisher im Einsatz waren, haben sie überzeugen können, und das KSK ist mit dieser direkten taktischen Unterstützung sehr zufrieden. Man macht in Pfullendorf kein Geheimnis daraus, dass sich bereits Partnerschaften zwischen dem KSK und bestimmten EGB-Einheiten entwickelten. Die Akzeptanz rührt auch daher, dass die EGB-Kräfte ständig am Puls der Zeit bleiben und Neuerungen in ihr Repertoire aufnehmen. Diese Innovationen sind fest institutionalisiert. Wenn das KSK eine Fähigkeitslücke in der Zusammenarbeit mit den EGB-Kräften feststellt, wird über das Heeresamt ein Antrag gestellt, diese Fähigkeitslücke zu schließen. Entweder durch die Entwicklung eines neuen Lehrgangs oder eine Modifikation der Ausbildung. Vom Heeresamt aus geht dieser Entwicklungs- oder Optimierungsauftrag an die Gruppe Weiterentwicklung der DSO und von dort an das AusbZSpezlOp.
Der »kleine Dienstweg«, also die direkte Verbindung zu den EGB-Kräften im Einsatz, ermöglicht es auch, rasch auf aktuelle Erfahrungen und Entwicklungen zu reagieren. Hiervon betroffen ist sowohl die Ausbildung in der Truppe als auch die am AusbZSpezlOp. Diesbezüglich werden Fragen oder Lücken in der Ausbildung, welche nicht eindeutig einem bestimmten Ausbildungs- oder Verantwortungsbereich zuzuordnen sind, unmittelbar aufgenommen. Diese sind am AusbZSpezlOp in bestehende Lehrgänge zu implementieren oder in neuer Lehrgangsform abzubilden beziehungsweise in der Truppe zu kompensieren.
Hier schließt sich der Kreis; denn jeder Soldat muss das infanteristische Grundhandwerk beherrschen. Genauso wie ein Kfz-Mechaniker wissen muss, wie man einen Ölwechsel durchführt.

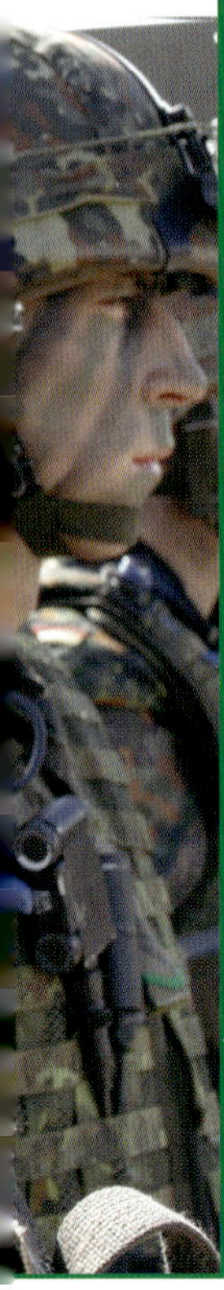

Die Anfänge des »Infanteristen der Zukunft« (IdZ) lagen vor rund 15 Jahren. Das Ziel war es, dem Infanteristen ein Gesamtpaket von Ausrüstung und Bewaffnung zur Verfügung zu stellen, das für jeden denkbaren Einsatz optimierbar sein sollte. Der Soldat wurde verstanden als Teil eines künftigen digitalen Gefechtsfeldes, seine Überlebens- und Durchhaltefähigkeit sollte durch das neue Konzept deutlich gesteigert werden. Bei einer Vorführung im Sommer 2004 trugen die Soldaten unter anderem die Restlichtverstärkerbrille »Lucie«. *(Foto: Bundeswehr)*

Weiterentwicklung

Die Bedeutung der »Weiterentwicklung« nahm in den vergangenen Jahren in der Bundeswehr kontinuierlich zu. Die Gründe dafür sind vielfältig. Zum einen schritten die technischen Entwicklungen in manchen Bereichen rasant voran – zu nennen sind zum Beispiel Optronik, neue Munition und Kommunikation. Zum anderen erfordern veränderte Bedrohungsszenarien und Einsatzerfahrungen(»lessons learnt«) auch unserer NATO-Partner in vielen Bereichen ein Um- oder ein Neudenken.

Weiterentwicklung basiert ganz wesentlich auf einem systematischen Auswerten technischer Innovationen und einer vorangegangenen klaren Formulierung eigener Erfordernisse. Für manchen mag dies einfach klingen, jedoch werden die damit verbundenen Probleme schnell deutlich, wenn man sich beispielsweise die Interessenlage der im Bereich der Militärtechnik forschenden Unternehmen vor Augen hält. Diese legen großen Wert darauf, dass ihre Entwicklungen erst dann den möglichen Kunden bekannt werden, wenn sie produktionsreif sind, um so ihren Mitbewerbern möglichst zwei Schritte voraus zu sein. Kooperationen mit einem möglichen Käufer sind in der Regel nur dann möglich, wenn dieser sich intensiv an den Entwicklungskosten beteiligt. Dies erklärt, warum die Bundeswehr, die finanziell notorisch nicht auf Rosen gebettet ist, auch bei deutschen Herstellern nicht immer sicher sein darf, dass sie bevorzugt behandelt wird. Hier gilt die Regel, dass der beste Kunde der zahlende Kunde ist.

Was Weiterentwicklung leisten kann, sei im Folgenden am Beispiel der Infanterieschule in Hammelburg skizziert. Dort gliedert sich dieser Bereich in drei große und ein kleines Dezernat:

1. Konzeption. Auf der Basis der in der Bundeswehr angestellten Grundüberlegungen wird hier versucht, das umzusetzen, was für die Infanterie notwendig ist. Zudem werden die entsprechenden Beiträge für konzeptionelle Dokumente erarbeitet.
2. Ausbildung. Hier wird festgestellt, wie der Ist-Zustand ist, welche neuen Geräte zur Truppe kommen und wie der Soldat in welcher Zeit an dem Gerät ausgebildet werden kann. Es stellt sich auch jeweils die Frage, ob man dazu einen eigenen Lehrgang braucht oder dies nach einer Ausbildung der Ausbilder in der Truppe geleistet werden kann.
3. Ausrüstung. Dieses Dezernat setzt die konzeptionellen Forderungen in funktionale (technische) Forderungen um und wirkt mit bei der Erstellung der Dokumente, auf denen eine spätere Beschaffung fußt. Darüber hinaus führt es taktische Einsatzprüfungen durch.
4. Luftwaffe. In Hammelburg nimmt es den Aufgabenbereich Objektschutz/Sicherungskräfte der Luftwaffe wahr. Hier wird sichergestellt, dass zwischen Luftwaffe und Heer ein reger Wissenstransfer erfolgt. Ziel ist es, Doppelbearbeitungen zu vermeiden, indem festgestellt wird, was es im Heer gibt, das auch für die Luftwaffe wichtig ist.

Weiterentwicklung bewegt sich in der Bundeswehr nicht in einem luftleeren Raum, sondern sie ist fest eingebunden in die Strukturen und die damit verbundenen Vorgaben, die zentral im Heeresamt in Köln formuliert werden. Als Schwerpunkte der Weiterentwicklung im Bereich der Infanterie werden für die Jahre bis 2020 genannt:

Trotz der vierfachen Vergrößerung bietet das Zielfernrohr ein großes Sehfeld – 140 Meter auf 1000 Meter Entfernung.

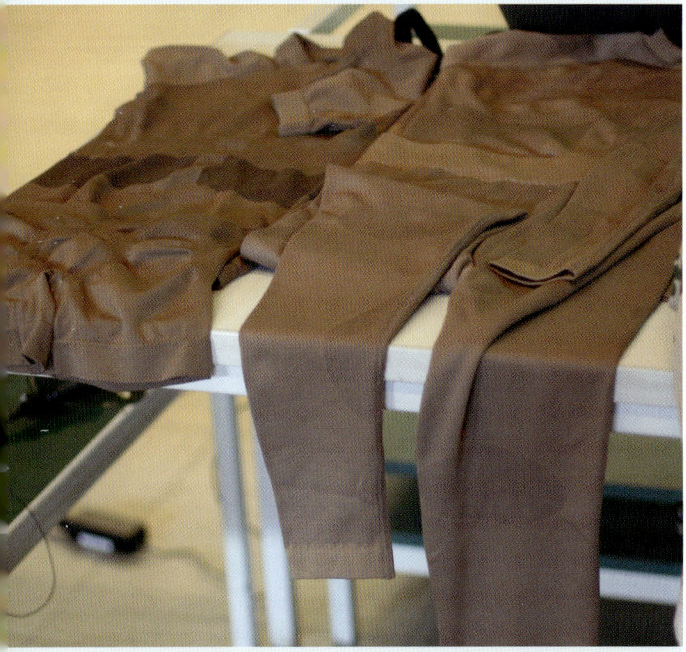

Zum IdZ-Konzept gehört Funktionsunterwäsche, die sich dem Körper des Trägers anpasst, ohne dabei Falten oder Druckstellen zu erzeugen, so die Werbung. Besondere Bedeutung kommt dabei der Belüftung des Körpers zu, denn nach außen – wie bei ziviler Funktionsunterwäsche – kann die Wärme wegen der ballistischen Schutzwesten nicht entweichen.

- Verbesserung der Führungs-, Aufklärungs- und Durchsetzungsfähigkeit,
- weiträumige Mobilität mit Fahrzeugen für den geschützten Transport der Infanteristen,
- schnelle Verfügbarkeit neuer infanterieeigener unterstützender Waffen,
- eigene effektive unmittelbare Feuerunterstützung (Mörserkampfsystem),
- leistungsfähige Handwaffen,
- auftragsorientierte Kampfbekleidung,
- Einbindung/Anbindung des Systems Infanterist der Zukunft an Führungsinformationssysteme im Rahmen der Vernetzten Operationsführung,
- Zielerkennung Freund Feind (ZEFF),
- Nutzung und Einbindung von Systemen der Sensorik und Robotik.

In der Weiterentwicklung wird also für die Infanterie und ihre Spezialisierungen gerüstet. Jedoch nur bis zur Ebene der Verbände (Bataillon, Regiment). Somit ist der Bereich WE hauptsächlich zuständig für alles, was als essentielle Ausstattung der Infanterie betrachtet wird. In der Bundeswehr wird vieles auch querschnittlich betrachtet. Das klingt zunächst nach einem Modewort, ähnlich den immer wieder gern angeführten Synergieeffekten. Was das querschnittlich bedeutet, zeigt sich an Zuständigkeiten: So ist der General der Infanterie für alle Handwaffen der Bundeswehr zuständig, was ein Nebeneneinander-her-Arbeiten von Luftwaffe, Marine und Heer auf diesem Gebiet vermeidet. Auf der anderen Seite gilt, dass zur Ausrüstung der Infanterie viele Gegenstände gehören, die auch von anderen Soldaten verwendet und deren Beschaffung von den Weiterentwicklungsbereichen anderer Truppengattung federführend initiiert werden, zum Beispiel zahlreiche Fahrzeuge. Es ist also nicht alles Gerät, über das die Infanterie verfügt, auch speziell durch die Infanterie zu beschaffen.

Was dies im Detail bedeutet, wird zum Beispiel beim Gepanzerten Transport Kraftfahrzeug (GTK) Boxer deutlich, der querschnittlich im Heer gerüstet wird. Somit ist dafür die Abteilung 3 im Heeresamt zuständig. Speziell für die Infanterie gibt es ein Modul Gruppentransport Infanteriegruppe für den Boxer, für andere

Zum IdZ-Paket gehört die Splitterschutzbrille ESP 21, die auch gegen Laserstrahlen, Staub und UV-Licht schützt.

Das Gewicht der Schutzwesten wurde nahezu in Jahresschritten immer weiter verringert und gleichzeitig die Leistungsfähigkeit der schützenden Fasern verbessert. Durch einschiebbare Keramikplatten aus Aluminiumoxid kann die Schutzklasse deutlich erhöht werden, jedoch beträgt dann das Gesamtgewicht der Weste 12,5 Kilogramm. Die Arbeit geht weiter. In Sichtweite ist ein Gesamtgewicht von nur noch 9,5 Kilogramm, das im Wesentlichen durch neue Kunststofffasern und Platten aus Siliziumkarbid erreicht wird.

Truppengattungen gibt es auf deren spezielle Bedürfnisse abgestimmte Module. Ähnliches gilt für den Wiesel 2 in der Konfiguration eines beweglichen Gefechtsstandes. Weitere Beispiele sind der »Bandvagn« (BV 206), wie er bei den Gebirgsjägern verwendet wird. Oder der Dingo in der Konfiguration als Patrouillenfahrzeug, und als letztes Beispiel der luftverladbare Mungo, den die beiden zur DSO gehörenden Luftlandebrigaden benutzen. Hieraus ergibt sich in der Umkehr, wofür die Infanterieschule in Hammelburg in keinem Fall zuständig ist: Zum Beispiel für Brückenlegepanzer, eine Panzerhaubitze oder den Spürpanzer Fuchs. Diese Fahrzeuge werden bei den Pionieren, der Artillerie und der ABC-Abwehrtruppe gerüstet und fallen demnach in die Zuständigkeit der jeweiligen Weiterentwickler dieser Truppengattungen.

Das Gepanzerte Transport Kraftfahrzeug (GTK) Boxer soll in sechs unterschiedlichen Fahrzeugversionen produziert werden: Als Gruppenfahrzeug, Gefechtsstand-, Führungs-, Sanitäts-, Gefechtsschadeninstandsetzung- und Transportfahrzeug. Weitere Varianten sind angedacht. Diese Multifunktionalität wird durch unterschiedliche Module erreicht, die je nach Bedarf auf ein jeweils gleiches Basismodell aufgebaut werden können, wobei lediglich – je nach Gesamtgewicht des Fahrzeugs – ein unterschiedlich starker Motor verwendet wird. *(Foto: Bundeswehr)*

Seit Mitte der 90er-Jahre entwickelte die Firma Krauss-Maffai Wegmann den Dingo, ein leicht gepanzertes, luftverlastbares »Allschutz-Transport-Fahrzeug«. Die Aufgaben des Dingo liegen in den Bereichen Konvoischutz und Patrouillenfahrten. Der Dingo 2 wurde im Vergleich zu seinem Vorgänger mit einem deutlich wirksameren Minenschutz ausgestattet, wodurch sein Gesamtgewicht auf rund 12,5 Tonnen anstieg. *(Foto: Bundeswehr)*

Seit den 70er-Jahren fertigt die schwedische Firma Hägglund das Modell Bv 206 (Bv steht für Bandvagn, zu deutsch: Kettenfahrzeug). Von der Bundeswehr wurde das Fahrzeug seit Mitte der 80er-Jahre beschafft. Insgesamt können in den beiden Fahrzeugteilen bis zu zwölf Soldaten transportiert werden. Im Laufe der Zeit wurden für unterschiedliche Zwecke neue Typen des Kettenfahrzeugs entwickelt und Ausstattungsoptimierungen vorgenommen. So wurde zum Beispiel eine gepanzerte Variante geschaffen, der Bv 206 S, die über einen um 47 PS stärkeren Motor als die Variante Bv 206 D verfügt. Die Fahrzeuge zeichnen sich durch eine hervorragende Geländegängigkeit und Schwimmfähigkeit aus. Unter anderem werden die Hägglunds bei der luftverlastbaren Sanitätstruppe, den Gebirgsjägern und auch beim KSK eingesetzt.
(Foto: Bundeswehr)

Der Mungo wurde Anfang des Jahrtausends als Einsatzfahrzeug Spezialisierte Kräfte (ESK) entwickelt und seit 2005 an die DSO ausgeliefert. Mittlerweile existiert der Mungo in drei Varianten (Mungo 1–3), von denen nur die letzte Version eine fernbedienbare Lafette besitzt.

Infanterist der Zukunft ES (Erweitertes System)

Alles, was der Soldat unmittelbar am Mann trägt, wird in Hammelburg gerüstet, unter anderem: Bekleidung, angefangen vom Halstuch bis zu den Knieschonern und Stiefeln; das Headset; der Rechner; PDA; Gruppen-

Infanterist der Zukunft

Brigadegeneral Walter Spindler, Abteilungsleiter II im Heeresamt und General für die Ausbildung im Heer. *(Foto: Bundeswehr)*

Während eines ausführlichen Gesprächs mit dem Autor ging Brigadegeneral Walter Spindler, Leiter der Abteilung II (Ausbildung) im Heeresamt, im September 2009 auch auf das Konzept »Infanterist der Zukunft« ein: »Hinter dem Infanteristen der Zukunft (IdZ) steht eine Philosophie, die im Jahr 2000 geboren wurde. Damals war eine Fähigkeitslücke des zu Fuß kämpfenden Infanteristen offenbar geworden. Das Ziel des IdZ-Konzepts war es seither, den Infanteristen in all seinen Fähigkeitskategorien zu stärken. Im Jahr 2004 wurde die Beschaffung von 160 Stück des Basissystems IdZ eingeleitet, die für jeweils zehn Soldaten ausgelegt sind. Mit diesem System ging ein messbarer Fähigkeitsgewinn der Infanterie einher. Bis Ende 2011 werden voraussichtlich zusätzlich 72 Sätze zulaufen.

Gleichzeitig wurde begonnen, den zweiten Schritt zu gehen, indem mit der Entwicklung des sogenannten Erweiterten Systems (ES) begonnen wurde. Damit sollen neben der Infanterie auch die Panzergrenadiere ausgerüstet werden. Deren Gesamtbedarf (BS + ES) liegt bei 804 Systemen. Der Gesamtbedarf des Heeres umfasst etwa 900 Sätze des ES, davon 200 als Anfangsausstattung. Gegenwärtig (im Sommer 2010) stehen der Infanterie 166 Systeme zur Verfügung. Diese verteilen sich auf die Truppe mit 54, die Ausbildung mit 34 und den Einsatz mit 78 Systemen.

Eine der größten Herausforderungen beim IdZ ist es, keinen Soldaten physisch zu überfordern. Daher ist eine verbesserte Ergonomie ein ganz wesentliches Entwicklungsziel im ES. Dazu gehört ein Bekleidungssystem, bei dem von der Unterwäsche über Kampfhose/-Jacke, Nässe-/Kälteschutz bis zur Schutzausstattung (Schutzklasse 4) und der daran mitzuführenden Ausrüstung alles aufeinander abgestimmt ist. Zusätzlich soll technischer Fortschritt zur Miniaturisierung und Leistungssteigerung genutzt werden. Das betrifft vor allem die Nachtkampf- und Führungsfähigkeit. Dies ist verbunden mit einem hohen technischen Anspruch.

Jedoch erbrachte die Erprobung und Risikoabschätzung, dass es nicht sinnvoll ist, alles zu machen, was technisch möglich ist. Es besteht nämlich die Gefahr, den einzelnen Soldaten durch die damit einhergehende Informationsflut zu überfordern. Man setzte sehr stark auf Multi-tasking-Geräte, also auf solche Geräte, die vieles in einem können: Das fängt bei vergleichsweise einfachen Dingen an, zum Beispiel die Entfernung zum Ziel zu messen und die Identifikation einer Person zu ermöglichen. Deutlich aufwendiger sind Geräte wie das Videovisier und das Wärmebildbeobachtungsgerät, die relativ schwer und groß sind, andere Geräte hingegen sind durchaus leicht und klein.

Es wurde erkannt, dass der Entwicklung der Mensch-Maschine-Schnittstelle vor allem in der Kategorie Führungsfähigkeit eine ganz besondere Bedeutung zukommt. Aus ersten umfangreichen Erprobungen wurde die Erkenntnis abgeleitet, dass jeder Soldat nur noch das erhalten soll, was für die Erfüllung seines Auftrags zwingend erfor-

funk; die Schutz- und Tragesysteme (Regen, ABC und ballistischer Schutz). Der spezielle Nässe-/Kälteschutz zum Beispiel fällt jedoch in die Zuständigkeit der Gebirgsjäger. Hierbei ist zu beachten, dass diese über einen eigenen Weiterentwicklungsbereich an der Gebirgs- und Winterkampfschule in Mittenwald verfügen. An der Frage, ob die Weiterentwicklung mehr oder weniger zentralisiert werden soll, scheiden sich die Geister.

derlich ist. Damit bleibt IdZ-ES ein System für die Infanteriegruppe, dessen Modularität es ermöglicht, Teilfähigkeiten lage- und auftragsabhängig zusammenzustellen und innerhalb der Gruppe verteilt mitzuführen. Im Jahr 2011 soll ein Gruppensystem als Vorseriendemonstrator geliefert werden, mit dem unmittelbar die Einsatzprüfung begonnen wird. Bei positiven Ergebnissen könnte die Serienfertigung im Jahr 2012 beginnen. Zur Festlegung des Serienumfangs ist noch zu untersuchen, wie neben den Gruppen andere Teileinheiten wie etwa die Scharfschützentrupps und die Zug- und Kompanietrupps ausgestattet werden. Während bei Letzteren die Überlegungen bereits recht weit gediehen sind, befinden sich die Planungen für die Scharfschützentrupps noch in einer Frühphase.
Die Bundeswehr erkannte – insbesondere im Einsatz in Afghanistan – dass jederzeit mit einer 360°-Bedrohung aller Soldaten gerechnet werden muss. Es ist erforderlich, zu erreichen, dass alle Soldaten gemeinsam kämpfen können. Daher finden sich Komponenten des IdZ-BS im Projekt ›Soldat im Einsatz‹ wieder. Zusätzlich wird die Eignung von Bekleidungsanteilen des IdZ-ES für eine querschnittliche Nutzung geprüft. Gleiches gilt für Verbesserungen der Handwaffen und der Zielhilfsmittel. Es soll also auch der infanteristisch eingesetzte Artillerist zusammen mit dem Infanteristen kämpfen können.
Bei allen Überlegungen steht nicht die Technik, sondern der Mensch im Vordergrund. Dem Soldaten wird nur die Technik mitgegeben, die er braucht. Es wird keine Überforderung der Soldaten geben. Es sind vielfältige Fragen zu beantworten. So zum Beispiel: Was kann der Kämpfer an Technik mit sich schleppen und was braucht er im Kampf? Es muss jeweils lageabhängig die Frage beantwortet werden, was der Soldat mitnimmt. Eine Frage, die der Führer beantworten muss. Diese Entscheidung wird ihm nicht durch neue Fahrzeuge – für den Infanteristen den GTK Boxer – abgenommen; denn nach wie vor – auch bei vielleicht erhöhter Transportkapazität – ist eine Auswahl des Mitgeführten erforderlich. Es ist somit beides wichtig: Mensch und Technik. Vieles kann dem Soldaten durch eine moderne Technik erleichtert werden. Es wurde als Forderung erkannt, dass der Soldat während des Funkens die Hand nicht von seiner Waffe lassen soll. Heckler & Koch entwickelte die Waffe mit der ›push to talk‹-Technik. An der Waffe befindet sich unter anderem eine Taste, mit der der Soldat das Funkgerät bedienen kann. Eine andere Taste dient dazu, den Laserentfernungsmesser zu bedienen, um die Entfernung zum Ziel zu messen. Einsatz von Technik ist immer dann sinnvoll, wenn sie den Schützen nicht ablenkt.«

Mit den Drucktasten an der Waffe kann der Soldat auf Zusatzfunktionen zugreifen und beispielsweise das Funkgerät bedienen.

Zur angesprochenen Beschaffung weiterer Basissysteme wurde im Mai 2010 ein erster Vertrag über 22 Sätze (für eine Gruppe zu zehn Mann) als Einsatzbedingter Sofortbedarf zur Verbesserung der Einsatzvorbereitenden Ausbildung geschlossen. In einer Pressemitteilung hob der Hersteller hervor: »EADS Defence & Security hat vom Bundesamt für Wehrtechnik und Beschaffung (BWB) den Auftrag zur Lieferung von weiteren 220 Ausstattungen Infanterist der Zukunft Basissystem (IdZ BS) erhalten. Dies erfolgte im Rahmen einer einsatzbedingten Sofortbeschaffung für den Bundeswehr-Einsatz in Afghanistan (ISAF). Damit können sich weitere 220 Soldaten der Bundeswehr auf das bewährte Soldatensystem zur Einsatzvorbereitung und -durchführung abstützen. Mit der anstehenden Auslieferung steigt bei der Bundeswehr die Gesamtzahl der IdZ BS auf rund 2500 Mann-Ausstattungen an. Ein System IdZ BS für die Ausstattung einer Infanteriegruppe (10 Soldaten) besteht u. a. aus einer für alle Soldaten gleichen Grundausstattung (u. a. modulare Schutzweste Schutzklasse 1 bis 4, C4I Ausstattung inkl. NaviPad für Lageüberblick und Versendung von Nachrichten, Zieldaten und Bildern, Nachtsichtgerät, Gruppenfunk) und speziellen Ausrüstungsgegenständen (u. a. Laserentfernungsmesser, Kamera, Wärmebildzielgerät). Angesichts zunehmend asymmetrischer Bedrohungslagen und der Herausforderungen von Einsätzen im Rahmen NetOpFü wird die Steigerung der Wirksamkeit, der Durchsetzungsfähigkeit, des Schutzes sowie des schnellen und sicheren Informationsaustausches über leistungsfähigere Informations- und Kommunikationssysteme für die eingesetzten infanteristischen Kräfte immer wichtiger.«

Der Infanterist der Zukunft verfügt über eine moderne, vielfältige Ausrüstung.

Mörserkampfsystem

Es existieren verschiedene Fahrzeuge mit unterschiedlichen Rüstsätzen. Zum Beispiel ist der Wiesel 2 das Basis-Fahrzeug. Die Rüstsätze sind unterschiedlich und entsprechend der jeweiligen Aufgabenstellung der Teileinheit mit Funk, Bewaffnung oder Führungskomponenten ausgestattet. Hammelburg ist zuständig dafür, dass die Systemfähigkeit erreicht wird und die einzelnen Komponenten, zum Beispiel Funk, Führungsanteile, Waffensystem und Transport/Mitführung von Ausrüstung oder Munition auch tatsächlich truppenverwendungstauglich konzipiert werden. Zudem wird die Funktionalität des Systems in sogenannten Handhabungsversuchen und Einsatzprüfungen praktisch überprüft.

Optik/Optronik

Wärmebildgeräte, Beobachtungsgeräte und Bildverstärkungsgeräte zählen in diesen Bereich. Aber auch das Schützendetektionssystem, das es ermöglicht, durch Mikrofone das Kaliber und somit die Art der Bedrohung zu bestimmen. Außerdem ist es möglich, die Entfernung und Richtung und somit die Stellung des Schützen beziehungsweise den Ort der Schussabgabe anzuzeigen.

Handwaffen/ Maschinenwaffen

Hierunter fallen auch die Waffenstationen auf Fahrzeugen, die ferngesteuert aus dem Fahrzeug heraus bedient werden können. Allerdings können diese Waffen nicht aus dem Fahrzeug heraus nachgeladen werden. In diesem Punkt zeigt sich, wie grundsätzlich wichtig ein aufeinander abgestimmtes Vorgehen bei der Beschaffung ist. In diesem konkreten Fall wurde nämlich zunächst das Fahrzeug entwickelt und erst danach die dazu gehörende Waffenstation. Es waren also zwei parallel zueinander laufende Entwicklungen.

Eine moderne FLW 200 (FLW = Fernbedienbare leichte Waffenstation), wie sie zum Beispiel auf dem Yak verwendet wird. *(Foto: Rheinmetall, Kassel)*

Munitionstechnik

Als einer der bedeutendsten Entwicklungsschritte gilt MELLS (mehrrollenfähige Lenkflugkörpersysteme), der Nachfolger von TOW (Tube Launched Optically Tracked Wire Guided Missile, zu deutsch etwa rohrgestartete, optisch verfolgte und mittels Draht gelenkte Rakete). Hammelburg arbeitet zum Teil mit dem KSK zusammen; doch stellt der Verband aus Calw teilweise andere Forderungen an diese Munition. Die bald kommende neue Mörsermunition wird eine Reichweite von acht Kilometern besitzen. Ein leistungsfähigerer Sprengstoff, eine höhere Splitterdichte und ein optimiertes Splitterbild (der Geschossmantel ist vorperforiert, wodurch sich eine gleichmäßige und stets gleiche Splitterwirkung ergibt) lassen eine wesentlich verbesserte Wirkung im Ziel erwarten. Zudem wird ein insensitiver Sprengstoff verwendet, der schwer entflammbar ist, sodass die mitgeführte Munition durch Beschuss von Handwaffen nicht zur Explosion gebracht werden kann. Die neue Munition ist überschusssicher, das heißt, eigene Kräfte können damit gefahrlos überschossen werden. Sie verfügt über einen Multifunktionszünder. Damit wird die Sortierung und somit die Logistik vereinfacht, da die Munitionssorte HE (high explosive) sowohl mit Annäherungs- als auch Aufschlagfunktion verschossen werden kann. Dies bedeutet: Je nach Erfordernis kann die Munition über dem Ziel oder erst beim Aufschlag explodieren.

Rüstungsproblematik

In der Rüstung gibt es im Bereich der Beschaffung zwei Verfahren. Zum einen nach CPM (Customer Product Management), also dem im Bereich des Bundesministeriums der Verteidigung angewandten Verfahren zur Bedarfsermittlung und -deckung, das sich sowohl auf Produkte als auch auf Dienstleistungen bezieht. Des Weiteren existiert auch ein Entwicklungsbereich »Forschung und Technologie«. Man gibt der Industrie zum Beispiel Geldmittel, damit Studien betrieben und Demonstratoren (Prototypen) entwickelt werden können. Es werden Trends und ein Zeitrahmen für eine mögliche Realisierung aufgezeigt. Gleichzeitig können auf diese Weise auch die Realisierungsrisiken dargestellt und bewertet werden. So können unter anderem Fehlinvestitionen und nicht truppentaugliche Beschaffungsmaßnahmen vermieden werden.

So muss die Weiterentwicklung neben vielen anderen Aufgaben vor allem im Auge behalten, wo die Grenzen des Machbaren liegen oder die Akzeptanz in der Truppe endet. Beispielhaft kann diese Thematik wie folgt umrissen werden. Der Infanterist braucht Geräte, die schnell einsatzbereit, auch unter Stress einfach zu bedienen und vor allem handlich sowie tragbar sind. Er ist gezwungen, schnell zu reagieren, um seine Überlebensfähigkeit zu erhöhen. Im abgesessenen Kampf hat er wenig Schutz und befindet sich sehr häufig in einer Duellsituation. Dann kommt es darauf an, wer schneller agieren kann. Häufig ist es technisch sehr anspruchsvoll, leichte und für den abgesessenen Einsatz geeignete Geräte zu bauen. Hierbei ist eines der großen Probleme der Gegenwart die Versorgung des Soldaten mit Energie. Viele Geräte sind batteriebetrieben, dadurch schwer, und es werden viele unterschiedliche Batterien für die einzelnen Geräte verwendet, was ein logistisches Problem darstellt, das kaum zufriedenstellend gelöst werden kann. Zudem sind die durch technisches Gerät erreichten Fähigkeiten abhängig von der Einsatz-/Betriebsdauer. Somit braucht der Infanterist ein »Mutterschiff«. Das ist die Versorgungsstation, in der er all das transportiert, was schwer und sperrig ist: Wasser, Verpflegung, Munition, Batterien. Man muss zum Beispiel wissen, dass der Soldat in der Wüste rund zehn Liter Trinkwasser pro Tag benötigt. Eine Infanteriegruppe mit zehn Soldaten sowie die zugehörigen Waffen und die Ausrüstung wiegen zusammen zirka zwei Tonnen! Allein dies stellt bereits eine Herausforderung beim Lufttransport im Hubschrauber dar. Der Transport-Hubschrauber CH-53 kann beispielsweise in Afghanistan nur noch etwas mehr als zwei Tonnen transportieren, nachdem er durch zusätzliche Panzerungen sowie aktive und passive Schutzausstattungen deutlich an Gewicht zugenommen hat.

Begriffe

Manche Diskussion in der Öffentlichkeit kann die Mitarbeiter des Bereichs Weiterentwicklung nur verwundern. Immer wieder kommt es zu Missverständnissen und Fehlbeurteilungen, weil offenbar nicht bekannt ist, was sich hinter manchen Begriffen verbirgt. So muss zum Beispiel grundsätzlich unterschieden werden zwischen einem Fähigkeitsdefizit und einer Ausrüstungslücke. Ersteres liegt vor, wenn eine bestimmte Aufgabe überhaupt nicht gelöst werden kann. Im Gegensatz dazu ist eine Ausrüstungslücke dann gegeben, wenn von einem bestimmten Gerät eine nicht genügend hohe Anzahl vorhanden ist. Eine Ausrüstungslücke dokumentiert somit, dass gegenwärtig lediglich eine Zwischenlösung erreicht ist. Angesichts knapper Finanzmittel ist dies häufig unvermeidbar. Jedoch ist eine Teillösung immer noch besser als gar keine Lösung. Nach dieser Philosophie wird zum Beispiel auch das Mörserkampfsystem realisiert. In einem ersten Schritt werden zunächst nur acht Geräte beschafft. Jedoch hat auch diese Vorgehensweise ihre Tücken. Zwar ist es meist einfacher, danach die noch erforderlichen restlichen Waffen zu beschaffen. Aber dabei muss man berücksichtigen, dass die Beschaffung zeitnah erfolgen sollte. Die Industrie kann aus wirtschaftlichen Gesichtspunkten nur für eine relative kurze Zeit Kapazitäten und Know-how aufrechterhalten. Bereits nach einer Beschaffungs-/Produktionspause von einem oder zwei Jahren wird die Nachbeschaffung von Gerät, je nach Komplexität, also insbesondere bei Waffensystemen, nach Vertragsabschluss einen wesentlich höheren Zeitbedarf erfordern, möglicherweise sogar von mehreren Jahren. Hierbei muss bereits für den Einkauf von Geräteteilen und Material (zum Beispiel Waffenstahl) bis zur Bereitstellung in der Fertigungsanlage ein Zeitbedarf von mehren Monaten, teilweise auch mehr als einem Jahr kalkuliert werden.

In der Bundeswehr gilt die CH-53 als »Arbeitspferd«. Neueste Version: CH-53 GA (German Advanced). Diese zeichnet sich durch größere innenliegende Tanks, ein auf Infrarot basierendes Aufklärungssystem und eine Navigations- und Kommunikationseinrichtung auf dem neuesten Stand der Technik aus. Die Bundeswehr geht davon aus, dass aufgrund dieser Innovationen die CH-53 noch bis zum Jahr 2030 fliegen wird. *(Foto: DSO PIZ)*

Gerade jetzt darf nicht kopflos losgestürmt werden. Der Führer muss die Übersicht behalten und eindeutige Befehle/Zeichen geben.

Ausbildung der Panzergrenadiere

Von der Theorie über die Simulation bis zum Gefechtsdienst

Am Beispiel der Panzergrenadiere wollen wir im Folgenden darstellen, wie ein Abschnitt der infanteristischen Ausbildung gestaltet wird. Dazu wollen wir betrachten, wie angehenden Feldwebeln im Hörsaal die Grundlagen des Kampfes der Panzergrenadiere vermittelt werden. Im Anschluss daran blicken wir in einen Bereich, der in den vergangenen Jahren stetig an Bedeutung gewonnen hat: Die Simulation der Kampfhandlungen. Mit einem hohen Maß an Technikeinsatz wird es den Soldaten in Munster ermöglicht, sehr realitätsnah in Simulatoren zu üben. Dabei reicht das Spektrum vom Fahren des Schützenpanzers Marder in unterschiedlichem Gelände bis zu realitätsnahen komplexen Gefechten. Den Abschluss bildet dann die Ausbildung der Panzergrenadiere im Gefechtsschießen, sowohl im aufgesessenen Kampf als auch vom Marder abgesessen.

Am Beginn der Betrachtung steht ein Interview mit dem General der Panzertruppen und Kommandeur des Ausbildungszentrums in Munster, Brigadegeneral Klaus Feldmann. Im Sommer 2010 beschrieb der General detailliert das aktuelle Aufgabenspektrum der Panzergrenadiere, ging auf deren gegenwärtige Bedeutung und insbesondere deren Ausbildung ein.

Zu Recht verweist das Ausbildungszentrum Munster in seiner Eigendarstellung auf das Motto »Tradition und

Zukunft«. Seit 1893 werden in der Lüneburger Heide Soldaten ausgebildet, fast 120 Jahre später erlernen in Munster noch immer die Heeresaufklärungstruppe, die Heeresflugabwehrtruppe und nicht zuletzt die Panzertruppen des Heeres ihr Handwerk. Wir wollen an dieser Stelle die Ausbildung der Panzergrenadiere näher betrachten, die seit der Umstrukturierung in den 90er-Jahren des 20. Jahrhunderts zu den Panzertruppen zählen. Wir wollen angehenden Feldwebeln über die Schulter schauen und sehen, wie sie auf ihren Dienst vorbereitet werden.

Im Rahmen der Ausbildung wird den Panzergrenadieren ein breites Wissen über ihre vielfältige Tätigkeit vermittelt. Dabei steht gleichrangig neben der Ausbildung an den Waffen auch das Erlernen der theoretischen Zusammenhänge des aufgesessenen und abgesessenen Kampfes. Hierbei spielt die Ausbildung im Hörsaal nach wie vor eine große Rolle. Dabei wird zum Beispiel die Kommunikation innerhalb des Marders mit einfachen Mitteln geübt und ebenso am Sandkasten gelehrt, wie sich die Soldaten in bestimmten Standardsituationen verhalten. Die Ausbildung ist in unterschiedliche Module unterteilt. So erlernen die Soldaten in einem dieser Ausbildungsabschnitte die Grundlagen des Feuerkampfes. Dieser ist untergliedert in

- die Stellungsarten,
- die Grundsätze des Feuerkampfes,
- das Aufklären von Zielen,
- den Einsatz der Waffen
- und die Feuerleitung.

Der Hörsaalleiter zeigt jeweils an Beispielen teilgedeckte, versteckte und offene Stellungen und erklärt deren

»Ohne Panzergrenadiere geht es nicht.«

Interview mit Brigadegeneral Klaus Feldmann

Der Kommandeur des Ausbildungszentrums in Munster, Brigadegeneral Klaus Feldmann. *(Foto: Bundeswehr)*

Dr. Scholzen: Wo stehen die Panzergrenadiere im Jahr 2010?

Brigadegeneral Feldmann: Die Panzergrenadiere stehen im Gefecht in Afghanistan. Darauf fokussiert sich alles. Daraus leitet sich alles ab. Die Ausbildung hier in Munster ist ausgerichtet auf den Einsatz. Die Offiziere und Unteroffiziere werden mit einsatznahen Szenarien ausgebildet. Dabei liegt der Schwerpunkt auf dem Handlungstraining. Wir blicken aber nicht nur nach Afghanistan, sondern auch nach vorn. Da steht der Puma, der ab 2011 erprobt werden soll. Wir sind dabei, unsere Panzergrenadiere mit zu der modernsten Truppengattung des Heeres zu entwickeln, wobei der Einsatz alles dominiert.

Dr. Scholzen: Ist der Panzergrenadier der Infanterist der Zukunft oder macht die Gegenwart den Panzergrenadier überflüssig?

Brigadegeneral Feldmann: Die Gegenwart bestätigt, dass es ohne Panzergrenadiere nicht geht. Es geht nicht um ein Entweder-oder, sondern um ein möglichst effizientes Sowohl-als-auch. Die leichte Infanterie weiß die Vorteile des Schützenpanzers Marder zu schätzen – auch seine Waffenwirkung. Die Panzergrenadiere kämpfen in der Regel mit ihrem Schützenpanzer, ganz gleich, ob sie auf- oder abgesessen kämpfen. Dass sie ohne ihren Marder kämpfen, ist eine seltene Ausnahme. Es gilt: Die Panzergrenadiere mit dem Schützenpanzer sind ein zusätzlicher Bonus in der Lebensversicherung unserer Soldaten.

Dr. Scholzen: Panzergrenadier der Gegenwart. Kämpft er auf- oder abgesessen?

Brigadegeneral Feldmann: Der Panzergrenadier kämpft sowohl auf- als auch abgesessen. Er kämpft immer mit seinem Waffensystem. Dies bildet den wesentlichen Unterschied zur leichten Infanterie. Marder (zukünftig Puma) plus Panzergrenadiere bilden das System Panzergrenadier. Dazu gehört auch die klassische Panzertruppe, die sich durch verstärkten Schutz und Reichweitenüberlegenheit auszeichnet. Daher auch der Begriff Panzertruppen: Panzer und Panzergrenadiere.

Dr. Scholzen: Kann man in der Ausbildung auf die aktuellen Geschehnisse im Einsatz reagieren?

Brigadegeneral Feldmann: Ja, das geht relativ schnell. Dabei kommt die Reaktion aus unterschiedlichen Richtungen. Es geht von der Einsatzauswertung im Einsatzführungskommando in Potsdam über weitere geschriebene Berichte (zum Beispiel der Kompaniechefs) bis zu direkten Kontakten ins Einsatzland. Die Ausbilder sind zum Teil in Afghanistan und sprechen mit Soldaten im Einsatz. Es findet ein Personalaustausch zwischen Einsatz und Ausbildung statt. Es gibt darüber hinaus intensive Kontakte und Gedanken- und Erfahrungsaustausch mit anderen Nationen, zum Beispiel den Kanadiern über ihre Erfahrungen mit dem Leopard 2. Es muss also kein »Amt für Aus-

Der »Puma« wird in nächster Zeit den »Marder« ersetzen. Zu den besonderen Merkmalen des neuen Schützenpanzers zählen höherer Schutz und größere Feuerkraft. *(Foto: PSM)*

wertung« geschaffen werden. Es gibt nicht zu wenig Informationen, sondern häufig besteht das Problem in einer Überfülle von Informationen. In der Regel funktioniert der Informationstransfer ganz gut.

Dr. Scholzen: Panzergrenadier und Technik. Wie viel muss sein und wo liegen die Grenzen? Noch mehr Infanterist der Zukunft oder der neue Trend zur Einfachheit?

Brigadegeneral Feldmann: Es müsste allgemeiner heißen: Soldat und Technik. Schon lange gilt der Spruch nicht mehr: ›Soldat und Technik, zwei Welten begegnen sich‹. Es gibt seit einiger Zeit einen Trend zur Einfachheit. Wir erproben seit einigen Jahren moderne Informations- und Kommunikationstechnik. Wir haben an vielen Stellen – zum Teil durch wissenschaftliche Untersuchungen untermauert – festgestellt, dass die Verarbeitungsmöglichkeiten ziemlich feste Grenzen haben. Ein Kompaniechef kann eigentlich beliebig viele Züge auf sein Display bekommen, aber die Frage ist, ob er diese dann auch noch führen kann. Ab einer gewissen Anzahl erzeugen die ihm zur Verfügung gestellten Informationen keinen Mehrwert mehr, sondern sie erzeugen das Gegenteil. Wir werden darauf reagieren müssen. Es wird erforderlich sein, dem Führer einen Führungsgehilfen zur Seite zu stellen, der sowohl taktisch als auch auf vielen Gebieten der Informationstechnologie ausgebildet ist. Auch in anderen Bereichen sehen wir, dass es Grenzen gibt. Robotik kann nicht den Panzergrenadier ersetzen. Man kann mit Robotern viele Probleme lösen, zum Beispiel bei den Pionieren, bei der IED[1]-Beseitigung oder im Bereich der Aufklärung, aber all das kann den Panzergrenadier nicht ersetzen. Technisch ist sehr viel mehr möglich, aber der limitierende Faktor ist der Mensch.

[1] IED = Improvised Explosive Device, bezeichnet (häufig durchaus professionell) selbstgebastelte Spreng- oder Brandsätze, z. B. Autobomben

Dr. Scholzen: Neue Waffen, neue Technik. Kann man (noch) für den Einsatz planen?

Brigadegeneral Feldmann: Ja. Man kann für den Einsatz planen. Jedoch ist keiner wie der andere. Selbst in einem regional gleichen Szenario – Kabul, Feizabad, Prizren – ist näher betrachtet vieles anders. Aber es gibt eine Grundlinie, die durchgehend ist, die beim Soldaten beginnt. Startpunkt ist die körperliche und geistige Leistungsfähigkeit. Alle Soldaten müssen ständig ein Mindestmaß an militärischen Grundanforderungen beherrschen. Sämtliche Ausbildungen setzen diese individuellen Grundfertigkeiten (IGF) voraus, das Beherrschen von Waffe und Ausrüstung. Die Zusammenarbeit im Fahrzeug, im Zug, in der Kompanie. Der Schlüssel zum Erfolg liegt bei dem Soldaten. Die gegenwärtigen Soldaten sind körperlich und mental durchaus leistungsfähig. Das ist das Ergebnis einer guten Ausbildung und Erziehung. Der 21-jährige Hauptgefreite, der bei Kundus kämpft, verfolgt auch von dort die in Deutschland geführte Diskussion, ob sich unsere Soldaten am Hindukusch im Krieg befinden oder nicht. Er ist sich dabei nicht immer sicher, ob er bei seinem Einsatz den nötigen Rückhalt der Öffentlichkeit hat.

Dr. Scholzen: Leopard 2 im Einsatz in Afghanistan: Symbol der Stärke – oder der Ohnmacht?

Die Ausbildung der angehenden Feldwebel beinhaltet sowohl theoretische als auch praktische Elemente. Im Unterricht werden die Soldaten zur aktiven Teilnahme animiert.

Brigadegeneral Feldmann: Der Kampfpanzer Leopard ist kein Symbol. Er ist das beste geschützte Waffensystem des Heeres. Je nach Lage kann es sein, dass er in einem Gebiet als Symbol der Stärke steht, zum Beispiel bei den Kanadiern im Süden Afghanistans, oder für Ohnmacht, wenn er da steht, wo er nicht hingehört. Im Norden Afghanistans hatten wir aufgrund der Sicherheitslage lange Zeit auf schweres Gerät verzichten können. Das hat sich für mich grundlegend geändert. Die Konsequenz daraus ist: Verstärkung des Anteils von schwerem Gerät. Dadurch sind wir bei der Komponente Schutz stärker. Also werden mehr Marder und die Panzerhaubitze 2000 nach Afghanistan gebracht. Dies bietet uns die Möglichkeit, Präzisionsfeuer auf weite Entfernung ins Ziel zu bringen. Es ist jedoch falsch, daraus abzuleiten, die nächste Stufe sei der Leopard. Taktische Lagen folgen keinem Automatismus. So ist für mich der Kampfpanzer im Norden nicht grundsätzlich ungeeignet, also ohnmächtig. Es gibt Geländeabschnitte, in denen der Infanterist ohne großes Gerät seinen Auftrag besser erfüllen kann als ein mehr als 60 Tonnen schwerer Panzer, aber es gilt auch umgekehrt. Es kommt dazu: Wenn wir Panzer einsetzen, haben wir optimalen Schutz, optimale Reichweite, wir vermeiden Kollateralschäden durch Präzisionsfeuer, wenn nötig, und wir schrecken ab. All das ist kein Suchen nach der aktuellen Rolle des Kampfpanzers in der Zukunft, sondern es basiert auf Erfahrungen der dänischen und kanadischen Verbündeten mit dem Leopard 2.

Es ist durchaus sinnvoll, die Grundlagen der Kommunikation im Marder auf diese simple Art und Weise zu erlernen. Vorne von links nach rechts: Ausbilder, Kraftfahrer, Kommandant, Richtschütze und Führer im hinteren Kampfraum.

jeweilige Vor- und Nachteile. Dabei erlernen die Soldaten Grundsätzliches, zum Beispiel, dass sie ihre eigene Stellung stets von der Seite des Feindes her beurteilen sollen. Es wird aber auch schon sehr bald spezielles Wissen vermittelt, wozu auch umfangreiche Kenntnisse über die für den Marder geeigneten Stellungen gehören. Dazu ist es wichtig, dessen konstruktionsbedingte Vorteile – und auch die Nachteile – zu kennen.

Ähnlich ist die Vermittlung der Grundsätze des Feuerkampfes aufgebaut. Auch in diesem Bereich geht der Ausbilder vom Allgemeinen zum Speziellen. Zunächst wird besonderer Wert auf die Darstellung von Grundsätzen gelegt. Es wird also den Soldaten ein Bündel von Lösungen vermittelt und sie lernen zu erkennen, welche Lösung jeweils auf die Lage am besten passt. Jedoch wird sehr rasch deutlich, dass gerade in diesem Bereich dem Führen mit Auftrag eine große Bedeutung zukommt. So erlernen die Unteroffiziere, Ziele nach ihrer Panzerung zu unterscheiden: Kampfpanzer, Schützen- und Aufklärungspanzer, gepanzerte Geschütze und ungepanzerte Ziele, wozu Infanterie, Lastkraftwagen und Feldkanonen zählen. Auf die naheliegende Frage, welches Ziel denn vorrangig zu bekämpfen ist, gibt es jedoch nur die Antwort, dies »hängt von Lage und Auftrag und davon ab, welche Unterstützung die Panzergrenadiergruppe erhält.« Dieses Beispiel zeigt, dass es für die Erfüllung des Auftrages nicht ausreicht, Grundsätze auswendig zu lernen und diese dann bei Bedarf anzuwenden. Vielmehr ist gefordert, die in der jeweiligen Lage jeweils bestmögliche Lösung zu finden, unter Abwägen eines ganzen Bündels von Faktoren. Eine schwierige Aufgabe. Die weiteren Abschnitte dieses Ausbildungsteils sind näher betrachtet ebenso komplex. So verweist der Ausbilder besonders darauf, dass bei der Aufklärung von Zielen zwar die technischen Möglichkeiten des Marders sehr hilfreich sind, es letztlich aber auf die Erfahrung des Beobachters ankommt. Vergleichsweise einfach erlernbar ist dagegen, was die Soldaten in diesem Ausbildungsabschnitt über den Einsatz der Waffen des Marders und die Feuerleitung erfahren.

In einem weiteren Ausbildungsschritt wird den angehenden Feldwebeln vermittelt, wie sie sich mit dem Marder auf der Kampfbahn verhalten. Ziel dieses Moduls: »Die Lehrgangsteilnehmer sollen die Grundsätze der SPz-Kampfbahn kennen lernen, um diese in der weiteren Ausbildung anwenden zu können.« Das klingt wenig aufregend. Näher betrachtet aber wird ihnen in diesem wichtigen Abschnitt der Ausbildung das zentrale Wissen über den aufgesessenen Kampf vermittelt. Dazu gehören die vier Themen: Durchstoßen von Schützen; Duellsituation mit feindlichem SPz; Auftreffen auf eine Sperre und feindliches Artilleriefeuer. Der Ausbilder legt auf Anschaulichkeit großen Wert. Daher werden die einzelnen Themen jeweils anhand eines konkreten Beispiels erläutert. So wird als eine Lage vorgegeben: »Richtschütze klärt feindliche Schützen mit Wärmebildgerät in 200 Meter Entfernung auf und meldet dies dem Kommandanten«. Dieser fasst innerhalb einer Minute folgenden Entschluss: »C3 [sprich: Charlie drei] vernichtet Schützen mit Turm-MG und Kampf über die Bordwand sofort aus der Bewegung, um Marsch weiter fortzuführen.«

Das klingt einfach. Um den Entschluss umzusetzen, sind dann eindeutige Befehle und Meldungen erforderlich. Insbesondere der Truppführer, der Fahrer und der Richtschütze sind in den folgenden Sekunden gefordert. Der Kampf der Panzergrenadiere über die Bordwand wird befohlen, wobei der Führer entscheidet, welche Waffen dabei eingesetzt werden. Auch dies ist keine einfache Entscheidung, da er aus einem großen Reservoir die jeweils besten Kampfmittel auswählen muss. Nach dem Kampf wird das Fahrzeug von den Soldaten auf Schäden untersucht, während das Umfeld von der Besatzung des Marder weiter beobachtet wird.

Was im Hörsaal geübt wurde, wird in unterschiedlichen Simulatoren vertieft. Leistungsfähige Fahrsimulatoren sind in der Bundeswehr seit rund 35 Jahren im Einsatz. Seit dem frühen 21. Jahrhundert hat sich im Bereich der Simulatoren vieles verändert. Seither besitzen die Panzertruppen in Munster nahezu ideale Möglichkeiten zum Üben; denn sie können gleichsam unter Laborbedingungen alle Abläufe in ihrem Schützenpanzer bzw. dem Leopard 2 trainieren. Den Panzergrenadieren stehen mehrere Simulatoren zur Verfügung, die

Der Kampf über die Bordwand ist eine der Möglichkeiten, die das System Marder bietet.

exakte Kopien des Turms des Marder darstellen. Sie verfügen über die gleichen Armaturen, und es ist in dem Übpanzer genau so eng wie in einem richtigen Marder. Bei der Fahrt erzeugt der Simulator Panzergeräusche und »bewegt« sich wie das Original. Die Soldaten üben in diesem Turmtrainer das Fahren mit dem Marder und lernen, wie sie sich in unterschiedlichen Kampfsituationen verhalten müssen. Die Umgebung wird ihnen in einem 180-Grad-Winkel auf Leinwänden gezeigt, wobei ein dreidimensionales Bild der Umgebung simuliert wird. Die Ausbilder können von der Zentrale aus sowohl den Funk der Übenden mithören als auch bei Bedarf in die Übung eingreifen, jede Handlung der einzelnen Soldaten beobachten und kritisch bewerten. In die jeweilige Szenerie können sie beliebige Variationen einbauen. Eine klassische Übungslage ist dabei das Auftreten eines weiteren, gegnerischen Schützen- oder eines Kampfpanzers. Dann muss die Besatzung des Marders blitzschnell die richtigen Entscheidungen treffen, um diese Duellsituation zu überleben. Fehler verzeiht der Simulator nicht. Schießen die Soldaten zu spät oder treffen sie den Gegner nicht mit dem ersten Schuss, kann je nach Übungsziel der Teil- oder Komplettausfall des Schützenpanzers simuliert werden. Unterschiedliche Witterungsbedingungen wie Regen, Schneefall oder Nebel

Eine »Duellsituation«: Zwei Marder treffen plötzlich auf ein gegnerisches gepanzertes Fahrzeug russischer Bauart, einen BTR 60.

Ausgehend von dieser Duellsituation werden die unterschiedlichen Möglichkeiten des Vorgehens und verschiedene Varianten des weiteren Ablaufs am Sandkasten eingeübt.

Die Lehrgangsteilnehmer bringen das bereits Erlernte ein, der Ausbilder koordiniert den Lernprozess und gibt weiterführende Hinweise.

Nicht selten findet der Unterricht unter den kritischen Augen der Vorgesetzten statt. Dass ein Oberstleutnant den Unterricht betrachtet, gehört zur Dienstaufsicht.

Nach ihrem Studium erlernen die Offiziere der Panzergrenadiertruppe in einem Lehrgang den Umgang mit dem Waffensystem Marder. Dazu gehört neben anderem, zu wissen, wie die Waffen funktionieren ...

... und wie die 20-mm-Kanone geladen wird.

können ebenfalls eingespielt werden. Die Gefechtssimulationen lassen die angehenden Feldwebel nicht kalt. Nur zu genau wissen sie, wie nah die Simulation an der Wirklichkeit ist und welch verheerende Folgen ein Treffer in der Wirklichkeit haben könnte. Daher sind sie mit großem Ernst und vollem Eifer bei der Sache. Von geradezu unschätzbarem Wert ist auch die Möglichkeit, aufgetretene bzw. begangene Fehler in der Nachbetrachtung eingehend zu analysieren und danach mit dem Ausbilder eine bessere Lösung der jeweiligen Lage zu erarbeiten.

Während im Turmsimulator insbesondere die Zusammenarbeit zwischen dem Richtschützen und dem Kommandanten geübt werden kann, sind andere Simulatoren so ausgelegt, dass sie dem Zugführer ein umfangreiches Taktiktraining ermöglichen, ohne dass dabei ein einziger Liter Kraftstoff verbraucht wird. Diese Ausbildungsabschnitte absolvieren alle Offiziere nach ihrem vierjährigen Studium. Hier bekommen sie das Gefühl für das Führen ihrer Teileinheit. Vor ihrem Einsatz in der Truppe absolvieren die Panzergrenadiere einen Lehrgang am Ausbildungszentrum Panzertruppen in

In Munster wird auf unterschiedlichen Ebenen moderne Simulationstechnik eingesetzt. Das Spektrum reicht von Simulatoren für die Ausbildung der Besatzung, die bis ins Detail dem Original entsprechen, ...

Munster. Dabei wird in komprimierter Form sehr intensiv das breite Aufgabenspektrum, das die Panzergrenadiere abdecken, geübt. Im Gefechtssimulator kann ein kompletter Panzergrenadierzug mit vier Marderbesatzungen gleichzeitig üben. Hierbei werden, wie im richtigen Einsatz, alle Funktionen im vorderen Kampfraum des Marders besetzt, also Kommandant, Richtschütze, Kraftfahrer und Truppführer.

Die Vorteile des Simulators liegen auf der Hand: Es kann zu jeder Tageszeit geübt werden, es wird weder Kraftstoff noch Munition verbraucht, jede Situation kann beliebig oft wiederholt und im Detail analysiert werden. Nicht zu vernachlässigen ist der Aspekt, dass die Umwelt geschont wird. Vor diesem Hintergrund sind die Kosten pro Simulator mit rund sieben Millionen Euro gering. Die Anlage amortisiert sich rasch, weil nicht nur deutsche, sondern auch befreundete Armeen hier trainieren können. Die weiteste Anfahrt hatten im Frühjahr 2008 chilenische Soldaten, die in Munster an den Simulatoren die Grundlagen des Gefechts mit dem Marder erlernten.

Auch auf Bataillonsebene kann in Munster geübt werden. Hierzu steht das System SIRA zur Verfügung, das der Simulation von Rahmenübungen dient. Das Herz dieser Anlage ist ein besonders leistungsfähiger Computer, der es den Übenden ermöglicht, die wesentlichen Faktoren einer militärischen Operation zu simulieren. Hier können also in allen denkbaren Einsatzszenarien, angefangen von Stabilisierungsoperationen bis hin zu Gefechten höchster Intensität, die Faktoren Kräfte, Raum, Zeit und weitere Informationen komponiert werden. All das geschieht in Echtzeit. Wesentliches Merkmal von SIRA ist, dass alle Gegebenheiten, die Entscheidungen und Funksprüche der Beteiligten aufgezeichnet werden. Somit ist in einer Nachbearbeitung der Übung eine umfassende Manöverkritik möglich.

Munster bietet für die Ausbildung der Panzergrenadiere umfangreiche Möglichkeiten. Sie erlernen in der Lüneburger Heide ihr umfangreiches Handwerk, und es besteht jederzeit die Möglichkeit, in der Ausbildung auf die Erfahrungen aus dem realen Einsatz zu reagieren.

... bis zu Computersystemen, mit denen die Ausbilder die Führer in Taktik schulen können.

Die Ausbilder können jede Entscheidung der übenden Soldaten sehen und analysieren. Da alle Handlungen reproduzierbar sind, können unterschiedliche Varianten durchgespielt werden.

Was in Theorie und Simulation erarbeitet wurde, wird im Gefechtsdienst perfektioniert. Die Panzergrenadiere kämpfen mit ihrem Marder.

Nach jedem Feuerkampf kontrolliert die Besatzung ihren Marder auf Schäden. Eine Außensprechanlage ermöglicht die Kommunikation mit dem Kommandanten.

Manche Lagen erfordern den abgesessenen Kampf.

Über die Heckklappe können die Panzergrenadiere den Marder rasch verlassen.

Präzises Führen setzt eine gediegene Ausbildung voraus.

Die Panzergrenadiere gehen in die örtliche Sicherung.

Einweisung in die Lage.

Mit der Panzerfaust Agdus (Ausbildungsgerät Duellsimulator) kann bis auf 450 Meter Entfernung ein Schuss simuliert werden.

Der Stabsunteroffizier visiert sein Ziel an ...

... und bekämpft den gegnerischen Panzer erfolgreich. Eine Rauchgranate markiert den Abschuss.

Aus der Granatpistole 40 mm können viele unterschiedliche Munitionssorten verschossen werden. So kann sie zum Beispiel zum Blenden gepanzerter Fahrzeuge eingesetzt werden.

Der Marder ist sehr geländegängig. Dank seiner Tauchhydraulik kann er Gewässer bis zu einer Tiefe von vier Metern durchwaten.

Der Schützenpanzer Marder

Die Bedeutung des Marders ist in den letzten Jahren wieder deutlich gestiegen.

Die Wurzeln des Schützenpanzers »Marder« liegen in den frühen 60er-Jahren des 20. Jahrhunderts. Nahezu zehn Jahre später liefen bei den Firmen Rheinstahl-Henschel in Kassel und Altlas-MaK in Kiel 2136 dieser Fahrzeuge vom Band. Der Stückpreis lag damals bei rund 900.000 Mark (etwa 450.000 Euro). Im Laufe der Jahre wurde der Kampfwert des Marder gesteigert. Einen großen Schritt nach vorn stellte der Einbau leistungsfähiger Nachtsicht- und Beobachtungsgeräte dar, der Ende der 70er-, Anfang der 80er-Jahre erfolgte.

Neun Soldaten bilden die Besatzung des Marders 1A3. Davon sitzen drei Soldaten im vorderen Kampfraum: Der Kommandant, der Richtschütze und der Kraftfahrer. Im hinteren Kampfraum sitzen der Truppführer und fünf weitere Panzergrenadiere. Die Merkmale des Marders sind: Seine volle Nachtkampffähigkeit durch ein fest eingebautes Wärmebildgerät, ein hoher ballistischer Schutz durch eine Zusatzpanzerung, eine 20-mm-BMK und ein Turm-MG. Weiteres Kennzeichen ist der schnelle Wechsel der Kampfweise. Sechs Soldaten kämpfen eng zusammen mit dem Schützenpanzer. Ein Hauptfeldwebel stellt nicht ohne Stolz fest: »Seine Kampfkraft ist so hoch, dass er uns alle bekannten anderen Schützenpanzer vom Leib halten kann.« Die Einsatzdistanz beträgt gegen gepanzerte Ziele 800 Meter, gegen sonstige Ziele bis zu 2000 Meter. Unterschiedliche Munitionssorten werden aus dem Marder verschossen: Aus der Maschinenkanone 20 mm einerseits die panzerbrechende Munition HP mit Treibspiegel

Bei flüchtiger Betrachtung sind zwischen Marder 1A3 (rechts) und Marder 1A5 kaum Unterschiede zu erkennen.

(300 Schuss an Bord), andererseits die HE-Munition (1200 Schuss an Bord), eine Spreng-Munition, die gegen ungepanzerte Ziele verwendet wird. Darüber hinaus verfügt der Marder über ein Bord-MG-3 (4100 Schuss) und eine Milan, die bei Bedarf auf den Marder aufgebaut und vom Kommandanten bedient werden kann.
Die Bewaffnung des Schützentrupps ist sehr vielfältig: 6 x Panzerfaust 3, 6 Startrohre, 3 Griffstücke; 1 MG 3 für den abgesessenen Kampf, 1 Granatpistole, für jeden Soldaten ein Gewehr G 36. Der Gruppenführer entscheidet, welche Waffe die Soldaten über ihr G 36 hinaus mitnehmen.

Motorleistung:	600 PS
Höchstgeschwindigkeit:	65 km/h
Zulässiges Gesamtgewicht:	38,5 t
Länge:	6,88 m
Breite:	3,38 m
Höhe:	3,23 m

Variante 1A5

Dieser »Minenschutzpanzer« wird in Afghanistan eingesetzt. Im Sommer 2010 befanden sich vier dieser Marder im Einsatz in Kundus. Wesentliche Unterschiede zum Marder 1A3 sind neben einer deutlich gesteigerten Panzerung die drei auf dem Panzer angebrachten Staukästen; eine andere Kette mit Laufwerk; eine Kettenblende aus Stahl; eine neue Bremsanlage und neue Sitzaufhängungen im hinteren Kampfraum. Aufgrund des um rund vier Tonnen erhöhten Gesamtgewichts wurde die Munitionskapazität ein wenig verringert.

In der Regel visieren die Soldaten mit dem Reflexvisier ihr Ziel an. Kimme und Korn besitzt das G 36 zwar noch, sie sind aber für den Schützen im Normalfall nicht nutzbar, da dazu zunächst das Reflexvisier entfernt werden müsste. In der Vorschrift kommt das Notvisier nicht mehr vor.

Die neue Schießausbildung der Bundeswehr

Zu allen Zeiten wurde in der Bundeswehr viel und laut gesungen. Gerade Wehrpflichtige stimmten immer wieder gern die Weise an, in der es unter anderem heißt: »Was nutzt uns denn das G 3, wir schießen ja doch vorbei!« Diese pessimistische Aussage deckte sich durchaus mit den Erfahrungen nicht weniger Schießausbilder. Sie bewerteten die Ergebnisse mit dem Gewehr durchweg als »ausreichend«, um die Aufgabe zu erfüllen, der sich der Bundeswehr bis zu Beginn der 90er-Jahre des vergangenen Jahrhunderts stellte. Die Ergebnisse der Infanteristen mit der Pistole galten gemeinhin als »verbesserungswürdig«.

Dies mag auf den ersten Blick erstaunen; denn wie man einem Soldaten das Schießen mit Gewehr und Pistole beibringt, ist seit langer Zeit bekannt. Grob vereinfacht muss gelehrt werden, Kimme, Korn und das Ziel in eine Linie zu bringen und sodann ruhig und gleichmäßig den Abzug zu betätigen. Durch diese simplen Tätigkeiten wird innerhalb der Waffe ein Vorgang ausgelöst, der letztlich dazu führt, dass ein Geschoss durch den Lauf getrieben wird und nach einer mehr oder weniger langen Flugstrecke das Ziel trifft. Das klingt einfach. Die Wirklichkeit sieht anders aus. Militärgewehre verschießen leistungsstarke Projektile. Dazu wird eine nicht unbeträchtliche Menge Schießpulver benötigt, das zwei unangenehme Eigenschaften mitbringt: Der Schussknall ist laut und der Rückschlag der Waffe beträchtlich. Das führt dazu, dass nicht wenige Schützen (trotz Gehörschutz) mit einem gehörigen Respekt an das Schießen herangehen. Unbewusst verkrampfen sie sich, manche schließen beim Schuss die Augen oder verreißen das Gewehr, weil sie zu stark

am Abzug zerren. Hinzu kommt, dass nicht wenige Soldaten das Schießen als große Langeweile erleben, auf die dann ein von fast allen als sinnlos bewertetes, schier endloses Reinigen der Waffen folgt.

Wie bereits im historischen Kapitel dargestellt, brachten neu entwickelte Waffen gegen Ende des 19. Jahrhunderts Vereinfachungen. Die Präzision der Gewehre nahm zu, und sie verschossen immer kleinere Kaliber. Der Munitionsverbrauch der Soldaten stieg gewaltig, als im II. Weltkrieg mehrere Staaten Selbstlader einführten. Die deutsche Wehrmacht hielt – Ausnahmen bestätigen die Regel – an ihren Repetiergewehren fest. Lediglich in der letzten Kriegsphase setzte man auch dort zunehmend auf Sturmgewehre, also selbstladende Waffen, bei denen ein Durchladen nach jedem Schuss nicht mehr erforderlich war. Die Trefferwahrscheinlichkeit wurde durch den Wechsel zu den Selbstladern nicht erhöht; denn nach wie vor galt, dass für das Treffen in erster Linie die Schießausbildung ausschlaggebend ist. Kein noch so schnell und präzise feuerndes Gewehr kann gravierende Fehler des Schützen ausgleichen.

Gegen Ende des 20. Jahrhunderts führten fast alle westlichen Armeen Militärgewehre mit neuen Visieren ein, denen gemeinsam ist, dass in eine Optik ein Leuchtpunkt integriert ist, der beim Schuss nur noch mit dem Ziel zur Deckung gebracht werden muss. Darüber hinaus wurde das Kaliber der Gewehre noch einmal deutlich reduziert. Das G 36, das aktuelle Standardgewehr der Bundeswehr, verschießt Patronen im Kaliber 5,56 x 45 mm. Der Soldat entscheidet, ob er aus der Waffe Einzelschüsse abfeuert oder Dauerfeuer schießt.

Eine gute Schießausbildung ist personal- und zeitaufwendig.

Der geringere Rückstoß der Waffe und der einfachere Zielvorgang ließen die Wahrscheinlichkeit, einen Treffer zu erzielen, steigen. Zumindest theoretisch.

Trotz technischer Verbesserungen kamen gegen Mitte der 90er-Jahre des 20. Jahrhunderts in der Bundeswehr erste größere Zweifel auf, ob die Schießausbildung noch zeitgemäß sei. Kritiker wandten ein, das Erlernen des Schießens orientiere sich an den Szenarien des I. und II. Weltkriegs. Sie beklagten, es werde auf zu große Distanzen und in der Regel nur liegend, kniend oder stehend geschossen. Ganz allgemein sei das Schießen in der Ausbildung zu statisch, bringe zu wenig Abwechslung und bereite den Infanteristen daher nur unzureichend auf die aktuellen Einsatzszenarien vor. Es kam hinzu, dass sich die Schießausbildung auf das Gewehr konzentrierte, die Pistole führte ein Dasein am Rande.

Rund zehn Jahre später wurde die Kritik an der Schießausbildung der Bundeswehr immer lauter. Der Einsatz in Afghanistan gab den Anlass, das gesamte Schießausbildungskonzept auf den Prüfstand zu stellen. Der General der Infanterie beauftragte daher im Jahr 2005 eine Arbeitsgruppe mit der Prüfung, ob die Schießausbildung mit Handwaffen und Panzerabwehrwaffen sich an der Einsatzrealität ausrichte, realitätsnah und praxisorientiert erfolge und den absehbaren größeren Anforderungen, die an die deutschen Soldaten im Einsatz gestellt werden, gerecht werde. Eine systematische Auswertung zahlreicher unterschiedlicher Quellen, zu denen die Inspizientenberichte, Erfahrungsberichte der US-Armee und des Übungszentrums der Infanterie gehörten, brachte ein ganzes Bündel von Herausforderungen ans Licht, die folgenden Kategorien zugeordnet wurden:

- In der Bundeswehr erfolgte keine Ausbildung im reaktionsschnellen Schießen auf kurze und kürzeste Entfernungen;
- das Schießen von Fahrzeugen in der Bewegung wurde nicht geübt und
- es wurden Defizite beim Gefechtsschießen erkannt.

Offensichtlich bereitet es diesen beiden Beamten des Bundesgrenzschutzes in den frühen 60er-Jahren Freude, ihre G1-Gewehre zu reinigen. Auch in der Bundeswehr wurde die aus Belgien importierte Waffe des Herstellers Fabrique Nationale (FN) in den späten 50er-Jahren verwendet. *(Foto: Lohr)*

Die Arbeitsgruppe Schießausbildung stellte fest, es werde nicht das ausgebildet, was im Einsatz benötigt werde. Nicht zuletzt monierte sie – trotz einer großen Zahl von Sicherheitsvorschriften, die die Schießausbildung der Bundeswehr geradezu charakterisierten –, eine mangelhafte Handhabungs- und Handlungssicherheit der Soldaten im Umgang mit Gewehr und Pistole.

Diese Erkenntnisse konnten durch aktuelle Einsatzerfahrungen mühelos mit Beispielen unterlegt werden. So erbrachten die Auswertungen der Bundeswehr und befreundeter Armeen, dass an einem Checkpoint die erforderlichen Personenüberprüfungen in einer Entfernung von bis zu sieben Metern erfolgen. Bei der Überwachung einer Kfz-Überprüfung liegt die Distanz zwischen den sichernden Soldaten und dem Fahrzeug mit seinen Insassen bei etwa zehn Metern. Ähnliche Entfernungen ergeben sich bei Patrouillen im urbanen Gelände. Gerade militärische Operationen in Städten zeichnen sich dadurch aus, dass im Fall eines Schusswaffengebrauchs dieser in einer sogenannten Duellsituation erfolgt. Hierbei gilt der altbekannte Grundsatz, dass derjenige länger lebt, der schneller schießt und besser trifft. Als eine weitere Fähigkeitslücke wurde erkannt, dass es den deutschen Soldaten an einer angemessenen Ausbildung im Schießen in Konvoisituationen mangelt. Insbesondere hatten sie nicht gelernt, von ihren fahrenden Fahrzeugen aus zu schießen. Die Erfahrungen der US-Armee im Krieg im Irak untermauerten das Ergebnis, dass die deutsche Schießausbildung nicht mehr zeitgemäß war. Denn die Amerikaner ermittelten dort im urbanen Umfeld eine mittlere Schießentfernung eines Gewehrschützen von lediglich 29 Metern. Es gab damals keine einzige Schießübung, in der die Bundeswehrsoldaten auf diese Distanz mit ihrem G 36 schossen. Ganz allgemein stellte die vom Leiter des Ausbildungsdezernates in Hammelburg geführte Arbeitsgruppe fest, dass zwischen der Ausbildung der Bundeswehrsoldaten auf der Standortschießanlage und dem Gefechtsschießen zu große Unterschiede bestanden. Des Weiteren monierte sie aufgrund der Erfahrungen im Übungszentrum der Infanterie, dass eine künstliche Trennung zwischen der Schieß- und der Gefechtsausbildung vollzogen wurde.

Besorgniserregend war, dass sich die Zahl der Vorkommnisse mit Waffen und Munition seit Ende der 90er-Jahre nahezu kontinuierlich nach oben bewegte – bei gleichzeitig deutlich sinkender Personalstärke der Bundeswehr. Für das Jahr 2008 wurde festgestellt, dass die weit überwiegende Zahl der Vorfälle und Un-

Sehr aufmerksam beobachtet der Ausbilder jede Bewegung seines Kameraden. Der Reaktionsschuss auf kürzeste Distanz ist ein Kennzeichen des neuen Schießausbildungskonzepts, ...

... ebenso das Schießen aus fahrenden Fahrzeugen, das hier ein EGB-Soldat praktiziert. *(Foto: Bundeswehr)*

fälle mit Waffen und Munition nicht etwa durch Bomben, Raketen und Minen hervorgerufen wurde, sondern durch die aus Handfeuerwaffen verschossene Munition.

Aus den umfangreichen und vielseitigen Erkenntnissen leitete die Hammelburger Arbeitsgruppe drei wesentliche Ziele für eine neue Schießausbildung ab:

1. Ausrichtung am Einsatz;
2. Steigerung der Eigenverantwortung;
3. Verbesserung der Sicherheit im Umgang mit Waffen und Munition.

Über Deutsche existieren viele Vorurteile. So stehen sie zum Beispiel im Ruf, stets das Rad neu erfinden zu wollen, da nur gut sei, was man selbst entwickelt habe. Ob dies so stimmt, sei dahingestellt. Betrachtet man das neue Schießausbildungskonzept der Bundeswehr, so widerlegt es dieses Vorurteil. Was seit dem Jahr 2008 in Hammelburg gelehrt wird, ähnelt sehr stark der Schießausbildung der Schweizer Armee, wie sie die Eidgenossen seit nunmehr 15 Jahren durchführen. Es flossen aber ebenso Erkenntnisse und Ausbildungspraktiken der US-Armee, der britischen und der

Wenn es an Checkpoints – oder wie hier an einer Lagereinfahrt – zu einem Schusswaffengebrauch der Soldaten kommt, liegt die Schussdistanz häufig deutlich unter zehn Metern.

Bundeswehrsoldaten patrouillieren im Jahr 2006 in Kinshasa, der Hauptstadt des Kongo. *(Foto: DSO PIZ, Andreas Seger)*

israelischen Armee in das neue Konzept ein. Jedenfalls brachten die Deutschen aus der Schweiz nicht nur völlig neue Schießübungen mit, sondern auch eine andere Sicherheitsphilosophie. Der vorher praktizierte überbordende Formalismus und die Automatisierung der Handlungen wich einem klaren Konzept, das sich auf wenige Merkmale beschränkt. Nicht mehr die Regelung aller eventuell auftretenden Möglichkeiten war das Ziel, sondern die Konzentration auf nur noch vier grundlegende Sicherheitsregeln:

1. Jede Waffe ist immer als geladen zu betrachten.
2. Eine Waffe ist nie auf etwas zu richten, das man nicht treffen will.
3. Der Abzugsfinger berührt den Abzug erst, wenn die Visiereinrichtung auf das Ziel gerichtet ist. Verlässt die Visiereinrichtung das Ziel, verlässt der Abzugsfinger den Abzug und wird außerhalb des Abzugsbügels, am Gehäuse oder Griffstück der jeweiligen Waffe, gehalten.
4. Seines Zieles sicher sein.

Die darüber hinaus geltenden Sicherheitsbestimmungen, die je nach Waffe, Schießstand und Einsatz unterschiedlich sind, wollen wir hier nicht näher betrachten. Mit dem neuen Konzept der Schießausbildung wurde das Rad nicht neu erfunden, und es konnten damit auch nicht für das Schießen geltende Gesetzmäßigkeiten außer Kraft gesetzt werden. Dazu zählt, dass eine gute Schießausbildung einerseits gute Ausbilder und andererseits viel Zeit benötigt. Das neue Konzept der Schießausbildung trägt diesen Erkenntnissen Rech-

Sehr viel Übung ist erforderlich, um einen Angriff auf einen Konvoi erfolgreich abzuwehren. Durch die Erfahrungen in Afghanistan hat sich in den letzten Jahren manches verändert, jedoch gilt noch immer, dass ein Konvoi gegliedert ist in Vorhut, Hauptkräfte und Nachhut.

Das Schießen auf der Standortschießanlage soll die Soldaten auf das hier gezeigte Gefechtsschießen vorbereiten. Zwischen beiden Übungsarten sollten nur möglichst geringe Unterschiede bestehen.

nung. So wird zum Beispiel von den Schießausbildern erwartet, dass sie deutlich überdurchschnittlich gute Schützen sind. In der Regel sollen sie die Ausbildung zum Schießausbilder oder gar zum Schießlehrer Handwaffen/Panzerabwehrwaffen absolviert haben. Sehr viel pädagogisches Geschick wird vom Ausbilder gefordert; denn es wird erwartet, dass er »in jedem Soldaten die Überzeugung weckt, dass er ein brauchbarer Schütze werden kann. Ruhe, Geduld und unermüdliches Eingehen auf die Eigenart des Soldaten fördern den Willen zum Treffen.« Nicht zuletzt wird besonders der Grundsatz betont: »Schießen soll Spaß machen!«
Wie zeitintensiv eine Schießausbildung ist, offenbaren die Grundsätze des Ausbildungsverfahrens, in dem hervorgehoben wird, dass das Erlernen des Schießens geprägt ist durch die Elemente Vormachen, Erklären, Nachmachen und Üben. Das kürzt die Bundeswehr mit »VENÜ« ab, aber so kurz dies scheint, so lang dauert es, bis sich die erforderliche Schießfertigkeit einstellt.
In diesem Buch wurde bereits an unterschiedlichen Stellen betont, dass die infanteristische Ausbildung der Bundeswehrsoldaten aufgrund des wesentlich veränderten Auftrags der Soldaten deutlichen Veränderungen unterworfen war. Es macht einen großen Unterschied, ob für einen »Großen Krieg« geübt wird oder für einen Einsatz gegen Terroristen oder im Rahmen eines friedenserhaltenden Einsatzes. Dies gilt auch, ja gerade für die Schießausbildung. In den »kleinen Kriegen« der Gegenwart kommt es insbesondere beim Schusswaffengebrauch auf Präzision an, um Verwundungen oder gar Tötungen von Unbeteiligten zu vermeiden. Damit erhält die grundsätzliche Forderung »Das Ziel der gesamten Schießausbildung ist der wirkungsvolle Erstschusstreffer bei Tag und eingeschränkter Sicht« einen überragenden Stellenwert.
Im theoretischen Unterricht wird den Bundeswehrsoldaten nach wie vor vermittelt, was sich in ihren Waffen beim Schuss bewegt, welche Einflüsse sich wie auf den Flug des Geschosses auswirken und was zum Beispiel das »Vorhalten« bedeutet. Die Soldaten erlernen, den richtigen Anschlag zu wählen, das Atmen bei der Schussabgabe wird gelehrt, ebenso das richtige Abkrümmen des Abzugs.

Knieend, von einer Deckung halb verdeckt zu schießen, das wäre noch vor wenigen Jahren für einen »normalen« Infanteristen der Bundeswehr undenkbar gewesen. Im neuen Schießausbildungskonzept bildet das Schießen aus der Deckung heraus einen Schwerpunkt.

Völlig neuartig ist der praktische Teil des neuen Konzepts der Schießausbildung gestaltet. Er ist dadurch charakterisiert, dass er sehr stark an den tatsächlichen Erfordernissen im Einsatz ausgerichtet ist. Dies zeigt sich in vielen Bereichen. So gilt zum Beispiel als Ziel für das Schießen mit der Pistole P 8, dass der Soldat »treffsichere Einzelschüsse ohne besondere Belastungen auf Entfernungen bis 10 m« erreicht. Früher war das anders. Da wurde mit der damaligen Dienstwaffe P 1 meist auf 25 Meter Entfernung geschossen. Wie gering die Wahrscheinlichkeit war, auf so weite Entfernung mit der Pistole einen Treffer zu erzielen, wird deutlich, wenn man sich ein wenig mit der Geometrie beschäftigt. Beim Zielen mit der Pistole müssen das Auge, die Kimme, das Korn und der Haltepunkt in eine gerade Linie gebracht werden. Entscheidend für den Erfolg ist es, dass dabei die Visierung weder verkantet noch geklemmt wird. Wird zum Beispiel das Korn nicht exakt in die Mitte der Kimme gebracht, sondern weicht

Ebenso war es noch vor wenigen Jahren undenkbar, sich mit geladener Waffe zum Ausbilder zu drehen, auch dann, wenn die Waffe gesichert ist.

Sehr wichtig: Der Blick zurück, nachdem alle Ziele bekämpft wurden; denn es könnte auch noch eine Gefahr im Rücken lauern.

davon nur zwei Millimeter nach links oder rechts ab, so ergibt sich auf 25 Meter Entfernung ein Links- oder Rechtsschuss von etwa 25 Zentimetern, also ein Fehlschuss. Auf eine Distanz von zum Beispiel acht Metern wirkt sich der beschriebene Zielfehler kaum aus. Selbst dann, wenn Kimme und Korn um vier Millimeter voneinander abweichen, wird ein Mannziel noch getroffen. Es liegt jedoch auf der Hand, dass diese Berechnung den Soldaten nicht dazu verführen darf, beim Schießen im Nahbereich ungezielt zu feuern.

Nicht nur die Schussentfernung war früher unrealistisch, sondern auch die Szenarien, die geübt wurden. Da schoss der Soldat auf einem Stuhl sitzend, oder er feuerte ohne Hast im Stehen. Aus der Bewegung heraus wurde damals nie scharf geschossen, geschweige denn von einem Fahrzeug herab, und es wurde auch nicht trainiert, von der Langwaffe auf die Pistole zu wechseln. Das ist im neuen Konzept alles anders. So beinhaltet dieses Schüsse auf kurze und sehr kurze Entfernungen, in der Bewegung nach vorn und hinten und seitwärts. Der Schütze lernt, sich in einem 360-Grad-Bereich zu orientieren und sich nicht starr auf nur ein erkanntes Ziel zu konzentrieren.

Als die theoretischen Überlegungen im Frühjahr 2008 abgeschlossen waren, wurde das neue Schießausbildungskonzept in der Praxis erprobt. Zum einen übte die Rekrutenkompanie der Infanterieschule im Herbst 2008 nach dem neuen Schießausbildungskonzept. Zum anderen wurde im ersten Halbjahr 2009 die 2. Kompanie des in Hammelburg stationierten Jägerregimentes 1 nach dem innovativen Konzept ausgebildet. Ausbilder der Schießausbildungsinspektion (Schießinspektion) und des Bereichs Weiterentwicklung vermittelten das neue Wissen an die 140 Soldaten der Kompanie, die sich zu diesem Zeitpunkt am Anfang ihrer Einsatzausbildung als QRF (Quick Reaction Force, schnelle Eingreiftruppe) im Norden Afghanistans befand.

Das neue Schießausbildungskonzept der Bundeswehr besteht aus acht Modulen:

Auch für die Ausbildung der Ausbilder gilt die »VENÜ«-Lernregel: Vormachen, Erklären, Nachmachen, Üben.

- Grundlagenausbildung
- Nahbereichsschießen (Schießen auf kurze und kürzeste Entfernungen, also von 30 bis zu 3 Metern; Magazinwechsel und Störungsbeseitigung; Reaktion bei Nichtwirkung des Schusses; Bekämpfung von Mehrfachzielen; Bekämpfen von Bedrohungen aus der Flanke und im Rücken; Schießen in der Bewegung; Zeitbegrenzung; Waffenwechsel)
- Wachschießen
- Schießen des Einzelschützen
- Fliegerabwehrschießen
- Spezifische Schießausbildung
- Besondere Lagen
- Erhalt der Schießfertigkeit

Aus den vielfältigen Übungen, die die Soldaten im Rahmen des neuen Ausbildungskonzepts absolvieren, wollen wir zwei herausgreifen und uns dabei auf einige innovative Merkmale konzentrieren. Die Bedeutung der Pistole, der von Heckler & Koch produzierten P 8, ist deutlich angewachsen. Jedoch wird die Kurzwaffe nur noch in den Szenarien verwendet, in denen sie ihre Leistungsstärke offenbaren kann: also bei Schüssen im Nahbereich und insbesondere dann, wenn dem Schützen ein nur geringer Bewegungsraum gegeben ist, was mitunter bei Feuergefechten in Ortschaften der Fall ist. Die Langwaffe erweist sich zum Beispiel nicht selten als zu sperrig, wenn in ein Haus eingedrungen werden muss. Häufig bietet die Pistole auch bei Schüssen, die aus der Bewegung heraus abgegeben werden müssen, gegenüber dem Gewehr Vorteile. So wird ausdrücklich gelehrt, Ziele, die in der Flanke oder im Rücken des Schützen auftauchen, unter bestimmten Voraussetzungen mit der Pistole zu bekämpfen.

In den Schießübungen werden die Einsatzszenarien auf Grundmuster reduziert. So lernen die Soldaten, mit der Pistole auf Distanzen von fünf oder zehn Metern ein unmittelbar vor dem Schuss vom Ausbilder angewiesenes Ziel mit einem Doppelschuss zu bekämpfen. Der Doppelschuss, also die Doublette, bei der zwei Schüsse schnell hintereinander auf das gleiche Ziel ab-

In früheren Zeiten war die Pistole nahezu bedeutungslos. Im neuen Konzept nimmt sie einen deutlich größeren Stellenwert ein; denn gerade, wenn wenig Bewegungsspielraum vorhanden ist, kann die Pistole dem Gewehr überlegen sein.

Der schnelle Magazinwechsel ist ein wichtiger Bestandteil der Schießausbildung. Dabei gilt, dass der Soldat sein Magazin wechselt, wenn die Situation günstig ist, nicht erst dann, wenn das Magazin leergeschossen ist. Daher bleibt das Magazin am Mann, um es später aufmunitionieren zu können. Im Gegensatz dazu wird nachgeladen, wenn das Magazin leergeschossen wurde, dann lässt der Soldat das leere Magazin fallen, bleibt dabei im Ziel und führt das volle Magazin ein.

gegeben werden, ist im neuen Ausbildungskonzept die Regel. Dadurch wird nicht nur die Trefferwahrscheinlichkeit erhöht, sondern auch die Trefferwirkung im Ziel gesteigert. Es sei hier lediglich erwähnt, dass die Wirkung der 9-mm-Projektile deutlich höher ist, als manche »Experten« Glauben machen wollen. Anders als in der Vergangenheit werden die Soldaten auch darauf vorbereitet, dass die Waffe nicht die erwünschte Wirkung im Ziel erreicht. So wird in mehreren Übungen simuliert, was zu tun ist, wenn ein bereits getroffener Gegner noch weiterschießt. So bekämpfen die Soldaten in einer Übung ein Ziel mit einem Doppelschuss, das dann mit schnellem Einzelfeuer in der Bewegung vorwärts beziehungsweise rückwärts weiterbekämpft wird. Bei Übungen mit Mehrfachzielen werden zwei Ziele mit jeweils einem Einzelschuss bekämpft und auf Zuruf des Ausbilders (links oder rechts) auf die alternative Treffzone geschossen.

Auch bei den Übungen mit dem G 36 steht die Simulation von Einsatzszenarien im Vordergrund. Das statische Schießen hat nur noch seine Berechtigung, wenn es gilt, den Haltepunkt der Waffe festzustellen, oder zum »Aufwärmen« am Beginn einer Übung. So lernen die Soldaten zum Beispiel, auf kurze Distanzen im Vorwärts- und Rückwärtsgehen auf ein oder mehrere Ziele zu feuern. Hierbei wird in manche Übungen das Szenario eingebaut, dass der Gegner nicht getroffen wurde, und es wird gelehrt, unter bestimmten Voraussetzungen die Zielfläche zu wechseln.

Schnell zeigte sich, dass das neue Konzept auch eine in Teilen neue Ausrüstung der Soldaten erfordert. Rasch wurde deutlich, dass bei diesem Schießen Schießbril-

Das neue Schießausbildungskonzept untergliedert das Schießen mit dem Gewehr im Nahbereich in drei Module. Allen ist gemeinsam, dass auf Entfernungen von 30 bis zu 3 Metern geschossen wird. Hauptunterschiede der Module sind: In Modul 1 werden den Soldaten die Grundlagen vermittelt. Dazu gehört das Erlernen des taktischen Ablaufs der Zielbekämpfung, der Magazinwechsel und die Störungsbeseitigung, das Bekämpfen von Mehrfachzielen und die Reaktion bei Nichtwirkung. Im Modul 2 kommt das Schießen in der Bewegung und das Bekämpfen von Bedrohungen aus der Flanke und im Rücken hinzu. In Modul 3 werden die Übungen mit Zeitbegrenzung geschossen, es wird der Waffenwechsel vom Gewehr zur Pistole – und umgekehrt – geübt und es werden Deckungen genutzt.

In der Regel beginnt die Übung mit der Patrouillenstellung. Dabei ist die Waffe fertiggeladen und gesichert.

len unentbehrlich sind. Man konnte bei der Suche nach geeigneter Ausrüstung auf die Erfahrungen anderer Einheiten und Verbände zurückgreifen. So erwies es sich, dass die »Schutzbrille KSK« auch in der Schießausbildung gut geeignet ist. Näher betrachtet stellt sie jedoch nur eine Übergangslösung dar, da sie von der Beschaffenheit des Materials und vom Tragekomfort her wenig geeignet ist. Für die Pistole P 8 erwiesen sich sogenannte Oberschenkelholster als praktisch. Deren namengebendes Merkmal ist, dass die Pistole im Vergleich zu früher deutlich tiefer getragen wird, was ein schnelleres Ziehen beim Wechsel von der Lang- auf die Kurzwaffe begünstigt. Das im neuen Konzept praktizierte Schießen aus und hinter Deckungen wird deutlich erleichtert, wenn die Soldaten ihre Ellenbogen und Knie durch Protektoren schützen.

Unter dem Gesichtspunkt einer effizienten Schießausbildung brachte das neue Konzept nur positive Ergebnisse. Sowohl in der Rekrutenkompanie als auch in der zum Jägerregiment 1 gehörenden Kompanie wurden nur sehr wenige Übungen von einzelnen Soldaten nicht erfüllt. Die Ausbildungsziele wurden in beiden Kompanien erreicht. Die Ausbilder stellten fest, dass die Soldaten ihre Handwaffen und die Munition mit deutlich mehr Selbstsicherheit handhabten und sich die vier grundlegenden Sicherheitsregeln rasch einprägten, wodurch sich eine wesentliche Verbesserung der Schießsicherheit ergab. Dieses Ergebnis konnte erreicht werden, obwohl die Zahl der abgegebenen Schüsse deutlich anstieg. Während früher im Rahmen einer Schießausbildung vom einzelnen Soldaten nicht selten nur fünf Schuss abgegeben wurden, verschießt

Ausgehend von der Einsatzstellung, bei der die Waffe gesichert an den Körper herangezogen wird und das Rohr zum Boden gerichtet ist, geht der Soldat in die Kontaktstellung. Dazu zieht er die Waffe in die Schulter ein, entsichert sie und zieht sie bis zu einem Winkel von 45° nach oben. Um zu schießen, bringt der Soldat sein Gewehr nach oben und die Visierung auf Höhe der Augen, wobei die Waffe gegen die Schulter gezogen wird. Durch die neue Anschlagart – vor der Brust – wenden die Soldaten dem Gegner ihre durch die Schutzweste am besten geschützte Körperpartie zu. Dies macht jedoch die Entwicklung neuer, variabler Schulterstützen erforderlich.

der gleiche Soldat im neuen Schießausbildungskonzept zwischen 50 bis 60 Patronen. Gleichzeitig wurden auf dem Schießstand die Wartezeiten für den einzelnen Soldaten verringert.

In der 2. Kompanie des Jägerregiments 1 wurde mit Blick auf den bevorstehenden Einsatz in Afghanistan die Zweckmäßigkeit der Übungen besonders unter die Lupe genommen. Aus den Erfahrungen wurde die Forderung erhoben, bereits sehr frühzeitig – nach dem Erlernen der Grundtechniken des Nahbereichsschießens – alle Übungen mit Doppelschuss zu schießen, um dadurch sowohl die Trefferwahrscheinlichkeit als auch die Wirkung im Ziel deutlich zu erhöhen.

Also alles eitel Sonnenschein? Nicht ganz. Für die neue Schießausbildung sind Umbaumaßnahmen an den Schießständen erforderlich, und es wird in der Ausbildung der Soldaten mehr Munition verbraucht. Die Mehrkosten für die Munition liegen, umgerechnet auf die gesamte Bundeswehr, in einem überschaubaren Bereich. Es wird von einem niedrigen zweistelligen Millionenbetrag gesprochen. Angesichts der deutlichen Verbesserungen, die das neue Schießausbildungskonzept der Bundeswehr bringt, erscheint dieser Mehraufwand gerechtfertigt. Betrachtet man die aktuellen Einsatzszenarien der Bundeswehr, in denen sich nicht selten die Grenzen zwischen militärischen und polizeilichen Aufgaben verwischen, so erscheint ein Nachdenken über die Ausrüstung der Soldaten sinnvoll. Zum Beispiel sollte die außenliegende Sicherung der Pistole P 8 überdacht werden. Bei den Polizeipistolen wird auf diese Sicherung seit Jahren verzichtet. Mit dem neuen Schießausbildungskonzept der Bundeswehr ist diese manuell zu betätigende Sicherung überflüssig geworden, da die Pistole im Einsatz bei »schneller Feuerbereitschaft« fertig geladen, entspannt und entsichert im Holster steckt. Somit stellt der Sicherungshebel ein überflüssiges Relikt dar, das zu Fehlbedienungen führen könnte.

Das G 3 ist im Einsatz nur noch selten anzutreffen. Mit dem neuen Schießausbildungskonzept könnten – wenn es in der gesamten Bundeswehr eingeführt wird – auch die Zeiten vorüber sein, in denen Bundeswehrsoldaten ihr Ziel nicht immer trafen.

Derart schnelle Doubletten – double tap – zu schießen und dabei zu treffen, erfordert sehr viel Training. *(Foto: Bundeswehr)*

Der Soldat trägt sowohl ein Tiefziehholster als auch ein am Gürtel befestigtes Holster, weil er in einer späteren Übung mit der Pistolenattrappe, erkennbar am rot-braunen Plastikgriff, den schnellen Waffenwechsel trainieren wird. Beide Trageweisen bieten Vorteile, aber auch Nachteile. Man denke nur daran, wie aufreibend langes Marschieren mit einem eng anliegenden Tiefziehholster ist.

Das Ausbildungsziel ist es, mehrere Feuerstöße innerhalb kürzester Zeit mit dem Maschinengewehr abzugeben. Theoretisch können rund 1200 Schuss pro Minute verfeuert werden, also 20 Schuss in der Sekunde!

Ein eindrucksvolles Ergebnis. Dennoch bespricht der Ausbilder mit dem Schützen das Trefferbild und rät, etwas höher anzuhalten, damit bei einem Gegner, der eine Schutzweste trägt, eine höhere Wirkung erzielt wird.

Schießen in der Bewegung ist zum Beispiel beim Erstürmen oder einer Absetzbewegung erforderlich. Dabei werden durch tiefes, geducktes Gehen die Bewegungen des Oberkörpers verringert, was die Trefferwahrscheinlichkeit erhöht.

Sowohl in der Rückwärts- als auch in der Vorwärtsbewegung ist gezieltes Schießen möglich.

Nicht nur die Leistung des Übenden wird überprüft, sondern der Inspektionsleiter nimmt auch das Verhalten des Ausbilders unter die Lupe. Auch kleinste Fehler werden aufgezeichnet und in der Übungskritik angesprochen.

Die Wahl des richtigen Kalibers

Die praktischen Erkenntnisse über die Grenzen der Möglichkeiten der »kleinen« Kaliber sind relativ neu. So stellte man in Afghanistan fest, dass das Durchschießen von Lehmziegeln und -mauern im Einzelfeuer erst ab dem Kaliber 12,7 mm aufwärts befriedigend funktioniert. Die Bundeswehr reagierte darauf mit unterschiedlichen Maßnahmen, zum Beispiel, indem sie schwerere Waffen auf die Waffenstationen aufbaute. Jede Munition hat ihre Stärken, aber auch Schwächen. Es kommt immer darauf an, was von einer Munition verlangt wird. Eine 5,56 hat eine andere Durchschlagwirkung als eine Projektil im Kaliber 9 oder 4,7 mm. Im neuen Schießausbildungskonzept der Bundeswehr wird der Doppelschuss mit dem G 36 im Kaliber 5,56 mm geübt, wobei auf den Körper gezielt wird. Das ist ein Unterschied zu manch anderer Armee. Dort wird insbesondere im Ortskampf trainiert, zuerst in den Kopf zu schießen. Die Bundeswehr hat sich für die 5,56 nicht zuletzt wegen des geringen Gewichts und damit aus logistischen Überlegungen entschieden. Jedoch führt der deutsche Soldat stets eine Doppelbewaffnung Gewehr/Pistole. Nach dem neuen Schießausbildungskonzept lernt er, seine Waffe zu wechseln. Es stellt sich bei der Wahl des Kalibers immer die Frage, was ist wichtiger: Entweder die Durchschlagleistung oder die Mann-Stopp-Wirkung des Projektils. Die Munitionsauswahl für die Soldaten muss durch die Regel, nicht durch den Ausnahmefall bestimmt werden. Betrachtet man die aus zehn Männern bestehende Infanteriegruppe so führt diese an Waffen mit: Pistole P 8; Schnellfeuergewehr G 36, wobei zwei Soldaten ein G 36 AG (Anbau-Granat-Abschussgerät für 40-mm-Granaten) führen; Maschinenpistole MP 7, Maschinengewehr MG 4, das Gewehr große Reichweite (»Anti-Material«) G 82, Panzerfaust und Bunkerfaust. Das reicht in der Regel für alle Einsatzlagen aus. Darüber hinaus kann der Führer entscheiden, ob und gegebenenfalls welche weiteren Waffen mitgeführt werden.

Ausblick

Wie ein roter Faden zieht sich durch diese Darstellung der ständige Wandel. Näher betrachtet, war es gerade die Infanterie, die von den Veränderungen innerhalb der Bundeswehr in besonderem Maße betroffen war. Dies zeigt sich sehr deutlich in der Geschichte der Infanteriebataillone, die geprägt ist durch viele Umbenennungen, Änderungen im Organigramm und Standortverlagerungen. Die Ursachen für die Umstrukturierungen und Reformen der Truppe waren vielfältig. Manche Heeresreform wurde durch die zu allen Zeiten angespannte Kassenlage der Bundeswehr bestimmt, indem zum Beispiel kostenintensivere Truppengattungen durch kostengünstigere ersetzt wurden. Mit anderen Reformen reagierte das Verteidigungsministerium auf Veränderungen der Kriegsszenarien in der Zeit des Kalten Krieges. So galten, nachdem sich seit Mitte der 50er-Jahre die Grenzen der Möglichkeiten der atomaren Waffen immer deutlicher offenbarten, gepanzerte Verbände zeitweise als das Mittel der Wahl.

Jede Schwerpunktverlagerung der Armee führte zu mehr oder weniger großen Veränderungen in der Ausrüstung und damit auch in der Ausbildung der Infanteristen. Lange Zeit dachte man im Großen, plante den Aufmarsch von zahlreichen Infanterie- und Panzerdivisionen, den Kampf der verbundenen Waffen gegen einen gepanzerten, motorisierten Gegner. Dabei schien es für einige Zeit so, als könne man die individuelle infanteristische Ausbildung der Soldaten ein wenig vernachlässigen. Statt dessen errechnete sich die Kampfkraft einer Armee aus der Anzahl ihrer Waffen, und ihre vermeintliche Überlegenheit oder Unterlegenheit war letztlich das Resultat eines Zahlenvergleichs. In der Gegenwart sind gepanzerte Fahrzeuge keineswegs sinnlos geworden, jedoch stellt sich für sie die Frage, über welche Fähigkeit sie im höchstmöglichen Maß verfügen sollen: Soll ihre Feuerkraft, ihre Beweglichkeit oder der Schutz, den sie bieten, besonders hoch sein? Jedoch gilt der Grundsatz: Jeder Einsatz ist anders. Wer Fahrzeuge beschaffen will, die alles können – die berühmte »Eier legende Wollmilchsau« –, muss sich auf schier endlose Entwicklungszeiten einrichten. Ob ein von Industrie und Medien hoch gelobtes Fahrzeug im Einsatz dann alles hält, was der Prospekt verspricht, bleibt offenbar trotz ausgiebigsten Überprüfungen immer noch ungewiss.

Innerhalb weniger Jahre veränderte sich im Militärischen nahezu alles. Seit Anfang der 90er-Jahre des 20. Jahrhunderts stellt nicht mehr der »große Krieg« das alles militärische Denken bestimmende Szenario dar, sondern der »kleine Krieg«, der gegen Aufständische und Terroristen geführt werden muss. Viele Betrachter und auch Eingeweihte sind sicher, dass die asymmetrischen Konflikte der Gegenwart einen neuen Typ des Soldaten, genauer gesagt des Infanteristen, erfordern. Dennoch hat die Bundeswehr lange gebraucht, um diesen Vorzeichenwechsel zunächst zu verinnerlichen und sodann Ausrüstung und Ausbildung der Soldaten an die veränderten Gegebenheiten anzupassen. Die Gründe dafür sind vielfältig. Das mag zu einem Teil an der konservativen Grundhaltung der Soldaten liegen, verbunden mit der berechtigten Zurückhaltung gegenüber dem Ansinnen, alles bisher als richtig Erachtete über Bord zu werfen, zu einem anderen Teil an einer gesamtgesellschaftlichen Reformunlust. Sicherlich spielt auch hierbei mangelndes Geld eine Rolle.

Unmittelbar nachdem Generalleutnant Hans-Otto Budde im Jahr 2004 das Amt des Inspekteurs des Heeres übernommen hatte, sorgten einige Sätze des gelernten Fallschirmjägers für Aufsehen. Unter anderem hatte er gefordert, die Soldaten der Bundeswehr müssten wieder das Kämpfen erlernen. Darüber hinaus hatte Budde ganz allgemein die Rückkehr des archaischen Kämpfers angemahnt, der zudem auch noch den Hightech-Krieg beherrschen müsse. Mit diesen Selbstverständlichkeiten sorgte der erste Mann der Infanterie für ein gewaltiges Medienecho. Offensichtlich war den Kritikern des Generals entgangen, dass mit dem Ende des Ost-West-Konflikts noch keineswegs der Ewige Frieden ausgebrochen war. Ganz im Gegenteil.

Nie zuvor wurden in so kurzer Zeit so viele bewaffnete inner- und zwischenstaatliche Konflikte gezählt; nicht nur in Afrika und in Asien, sondern auch mitten in Europa. In vielen dieser Konflikte wurden deutsche Soldaten eingesetzt: In Kambodscha, an der Adria, in Bosnien-Herzegowina, in Somalia, Kroatien, Albanien und Mazedonien, in Ost-Timor, in Afghanistan, am Horn von Afrika, im Sudan, im Kongo, im Libanon und im Tschad, um nur einige der Einsatzgebiete zu nennen. In vielen dieser Konflikte standen deutsche Soldaten im Kampf. Der Beruf des Soldaten ist durch das Kämpfen charakterisiert, was er jedoch zuerst einmal lernen muss.

Der Paradigmenwechsel der Bundeswehr, der zutreffend durch den Bezeichnungswandel von der »Armee für den Einsatz« zur »Armee im Einsatz« umschrieben wird, zeigt sich auf vielen Ebenen. So veränderten sich die Medienberichte. Plötzlich war Deutschland in militärischen Konflikten mittendrin statt nur dabei, mit allen – auch negativen – Konsequenzen. Der Wandel der Armee lässt sich aber auch in anderen Darstellungen fassen, etwa in den Jahresberichten des Wehrbeauftragten. Während vor 1990 nicht selten zu viel Härte in der Ausbildung beklagt wurde, erfuhr der Wehrbeauftragte nach dem Fall des Eisernen Vorhangs immer öfter, dass die Soldaten eine möglichst praxisnahe infanteristische Ausbildung forderten.

Die Ursache für dieses Umdenken lag häufig in ganz konkreten Erfahrungen im Einsatz, die zum Teil sogar in Nachrichtensendungen dokumentiert wurden: In Prizren gelang es deutschen Soldaten im Juni 1999 nur mit größter Mühe, ein ziviles Auto zu stoppen und zwei vermutlich serbische Terroristen auszuschalten, die an einem Kontrollpunkt das Feuer auf die Deutschen eröffnet hatten. »Das war«, so ein ehemaliger hochrangiger deutscher Offizier, »eine wilde Ballerei, in der alle Regeln des infanteristischen Kampfes missachtet wurden.«

Ohne Zweifel war die Bedeutung einer bestmöglichen infanteristischen Ausbildung der Bundeswehrsoldaten lange Zeit gering geschätzt worden. Man wollte gerade in den ersten Jahren nach der Gründung die Bundeswehr nicht allzu martialisch erscheinen lassen; denn der Armee fehlte in weiten Teilen der deutschen Öffentlichkeit der Rückhalt. Mit dem Image des reinen Verteidigers ließ sich – so glaubten manche auf der Hardthöhe – eine allzu effektive infanteristische Ausbildung nicht vereinbaren. In den 80er-Jahren des 20. Jahrhunderts zog das Heeresamt die Notbremse, indem Ausbildungsvorschriften überarbeitet wurden. Mehrere Schriften erschienen, in denen die infanteristische Ausbildung der Soldaten thematisiert wurde. Besonders »kriegsnah ausbilden« rief in Teilen der Medien scharfe Kritik hervor, jedoch wurde die Richtigkeit der Ausbildungsreform in der Bundeswehr kaum angezweifelt. Mehr als zwei Jahrzehnte später entzündete sich nahezu die gleiche Kritik an der Nachfolgeschrift »einsatznah ausbilden«.

Wenn etwas zu kompliziert ist, weil sich das gesamte Bild aus zu vielen Faktoren zusammensetzt, die zum Teil auch noch in einem deutlichen Widerspruch zueinander stehen, ist der Ruf nach Vereinfachung nicht weit. Angesehene Militärhistoriker der Gegenwart, wie zum Beispiel Rolf Dieter Müller, sehen eine »Rückkehr der Ritter« voraus. Das Konzept des »Infanteristen der Zukunft« sieht Müller als die konsequente Weiterentwicklung der Ritterrüstung, und er setzt – ganz bewusst idealisierend – gegen die Barbarei des modernen Terrorismus einen mit hohen moralischen Werten ausgestatteten Ritter, der, so Müllers Annahme, allein schon wegen der deutlich gestiegenen kognitiven Anforderungen zwangsläufig ein Offizier sein müsse. Gleichrangig erscheint das Argument, dass sich für den schwierigen Job des Soldaten der nahen Zukunft keine vergleichsweise schlecht bezahlten Mannschaftsdienstgrade und Unteroffiziere mehr finden werden. Sollte dies so Wirklichkeit werden, dann wäre das Aussetzen der Wehrpflicht ebenso richtig wie eine drastische Reduzierung der Gesamtstärke der Bundeswehr. Niederen Dienstgraden kämen in diesem »Ritterheer« der Zukunft nur noch unterstützende Aufgaben zu. Das eigentliche soldatische Handwerk würden mit höchst moderner und damit sündhaft teurer Technik ausgerüstete Elitekämpfer ausüben, die für ihre Arbeit opti-

Wie der zukünftige Soldat aussehen wird, ist ungewiss. Manche sehen eine Wiedergeburt der Ritter oder der archaischen Kämpfer voraus.

mal ausgebildet sind. Die soldatische Zukunft in dieser Form zu denken, hat ganz ohne Zweifel einen gewissen Charme. Insbesondere lässt sich diese Vision gegenüber einer pazifistischen Gesellschaft sehr gut darstellen: Krieg überlassen die guten Menschen guten Soldaten, die für diesen Job in besonderem Maße geeignet sind. Der Rest der Gesellschaft kann sich mehr oder weniger ausgiebig mit den schönen Dingen des Lebens befassen.

Alles wäre so schön, gäbe es da nicht Stimmen, die in der Zukunft ziemlich genau das Gegenteil von einer Rückwendung zum Rittertum sehen. Nicht nur Samuel Huntington sieht einen gewaltigen militärischen Zusammenprall unterschiedlicher gesellschaftlicher Systeme voraus. Manche Visionäre sagen sogar voraus, dass der Funke für diesen Konflikt mitten in Europa, ja, mitten in der Europäischen Union ausgelöst werden könnte. So etwas zu denken, ist in Deutschland ein eklatanter Verstoß gegen die Grundsätze der politischen Korrektheit. Das Denken in Kategorien einer postheroischen politischen Korrektheit darf jedoch für Soldaten nicht das Maß der Dinge sein. Wollen diese nämlich ihrem Auftrag gerecht werden, der vereinfacht gesagt darin besteht, das Vaterland tapfer zu verteidigen, so müssen sie gerade auch für Szenarien planen, die in Sonntagsreden der Politiker nicht vorkommen. Um sich über solche Themen im Kreis von Experten unterhalten zu können, gibt es zwischenstaatliche Institutionen und auch jährlich wiederkehrende Veranstaltungen wie etwa die Münchener Sicherheitskonferenz. Nüchtern betrachtet, bleibt für die Bundeswehr und insbesondere für diejenigen Soldaten, die für die Ausbildung verantwortlich sind, ein Dilemma: Die Ausbildung soll die Soldaten auf die Einsätze der Gegenwart möglichst effektiv vorbereiten, in möglichst kurzer Zeit, bei möglichst geringen Kosten. Gleichzeitig soll sich in der Ausbildung aber auch das gesamte breite Spektrum an möglichen Einsätzen der Truppe widerspiegeln. Einerseits sollen archaische Kämpfer herangebildet werden, die andererseits aber Technikbegeisterte sind. Gefordert ist der handwerklich begabte, besser noch handwerklich ausgebildete Intellektuelle, der kämpfen kann, über eine hohe Bildung und Sozialkompetenz verfügt, charakterlich gefestigt ist, eine glückliche Ehe führt, und zwei Kinder sollte er auch haben. Da bleibt nur noch die Frage zu beantworten: Wie kann es der Bundeswehr gelingen, diese Supermänner zur Truppe zu locken?

Je höher die Anforderungen geschraubt werden, die die Soldaten erfüllen sollen, desto kleiner wird der Kreis derer, die als Soldaten noch in Frage kommen. Besonders drastisch zeigt sich dies am Kommando Spezialkräfte. Der ehemalige Inspekteur des Heeres, Generalleutnant Gert Gudera, ging vor zehn Jahren davon aus, dass sich unter den Männern eines Geburtsjahres in Deutschland etwa 35 befinden, die die Grundvoraussetzungen mitbringen, über die ein KSK-Soldat verfügen muss. Jedoch bieten sich diesen wenigen vielfältig begabten Männern zahlreiche andere Chancen: Sie können Polizisten werden oder Spitzensportler, für viele wird es erstrebenswert sein, sich beruflich selbstständig zu machen; eine reine Schreibtischtätigkeit werden nur sehr wenige aus diesem elitären Kreis anstreben.

Für die Berufswahl ist das Image der in Frage kommenden Tätigkeit ein wichtiges Kriterium. Die Soldaten der Bundeswehr haben ein Imageproblem, denn die Öffentlichkeit begegnet ihnen lediglich mit einem freundlichen Desinteresse, wie es der früh aus dem Amt geschiedene Bundespräsident Horst Köhler so treffend formulierte. Die Distanz zwischen den Bürgern und ihren Soldaten wird wachsen, wenn die Wehrpflicht ausgesetzt ist, und sie wird weiter wachsen, wenn die Bundeswehr auf eine Personalstärke von rund 180.000 Mann reduziert wird. Die genannten Faktoren werden es in der Zukunft noch weiter erschweren, die für den Soldatenberuf Geeigneten in die Kasernen zu bringen. Um diese Herkulesaufgabe zu bewältigen, wird es nicht ausreichen, hier und da ein wenig an irgendwelchen Stellschrauben zu drehen. Es wird nötig sein, ein völlig neues Konzept der Rekrutierung zu entwickeln, neue Möglichkeiten der Werbung müssen gesucht und neue Anreize geschaffen werden, den Soldatenberuf zu ergreifen, wobei es viel zu kurz gegriffen wäre, dabei lediglich an einen höheren Sold zu denken. Bei allen Planungen sollte man über den Tellerrand blicken: In den meisten deutschen Polizeien wurde die zweigeteilte Laufbahn eingeführt, somit gibt es unter den Ordnungshütern fast nur noch Beamte des gehobenen und höheren Dienstes. Für die Berufszufriedenheit brachte diese vermeintliche Beförderung wenig; denn wenn es nur noch Häuptlinge, aber keine Indianer mehr gibt, dann hat der einzelne Häuptling nicht mehr zu sagen als früher ein Indianer. Und welchen Anreiz für mehr Leistung gibt es noch, wenn ohnehin alle gleich sind?

Die Ausbildung der Soldaten rückt immer dann in den Mittelpunkt des Interesses der Öffentlichkeit, wenn deutsche Soldaten im Einsatz verwundet oder gar getötet werden. Dann wird reflexartig die Forderung laut, die Ausbildung müsste verbessert werden. Was konkret verändert werden muss, sagen die scharfsinnigen Kritiker in der Regel aber nicht. Sicherlich kann manches in der Ausbildung verbessert werden: Deutsche Infanteristen müssten deutlich mehr schießen, und das Üben müsste deutlich realitätsnäher erfolgen. Das neue Schießausbildungskonzept erscheint hierzu als der richtige Schritt. Ebenso sinnvoll erscheint es, angesichts der gegenwärtigen Auslandseinsätze – abgesehen von Afghanistan –, noch mehr polizeiliche Elemente in die Ausbildung hineinzunehmen. Die Verbände der Bundespolizei verfügen über Verfahren und Erfahrungen im Umgang mit gewalttätigen Demonstranten, die von der Bundeswehr recht schnell systematisch ausgewertet und an die eigenen Bedürfnisse angepasst werden könnten. Ganz allgemein sollte der Grundsatz beachtet werden, dass man so üben sollte, wie man später kämpft. Dazu gehört es auch, dass alle – wirklich alle – Soldaten die Fahrzeuge beherrschen, die sie in einem Einsatz bewegen müssen. Der Trend zur Spezialisierung erscheint innerhalb der Bundeswehr nur in wenigen Bereichen uneingeschränkt sinnvoll. Hier setzte bereits vor Jahren eine Gegenbewegung ein, die einer möglichst breiten Grundbefähigung der Soldaten einen großen Stellenwert beimisst. Gerade angesichts der Aufgaben der Gegenwart scheint die Auftragstaktik das richtige Mittel zu sein. Allerdings muss dabei eingeschränkt werden, dass in den multinationalen Einsätzen die deutschen Soldaten mit dieser Art des Herangehens an den Auftrag ziemlich alleine dastehen.

Wie zu allen Zeiten steht und fällt jeder militärische Einsatz mit der Qualität der Führer. Wer in die Offizierausbildung jedoch mehr Distanz zur Truppe hineinschreibt, geht den falschen Weg. Ein angehender Offizier, der in den ersten Jahren seines Berufslebens kaum etwas anderes als eine Universität sieht, wird sich später nur mit großen Schwierigkeiten – wenn überhaupt – in die Besonderheiten eines Soldatenlebens im Einsatz einfügen. Es ist ganzheitlich betrachtet nur ein schwacher Trost, dass dieser Führer dann länger bei seiner Truppe verbleibt. Gerade für die Infanterie gilt: Der Mensch entscheidet, nicht die Technik. Ausbildungsmängel des einzelnen Soldaten kann eine noch so gute Technik nicht egalisieren. Eher erscheint es so, dass individuelle Mängel durch einen überbordenden Technikeinsatz sogar noch verstärkt werden.

Zahlreiche Fehlentwicklungen und Missstände in der Ausbildung und Ausrüstung der Soldaten wurden in den vergangenen beiden Dezennien von Generalinspekteuren, Inspekteuren des Heeres und weiteren hochrangigen Soldaten öffentlich angeprangert. Schade nur, dass die Herren sich erst äußerten, nachdem sie in ihren wohlverdienten Ruhestand getreten waren. Wer dieses späte Reden mit Gesetzesvorschriften rechtfertigt, sollte darüber nachdenken, welches Gesetz oder welches Recht in einer Güterabwägung höher zu gewichten ist.

Die beste Ausbildung, Ausrüstung, Nachwuchsgewinnung und die beste individuelle Förderung der Soldaten ändern jedoch nichts daran, dass der Beruf des Soldaten gefährlich ist: Soldaten töten, und sie können auch getötet werden. Kein Wahlberechtigter kann die Verantwortung für unsere Soldaten ablegen; denn über deren Einsatz entscheidet das vom Volk gewählte Parlament. Gemessen daran wird von der Öffentlichkeit viel zu leise gefragt, wie unsere Soldaten für den Einsatz ausgebildet werden.

Spezialeinheiten im Einsatz

Reinhard Scholzen

Division Spezielle Operationen
Neben der Geschichte, dem Aufbau und der Struktur geht das Buch erstmals ausführlich auf die Aufgaben der Division »Spezielle Operationen« (DSO) ein.

176 Seiten, 187 Bilder, Format 190 x 245 mm

ISBN 978-3-613-03017-6
€ 29,90

Reinhard Scholzen

Feldjäger
Dieses Buch beschreibt den Wandel, der sich bei den Feldjägern vollzogen hat, und ihre aktuelle Aufgabenvielfalt.

192 Seiten, 268 Bilder,
Format 190 x 245 mm

ISBN 978-3-613-03152-4
€ 29,90

Reinhard Scholzen

Kommando Spezial-Kräfte
Dieses Buch, jetzt in völlig überarbeiteter und aktualisierter Neuauflage, beschreibt Ausbildung und Ausrüstung der 1996 aufgestellten Spezialeinheit der Bundeswehr.

192 Seiten, 241 Bilder,
Format 190 x 245 mm

ISBN 978-3-613-02998-9
€ 29,90

Reinhard Scholzen

SEK
Ein hautnaher Bericht über die geheimnisumwitterten Spezialisten der deutschen Polizei: die SEK. Ihre Grundausbildung, ihr Training und ihre Ausrüstung.

176 Seiten, 192 Bilder,
Format 190 x 245 mm

ISBN 978-3-613-02016-0
€ 24,90

IHR VERLAG FÜR MILITÄR-BÜCHER
Postfach 10 37 43 · 70032 Stuttgart
Telefon: 01805/00 41 55*; Fax: 01805/959 729*
www.motorbuch-verlag.de
*0,14 €/Min. aus Festnetz, max 0,42 € pro Minute aus Mobilfunknetzen
Motor buch Verlag

Stand Januar 2011
Änderungen in Preis und Lieferfähigkeit vorbehalten

Y-30
6318